Шимон Гарбер

Иммигранты

Том II

Новые американцы

ШИМОН

ГАРБЕР

иммигранты

том II

New Americans

2018
Printed by Newcomers Authors
Publishing Group,

Шимон Гарбер

Иммигранты

Том II

Новые американцы

. . . .

Shimon Garber

Immigrants

Part II

New Americans

Редактор: Владимир Белинкер
Компьютерная графика: Владимира Белинкера
Printed by Newcomers Authors Publishing Group
ISBN 13: 978-1732261174
2019

Моей дочери

АННОТАЦИЯ

Сегодня, как и всегда в истории человечества, происходят миграции народов в поисках лучшей доли или спасаясь от несчастий. Б есчисленные войны, природные катаклизмы, болезни и голод, заставляли людей бросать обжитые места, могилы предков и искать лучшей доли на чужбине. С открытием Америки, туда устремились люди со всех концов земли. Авантюристы и люди ищущие свободы, религиозной или политической. Возможность работать и создавать семью. Быть независимыми и найти своё место под солнцем. Ради этого, люди шли на риск миграции в неизвестность. Мечта сильнее страха. Далеко не все находили себе место, в этой новой жизни. Много жизней было заплачено за свободу выбора. Большей частью, мотивом миграции было, сделать это для детей. Дети, свободные от рождения, имели право выбора своей судьбы. Они уже не были иммигрантами.

Продолжение саги семьи Гардовых на новой родине. Судьба семьи, друзей и знакомых. Борьба за выживание, взлёты и падения. Новые горизонты и новые надежды. Страхи, а порой отчаяние. Смелость, граничащая с глупостью. Всё, что сопровождает иммигранта на пути вживания в новую реальность. Годы, а по сути вся жизнь, отдана на то, чтоб стать такими как все!

ОГЛАВЛЕНИЕ

ГЛАВА I

ЧИКЕН МЕН

Прошло два года с того момента, когда Адам покинул страну, в которой он вырос, жил и пытался быть если и не счастливым, то хотя бы успешным. Нельзя сказать, что ему это не удалось. Скорее наоборот, друзья и знакомые, считали, что он достаточно быстро сделал себе карьеру в области более чем конкурентной. Голодное детство, безотцовщина и ранняя смерть матери оставили свои шрамы. Он всегда знал, что только он один за себя и никто больше. Были родственники, но, у всех были свои проблемы и своя жизнь. Все жили одним днем и мечтали об отдельной квартире или хотя бы комнате в "коммуналке" с мирными соседями. Представить, что есть другая жизнь, с веселыми и счастливыми людьми, было невозможно. Страна была непроницаема для любой правдивой информации. Телевидение и радио, рисовали жизнь за железным занавесом, исключительно в черных красках, противопоставляя жизнь в счастливом социалистическом раю, как единственную радостно возможную, на всей планете. Отчаянные слушали вражеские голоса в хрипящих приемниках. Вести прорывающиеся через "глушилки", передавались шепотом на коммунальных кухнях и могли стоить свободы, а то и самой жизни.

После смерти "Отца Народов", информация размывала широким потоком, дремлющее или запрятанное глубоко, сознание, одурманенного народа. Адам был в числе счастливчиков, вырвавшихся на свободу.

Впервые в жизни, попав в Вену - перевалочный пункт эмигрантов из России 70-80 годов, он был счастлив от того, что судьба выбросила ему шанс, побороться за место под солнцем. Он был иммигрантом в первом поколении и еще не представлял, через что надо пройти. Он был готов бороться за свою жизнь. Никто, никому, ничего не должен. Кем ты был, никакого значения не имеет. Надо быть готовым к любой работе. Любой шанс встать на ноги, необыкновенная удача.

Иммигрант попадает туда, где уже есть те, кто прибыл раньше его.

Они тоже готовы побороться за свое место в жизни. А куда девать тех, кто там родился и вырос? У них есть язык той страны. Они понимают тех людей, с которыми росли и знают, чего они хотят. Для иммигранта - все проблема. Как спросить? Куда обращаться? Чего от него требуется? Работа. Любая работа. Как найти? А потом, не потерять и удержаться? А если заболеешь? А дети? Не приведи Господь, понадобится операция или заболят зубы. А старики?

Вопросов больше чем ответов. Постепенно мир становится понятней и не такой пугающий. Новый язык постепенно укладывается в голове. Ночные страхи все реже посещают по ночам. Взбаламученный, ошалевший от множества проблем и вопросов мозг, выдает осмысленные ответы. Начинается следующий этап иммиграции. Адаптация и движение вперед и вверх. Иммигрант уже доказал себе и другим, что он не нахлебник и не пустое место, а может побороться на равных, без скидок и поблажек...

Адам жил с женой Натой и маленькой дочуркой Надей в Бруклинском районе, Бенсонхерст. Он перебрал множество иммигрантских профессий и вот уже больше года крутил баранку лимузина.

Вроде бы, все не так плохо, но его угнетало то, что он не видит, как растет его дочь. Он был уверен, что может сделать в этой жизни что-то больше, нежели занятия извозом. Его мечта открыть собственный бизнес была близка к реализации и оставалось только найти место, которое без особых затрат, можно переделать под фаст фуд.

Проезжая как-то по первой авеню, Адам заметил новое объявление о сдаче в аренду помещения, в здании на углу 92-ой стрит. Это был четырехэтажный, кирпичный стандартный билдинг, с парадной посредине и два пустующих помещения на первом этаже. Он позвонил по указанному номеру и договорился о встрече с лендлордом. Владельцем здания, оказался еще достаточно молодой и приятный в общении человек, по имени Дэвид. Они встретились на следующий день. Дэвид поднял металлические ворота, позволяя Адаму посмотреть помещение. Оно, вероятно, раньше кем-то использовалось, как предприятие, занимающееся приготовлением еды. Это было даже больше, чем Адам мог ожидать.

- Дэвид. А что здесь было раньше? Кто занимал это помещение?

- Я, к сожалению, не знаю. Мы с партнером купили этот билдинг не так давно.

- Поздравляю с покупкой. Уверен, это удачная сделка.

- Спасибо, Адам. Недвижимость на Манхеттене находится на подъеме, и мы решили, что это разумное вложение капитала. Вам нравится помещение?

- Да, Дэвид. Меня помещение устраивает, но все зависит от условий. На сколько лет аренда и стоимость помещения в месяц?

- Давайте сделаем так. Вот моя визитка. Там есть телефон и адрес. Встретимся завтра, скажем в 10 часов и все вопросы обсудим. Вас это устраивает?

- Абсолютно. Я буду у вас ровно в 10. До завтра.

Дома, взволнованный Адам, рассказал Нате о встрече и своих ожиданиях.

- Адам. А как тебе само помещение, понравилось или нет?

- Оно расположено прямо на углу и там есть большая заправочная станция. Там и мойка, и экспресс замена масла автомобилей. Машин очень много. Рядом расположены несколько зданий «прожектов», то есть там живет городская беднота. Но это только так говорится. Они живут лучше, чем средние американцы, которые работают. Те, кто на «велфере» - на программе для неимущих, получают бесплатное жилье, бесплатную медицину и образование для детей. Они получают купоны на питание, «фуд стемпы», плюс наличные деньги и много других привилегий. Ты знаешь, что моя сестра Соня, живет с сыном по такой программе. Они получили в Астории 2-х комнатную квартиру. Джон учится бесплатно, Соня еще подрабатывает, ухаживает за какими-то стариками. Что касается самого помещения, я думаю, там уже был кто-то, занимающийся едой. Есть небольшая холодильная камера и место для кухни, с металлическим колпаком для вентиляции. Если условия нормальные, все, прощай лимузин.

- Адам. А мы же еще должны за лимузин. Что ты собираешься делать?

- Просто верну машину в «Гейнс» и все дела. Я поговорю со Стивом.

На следующий день Адам отправился на встречу с владельцем здания.

- Прошу, Адам, проходите. Это мой новый офис и я, пока, не обзавелся секретаршей. Присаживайтесь. Мы с партнером обсудили все вчера и вот наши предложения. Договор аренды на пять лет с дальнейшей пролонгацией. Арендная плата 1500 долларов в месяц, с повышением каждый год на 3%. Что скажете?

- Я бы хотел начать первый год с 1400 долларов в месяц и получить первый месяц бесплатно, для ремонта и получения всяких разрешений на бизнес.

- Полагаю, мы смогли бы пойти на это. Надеюсь мой партнер не будет возражать. Готов подписать с вами арендный договор, я всё-таки по образованию юрист и надеюсь не забыл, как это делается.

Кстати, Адам, у нас есть свободная квартира на 3-м этаже. У вас нет планов переехать поближе к будущему бизнесу.

- Это хорошая идея. Хотел бы только на нее взглянуть.

- Никаких проблем. Сейчас мы составим договор на аренду помещения и после подписания, дам вам ключи и от квартиры тоже. Если подойдет, мы подпишем договор и на квартиру. Мне нужно от вас два чека. Один за текущий месяц аренды и второй, за последний месяц аренды. Квартира стоит 800 долларов в месяц. Это дешево.

Адам был согласен. Он выписал два чека за помещение и получил ключи. Они пожали друг другу руки и распрощались, испытывая взаимную симпатию.

- Дэвид, я посмотрю квартиру. Если все нормально, созвонимся и завтра подпишем договор на аренду квартиры.

Адам поехал смотреть квартиру. Она оказалась небольшая, но все необходимое для проживания в ней было. Справа при входе ванна, небольшая кухня с плитой и холодильником, детская и спальня. Можно въезжать хоть сейчас. Нужно было решить вопрос с хозяином квартиры в которой они жили. Адам еще не платил за текущий месяц и полагал что они договорятся.

- Ната, мы переезжаем в Манхэттен. Есть квартира в доме, где у нас будет бизнес.

- Когда переезжаем? Как у тебя все, вдруг. А какая квартира и сколько комнат?

- Квартира на третьем этаже, а бизнес будет на первом. Просто красота. Никуда не надо ехать или идти. Ребенок рядом. Место очень хорошее. До реки два блока. Там можно гулять с коляской. В квартире все есть. Надо перевезти детскую кроватку и наш раскладной диван. Я попрошу Алексея, он уже нас перевозил. Так что начинай, через неделю переезжаем. Считай, что нам очень повезло.

Адам поговорил с хозяином квартиры. Тот был очень недоволен тем, что его не предупредили за месяц до отъезда, но в конце концов они договорились. Спустя несколько дней, получив договор на новую квартиру, они уже справляли новоселье. Всю последующую неделю он мотался и днем, и ночью.

Днем он работал и искал сантехников, столяра для работы в магазине. Ночью ездил по Манхэттену, собирал доски и деревянные полки, которые во множестве выбрасывали по ночам из перестраивающихся офисов. Все эти деревянные изделия пригодились при изготовлении стойки и перегородки, между кухней и залом. Все свободное время Адам проводил на Бауэри стрит, где во множественных магазинах и складах продавалось оборудование для ресторанов.

Больше всего, Адам переживал, за разрешение на открытие «фаст фуда». В России, этот процесс мог занять не один месяц, а то и год. При этом нужно было представить сначала чертежи на утверждение, кипу документов от различных организаций и при этом платить всем и вся.

Адам имел опыт строительства ресторана в России. Заказчиком был трест ресторанов, а Адам числился менеджером и отвечал за все. Строительство заняло четыре года и директор треста серьезно говорил, что именно поэтому его назвали «Четверка». При этом, Адам как заинтересованное лицо, платил всем, кому нужно из собственного кармана. В Нью Йорке, все оказалось проще. В департаменте здоровья, он заполнил форму, в которой отметил будущее предприятие как «тэйк аут», то есть торговля на вынос. Это был простейший вид предприятия и требования были минимальные. Его попросили нарисовать схему предприятия.

- Вы можете нарисовать на листе бумаги от руки. Предупредите нас, когда будете готовы. Если никто не придет, через 21 день можете открываться.

- Я планирую открыть к 15-му числу этого месяца.

- Прибавьте 21 день и, если никто не придет, можете открываться.

Это было просто поразительно. Так просто и без всяких безумных требований.

- Ната, ты только представь себе. В России требуются отдельные цеха на кухне: мясной, рыбный, холодный. Я работал в новом загородном ресторане, в Зеленогорске. Это бывшая территория Финляндии, которая называлась Териоки. Трест ресторанов построил там предприятие под названием «Олень». Там было столько настроено цехов. Был отдельный цех для мойки яиц. Представляешь, как народ изгалялся по этому поводу? Все доводилось до абсолютного абсурда. Здесь я нарисовал чертеж от руки и все. С сантехниками я договорился и придет еще один русский парень, очень рукастый. Оборудование я подобрал. Не новое, но очень приличное. Все привезут на этой неделе, и ребята будут устанавливать.

- Я рада, что все так замечательно идет и уверена, ты знаешь, что делаешь.

На самом деле, Адам безумно боялся, плохо представляя, как это все будет. Осталась небольшая сумма наличных денег, но она вся уйдет на ремонт помещения и сантехникам. Все оборудование куплено в кредит и с первых дней бизнес должен приносить достаточно денег, чтоб окупать все расходы. Их было много. Помимо кредита, оплаты квартиры, аренды помещения, электричества и газа, нужно жить и все это стоит денег. А проблемы возникали и требовали решений.

Вероятно, если бы Адам, представлял реальную картину того, что его ждет, он никогда б на это не решился. Первую проблему подбросили сантехники. Это были русские ребята с Брайтона.

- Слушай, Адам. Во-первых, тебе нужен «грис трап», но с этим мы сможем тебе помочь. А во-вторых, у тебя нет газового счетчика. Он есть, но на соседнее помещение.

- Давайте по порядку. Что это, за «грис трап» и что надо с этим делать?

- По закону, в каждом пищевом предприятии должен быть установлен «грис трап», а по-русски, жиро-уловитель. Он ставится под раковину или в подвале. Ты можешь на Бауэри купить новый, или мы привезем тебе бэушный за 50 баксов и поставим.

- Вопрос решен. Вы привозите и устанавливаете. Что делать с газовым счетчиком?

- Соседнее помещение пустое. Мы можем переставить счетчик на твои трубы, но ты всё равно должен пойти в «Кон Эдисон» и дать заявку на включение. Придет инспектор попробуй с ним договориться. Если нет, то это долгая волокита и деньги.

- Ребята, переставляйте счетчик, а что это за контора, «Кон Эдисон» и куда идти?

- Они занимаются подачей электричества и газа. Узнай где они в вашем районе, находятся. Но их можно вызывать, только когда мы смонтируем все оборудование. Они проводят тест давления газа. Показывай где и что у тебя будет стоять на кухне.

- Смотрите. Все располагаем под этим металлическим зонтом. От него идет широкая труба, а куда - черт ее знает. Завтра привезут две большие напольные фритюрницы, газовые, каждая на 40 литров масла. Одну небольшую фритюрницу, на 10 литров, тоже газовую и двухсекционную мойку. Это все что касается сантехники. Сколько?

- Сколько денег? Учитывая, что ты только начинаешь свой первый бизнес и судя по всему с бабками у тебя не очень, мы возьмем с тебя за все, 2 штуки баксов.

- Ребята, вы правы. С деньгами полная ... сами понимаете. Давайте за 1500?

- Ладно. Парень ты видно не плохой. Считай договорились. Завтра подъедем.

В русской газете Адам нашел телефон специалиста по холодильным установкам. Тот осмотрел компрессор, стоящий в подвале и высказал большие сомнения, что он в рабочем состоянии. Но очевидно, что кто-то очень хотел, чтоб Адам был в бизнесе. Компрессор загудел и заработал. Осталось добавить немного газа, но это, после пережитого испуга, казалось недорого. Осталось возвести стойку для отпуска продукции и заднюю стенку, которая отделяла бы кухню. В эту стенку прекрасно вписался большой холодильный шкаф со стеклянной дверью, предоставленный компанией кока-кола. Водитель, который обслуживал этот маршрут, наполнил холодильный шкаф напитками в банках и бутылках на открытие, это был подарок. Адам был очень тронут. Бесплатный холодильник, плюс полный набор напитков с содовой водой, всех вкусов – это был царский подарок от фирмы.

Позже, когда Адам познакомился с водителем маршрута поближе, он понял, что действительность гораздо прозаичнее. Все расходы были за счёт водителя. Сам маршрут приобретали водители. Он мог стоить до полу миллиона долларов. Плюс надо приобрести большой фирменный трак. Маршрут предписывал те улицы, где водителю разрешалось продавать товар. Нарушение грозило большим штрафом, а то и лишением лицензии на продажу. Человек покупал себе работу. Это был его собственный бизнес. Он мог его продать или нанять водителя, развозить товар по маршруту, но как правило все взято в кредит. А кредит, понятно, надо выплачивать.

На Бауэри, Адам приобрел кассовый аппарат и свое главное приобретение, тепловой шкаф. Позже, Адам оценил это приобретение. В этом, сделанном из нержавеющей стали шкафу, размещались направляющие, для стандартных глубоких металлических поддонов из нержавеющей стали. Он был оснащен небольшим подогревающим элементом. На самый низ, Адам ставил глубокий металлический поддон с водой, и это позволяло несколько часов, поддерживать постоянную, слегка влажную, горячую атмосферу. Готовые нажаренные куски куриц, укладывались на решетки, помещенные в металлические поддоны и все вместе помещалось в тепловой шкаф. Туда же ставился поддон с булочками, и поддон бумажных стаканчиков с картофельным пюре. Это позволяло продукции сохраняться горячей, длительное время. Все это отработалось позже, а пока Адам искал упаковку и ломал голову над рецептурами. Всё было вновь, в первый раз.

Всё и разрешилось на той же Бауэри стрит. Адам, перезнакомился с большинством продавцов, торгующих ресторанным оборудованием. Один из них, попутно торгующий различной разовой упаковкой, познакомил Адама с представителем оптовой компании, снабжавшей целую сеть предприятий фаст фуда, аналогичной тому, что придумал Адам. Оказалось, что он изобрел колесо. Жаренную курицу продавали многочисленные выходцы из Афганистана. Они открывали предприятия в самых криминальных частях города. Рент там был минимальным, а покупателей более чем достаточно. Предприятия строились по типу неприступного банка. Окно раздачи, было забрано крепкой решеткой и прежде, чем получить еду, ее полагалось оплатить. Один из афганцев создал оптовую компанию, полностью снабжавшую таковые предприятия, всем, кроме самих куриц. Это был взаимовыгодный союз.

Поначалу Адам покупал куриц в магазинах и сам разрезал на девять частей, но вскоре его нашел поставщик этой продукции. Эта компания развозила готовые, нарезанные куски куриц, в коробках по сорок фунтов. На Бауэри, у китайцев, Адам заказал выпилить из толстой фанеры, силуэт цыпленка. Ната раскрасила это, яркими акриловыми красками и цыпленок был посажен на цепь перед входом.

Все было готово для работы и Адам отправился в офис «Кон Эдисон», для подписания контракта на обслуживание и подключение газа. Его уведомили что инспектор придет в течении трех дней. Адам серьезно волновался и обдумывал как себя вести. Все прошло на удивление гладко. Инспектор подключил манометр к газопроводу и закачал туда воздух. Давление стояло стабильно. Вышла небольшая заминка, с тем что счетчик числился за вторым помещением в здании, но сто долларовая купюра, легко разрешила это противоречие. Последняя проблема, которая требовала решения, что делать с ребенком во время работы. Кухню Адам, понятно брал на себя. Ната могла помочь с отпуском готовой продукции во время ланча, а вот что будет делать двухлетний ребенок, оставалось неясным. Адам решил поговорить со своей сестрой, Соней и попросить ее присмотреть за ребенком несколько часов.

- Привет, как дела? Как Джон? Я помню, он с утра ходит в какое-то училище.

- Привет. Да вроде все нормально, но с Джоном постоянные проблемы. Он по-другому не может. Тут залез в машину. Она была брошена, без номеров, он и залез. Его арестовал полицейский. Оказалась что на машине, была приклеена бумага, в которой объявлялось, что машина предназначена на вывоз эвакуатором.

- Ну и что за проблема? Он же не в чью-то машину залез, а в брошенную и открытую.

- Оказалось, что раз на ней был прилеплен стикер, она уже принадлежит городу, и любое вторжение, является покушением на городскую собственность. А это уголовное дело и его могут обвинить в воровстве и влепить срок.

- О Господи! Только этого не хватало. И что теперь надо делать?

- Я была у судьи. Рыдала и умоляла. Только что на колени не вставала. Джон же не вор. Он просто мальчишка и думал, что раз машина брошена, то она ничья.

- Ну, а судья? Что он ответил?

- В конце концов, Джона отпустили на поруки, но это пятно так и осталось.

- Хорошо то, что хорошо кончается. Надеюсь он запомнит этот урок. Слушай, я вот о чем хочу с тобой поговорить. Мне нужно чтоб кто-нибудь посидел с Надей с 10-и утра и до двух часов дня, пока не пройдет ланч. Ты сможешь мне помочь?

- Я хожу по утрам, пока Джон в училище, убирать квартиры. Я зарабатываю за месяц 700 долларов. Я не могу бросить эту работу и потерять деньги.

- Я понимаю. Давай я буду платить тебе, эти 700 долларов. Все лучше, чем убирать.

- Хорошо. Я подумаю. Мне придется приезжать к вам. Это тоже стоит денег.

- Я буду тебя кормить, и ты сможешь брать еду для Джона. Что скажешь?

- Ну, хорошо. А когда надо начинать? Мне надо предупредить моих клиентов.

- Где-то через неделю. Я тебе позвоню за пару дней. Пока.

Оптовая компания, которой владели выходцы из Афганистана, привезла весь необходимый набор упаковок. Они же привезли несколько коробок замороженных булочек, две коробки масла для фритюра и самое главное, две коробки с панировочной мукой. Одна была белого цвета и пресная, зато другая, красноватая и жутко перченая.

Пора было делать генеральную репетицию. Адам включил все оборудование. Тепловое оборудование измерялось по Фаренгейту, в отличие от Цельсия. Нужно было понять, при какой температуре и как долго жарить курицу, при этом не пережарить, но и не вынимать не дожаренную. Проще всего было с жареной картошкой, которую здесь называли, френч фрайс. Через несколько минут она становилась золотистого цвета и откинутая на решетку, под горячей лампой, хранилась сухой и горячей. Адам смешал панировку один к одному, и смоченные в воде, куски курицы, покрывались идеально ровно. После нескольких экспериментов с температурой и временем на приготовление, получилась идеальная жаренная курица, с золотистой хрустящей корочкой. Ната и Надя были первыми, кто оценил продукт и выразил свое одобрение.

- Котенок! Тебе нравится папина курица? Скажи! Да или нет?

- Да! Скусно!

- Ната, ты слышала, что сказала наша умная дочь? А тебе нравится?

- Ты знаешь, Адам. Мне кажется, что наша курица вкуснее, чем в КФС. Даже очень.

- Мне тоже так кажется. Наверное, это потому, что она только что поджаренная. Надо стараться всегда держать товар свежим. Качество, единственный путь к успеху. Я звоню Соне, что мы завтра открываемся и она должна прийти к 10 утра.

Адам встал очень рано. Правильнее было бы сказать, что он и не ложился. Всю ночь он не мог сомкнуть глаз, раз за разом обдумывая, что надо сделать и как. Практически все было поставлено на карту. Если он провалится, всему конец. За долги отберут все. Надо будет объявлять банкротство и идти работать до конца дней своих, на какого-нибудь дядю. Ребенка надо растить и другого пути, попросту нет. Много раз он корил себя за безрассудность, но что-то менять, было поздно.

Спустившись вниз, Адам включил все оборудование и стал готовиться к своему первому ланчу. Меню было составлено и написано Натой, цветными мелками на черной доске. Основной продукт жареная курица. К нему готовился гарнир в виде картофельного пюре с мясной подливой и салат из свежей капусты, под названием «коле слау». Салат привезли готовый и надо было только разложить в разовые чашечки. Картофельное пюре варилось из сухого порошка, как и мясная подлива. Адам включил электроплитку, сварил картофельное пюре и разлил в маленькие картонные чашки и сверху добавил по ложке готовой подливы. Время приближалось к 10 часам и сверху спустилась Ната, с Надей на руках.

- Адам, а где Соня? Ты говорил она придет к 10, а ее нет.

- Наверное проблемы в сабвее. Она обещала к 10 приехать. Время еще есть. Ты котенка раздень, здесь очень жарко. Я включил все фритюрницы и собираюсь жарить курицы. Положи ее на стол, пусть ползает. Он с бортиками, и она надеюсь, не упадет. Соня вот-вот должна подойти. Следи, чтоб ребенок не упал со стола.

Адам замочил курицу в воде, с разведенной паприкой и стал панировать подготовленные куски. Когда они немного обсохли, он очень осторожно, стал опускать их в кипящий фритюр, стараясь не уронить и вызвать брызги. Это могло причинить болезненные ожоги. Адам завел кухонный таймер на 15 минут. На кухне становилось все жарче, и его беспокоила мысль, что случилось с Соней и что делать с ребенком. Если Соня не придет, то надо отложить открытие и как-то решать вопрос с ребенком. Можно попробовать работать одному, но если пойдут люди, то бегать на кухню жарить, а потом снова бежать вынимать готовые курицы, не очень хорошо для бизнеса с первого дня. Адам вытащил готовые куски курицы, разложил на решетки, вставленные на поддоны из нержавеющей стали и все убрал в тепловой шкаф. Булочки, поставленные с самого начала в тепловой шкаф, стали горячими и мягкими. Все было готово. Время приближалось к без четверти одиннадцать и Адам, взяв ребенка на руки, решил выйти на улицу, глотнуть свежего воздуха.

Напротив, на другой стороне улицы, находилось небольшое «дели», то есть деликатесная. В Америке так называют небольшие магазины, торгующие всякой всячиной, но деньги зарабатываются в основном на продаже пива и сэндвичей. Это «дели» держала пара очень приветливых, эмигрантов из Греции. Теодор стоял на улице в ожидании ланча

- Адам, привет. Это чикен беби? Я ее еще ни разу не видел.

- Привет, Теодор. А почему чикен беби?

- Тебя уже все в округе называют чикен мен, а твой ребенок соответственно чикен беби. Это не для того чтоб обидеть. Здесь так принято. Меня зовут дели мен.

- Все понятно. Курица по-английски чикен, вот я и стал чикен мен. По-моему, не смешно. Адам увидел, переходящую неторопливо улицу, сестру с сигаретой в руке.

- Соня, что случилось? Ты должна была прийти в 10 часов, а сейчас почти 11.

- Ну, я немного опоздала. А что за пожар? Подумаешь опоздала.

- Ты что не понимаешь? Я уже не хотел открываться. Ребенок сидел в дикой жаре.

- Ну ладно, ладно. Я уже пришла. Давай ребенка, и куда надо с ней идти?

- Послушай, у Нади аллергия на табак. Я бросил курить, и это через много лет. Пожалуйста не кури при ней. Я сейчас позову Нату, она отведет вас в квартиру. Можно взять коляску и прогуляться к реке. Это здесь недалеко и там очень красиво.

Адам позвал Нату, и она пошла с Соней показывать ей квартиру. Сам же вернулся в ресторан. Он поднял решетку, закрывающую окно и вскоре появился первый покупатель. Он был одет в рабочую униформу и с каской под мышкой.

- Дай мне «динер бокс» и кока колу.

- Здесь или с собой?

- С собой. Адам сложил коробку с листом вощеной бумаги. Щипцами уложил три куска курицы, салат коле слау, коробочку с картофельным пюре и две булочки. Туда же пошли пакетики соли, перца и кетчупа. Адам добавил салфетки, нож, вилку и все уложил в полиэтиленовый пакет. Покупатель приготовил деньги.

- Сэр. Спасибо за покупку. Вы наш первый клиент и покупка за счёт заведения.

- Спасибо, мне это нравиться. Я расскажу нашим ребятам. Мы строим дом неподалеку. Пока.

Появилась Ната. Она выглядела очень расстроенной.

- Что случилось? Ты чего, поссорилась с Соней? Не обращай внимания она такая, ну в общем тяжелый человек. Но у нас пока нет выбора и надо работать.

- Да я все понимаю. Я ей говорю, погуляй с ребенком, такая хорошая погода. А она, нет, я устала и хочу отдохнуть. Я уеду, а ты с ней и погуляешь.

- Не обращай внимания. Я с ней поговорю. Я уже обслужил первого покупателя и подарил ему динер бокс и колу. Он работает на стройке и расскажет о нас друзьям.

- Ой как здорово. Надеюсь ему все понравится. Покажи еще раз, что и куда идет.

- Смотри. «Ланч бокс», маленькая коробочка, в нее вощёный лист бумаги. Два куска курицы, картофельное пюре или салат и булочка. «Динер бокс», то есть обеденный набор. Большая коробка, лист вощенной бумаги. Три куска курицы, пюре, салат и две булочки. «Джамбо бокс». Большая коробка с пятью кусками курицы. Большой салат и два пюре. Куски клади все разные, чтобы заканчивались равномерно. Ни с кем не спорь. Какие куски попросят такие и давай. Не забывай соль, перец, салфетки и кетчуп. Все пробивай на кассе и не путай со сдачей. Все понятно?

- Все понятно, но я очень боюсь, Адам.

- Я за перегородкой. Если что, просто позови меня.

Небольшое помещение ресторана внезапно наполнилась людьми в рабочей одежде строителей. Образовалась длинная очередь, хвост которой вылез на улицу.

Адам бросился на кухню и стал лихорадочно готовить новую партию куриц. Из-за перегородки слышался громкий шум, смех и голоса множества, говорящего одновременно народа. Адам, стараясь не прислушиваться, лихорадочно закладывал новую партию куриц. Появилась заплаканная Ната.

- Адам. Ты иди туда. Они все говорят одновременно и издеваются.
- О, Господи! А кто будет жарить все?
- Я буду. Ты таймер завел? Я все вытащу. Иди, скорей туда. Адам вышел к прилавку.
- Эй, чикен мен! Что происходит? Куда убежала герл? У нас перерыв кончается.
- Тихо парни. Кто первый? Говори, что берешь?

Адам бросился в бой и как заведенная машина, ни на что, не отвлекаясь, паковал коробки, получал деньги, отдавал сдачу, бегал с пустыми подносами на кухню и возвращался с полными. Такая мясорубка продолжалась в течении получаса и также внезапно стихла, как и началась. Адам вышел из-за прилавка и сел на один из двух барных стульев, вделанных в пол, перед небольшой полкой, приделанной к стене.

- Ната, выходи сюда. Все разошлись. Это было что-то. Ребята со стройки. Им сказал тот, первый покупатель. Значит все было не зря. Как ты там?
- Адам. Я буду работать на кухне. Я не могу стоять за кассой и слушать эти шутки.
- Я тебя понимаю. Выдержать такой напор тяжело. Я боюсь, что ты не справишься на кухне. Кипящий фритюр не игрушки. Может прожечь до костей. Для каждой фритюрницы есть две сетки. Укладываешь запланированные кусочки в сетки и по одной аккуратно опускаешь во фритюр. Главное не уронить, иначе брызги кипящего фритюра попадут на кожу. Это ужасно болезненно и долго не проходит.
- Не переживай. Я уже могу таскать все голыми руками из фритюра. Но не за кассой.
- Ладно. Сходи узнай, как там Соня с Натой. Может их покормить пора?

Работы было мало. Иногда кто-то заходил, брал порцию курицы и чаше всего уносил с собой.

- Адам. Они хотят кушать. А котенку можно давать такую еду?
- Я думаю иногда можно. Сними с грудки шкуру, а мясо нарежь мелким кусочками. Вообще, ей надо варить что-то детское, но сегодня, пусть будет праздник. Пока работы мало, я справлюсь один. После обеда сходи погуляй с ребенком.

- Адам. Зачем нам няня, если я буду с ребенком гулять, а няня будет отдыхать?

- Ну, во-первых, Соня не просто няня. Она всё-таки ее тетя и я уверен, что она ребенка не обидит. Это самое главное. А потом, где вообще взять другую, которой можно доверить ребенка, без опасений за ее безопасность. У нас нет бабушек или дедушек. Из родни есть только тетя. Мы иммигранты, не забыла?

- Я помню. Как я жалею, что нет с нами моей мамы. Для нее ничего не было бы важнее в этой жизни. Она могла помочь нам во всем.

- К сожалению, есть как есть. Некоторые иммигранты приехали семьями и держатся друг за друга, но есть и такие как мы. Таким труднее всего, но мы выкарабкаемся.

- Адам, я познакомилась с одной женщиной. Они с мужем живут здесь, неподалеку от нас. Она занималась музыкой и поэзией, а муж вообще был в России академиком. Они переживают не лучшие времена, и я думаю, если попросить, то она с удовольствием займется Надей. Они очень хорошая и порядочная пара.

- Я же не могу уволить Соню. Я и так её еле уговорил. Она бросила свою работу. Она за кем-то там ухаживала и убирала. Я с ней поговорю. Она должна приходить вовремя.

Соня продолжала приходить позже, и Адам с трудом сдерживал раздражение, боясь сорваться и наговорить грубостей. Рано или поздно это должно было произойти. В один из очень жарких дней, термометр показывал +42 градуса по Цельсию, Адам сорвался. Ребенок, в одних памперсах ползал по жаркой кухне, а Адам и Ната метались, готовя ланч. Соня появилась на пол часа позже.

- Слушай, сколько раз просил тебя не опаздывать. Неужели трудно прийти вовремя?

Соня повернулась, и не говоря ни слова, ушла. Адам не мог поверить своим глазам.

- Ната. Она ушла, бросила ребенка на кухне в такую жару. Все она для меня больше не существует. Чужой человек такого не сделает. Не дать время, найти замену?

- Адам, что будем делать? Может пойти и поискать женщину, о которой я говорила?

- Сейчас уже поздно. Скоро начнется ланч. Придется тебе следить за Надей, и мы как- то отработаем, а после ланча будем думать, что нам делать.

Ланч был, как обычно, бурным и напряженным. Опасения за ребенка на жаркой кухне не оставляли Адама ни на одну минуту. Едва работа стихла он схватил ребенка на руки и вышел на улицу. Там было жарко, но по сравнению с кухонным пеклом, терпимо. С реки дул легкий ветерок и ребенок восторженно вертел головкой.

- Ната. Ты сможешь найти женщину, о которой говорила? Как хоть её зовут?

- Её зовут Вера. Она очень хорошая и я уверена, что она тебе понравится.

- У нас особого выбора нет. Я все еще не могу поверить, что Соня - вот так просто, повернулась и ушла, бросив ребенка на жаркой кухне. Но с ней все кончено.

В глубине души, он все еще думал, что Соня одумается и придет извиняться. Но сам факт, что в такую трудную минуту, уйти и оставить ребенка на раскаленной кухне, ползающего по столу, с риском свалиться, не приведи бог, как это можно простить? И ведь не за спасибо. Отдавая последние деньги. Вряд ли такое можно простить и забыть. Правильно народ говорит, с чужими лучше и проще. Эти философские размышления, прервала Ната, появившаяся с женщиной лет пятидесяти. Она выглядела смущенной и неловко поздоровалась с Адамом.

- Адам, знакомься - это Вера. Вера - это Адам. Она согласилась помочь нам с Надей.

- Очень приятно. Не знаю говорила ли вам Ната, за Надей смотрела моя сестра Соня. Но сегодня, она фыркнула и ушла. Это в ответ на замечание, об опоздании. Мы ей платили 700 долларов в месяц и, если вы согласны, столько же будем платить вам.

- Мне тоже очень приятно с вами познакомиться, Адам. Мне Ната много о вас рассказывала. Я с удовольствием буду заниматься с Надей. Она очень милая.

- Ну и прекрасно. Приходите завтра к десяти часам, только пожалуйста, не опаздывайте. Гуляйте с ребенком, река рядом. После часа приходите за обедом, и после трех вы свободны. Надеюсь все будет хорошо, и вас это устраивает.

Понемногу, все налаживалось. В ланч было много работы и Адам с Натой едва успевали всех обслужить. Вечером работы не было практически никакой и Адам понимал, что нужна реклама и доставка продукции на дом. Нужен был еще один человек. Адам позвонил в агентство по найму работников, через которое прошел, в свое время, он сам. Это агентство специализировалось в ресторанном бизнесе. После нескольких вопросов о характере работы и зарплате, Адаму пообещали отправить работника в течении часа. Вскоре, на пороге, появился небольшого росточка человек, с запиской в руках. Адам повертел записку в руках.

- Вот из ер нэйм? Спик инглиш?

-Трабахадор пара трабахо.

Вот и поговорили. Он о своем, а я о своем. И как же с ним общаться? Моя, твоя не понимает. Но человечек оказался очень понятливым и трудолюбивым. Он перемыл все что можно было помыть. Он очень внимательно следил за всем, что делал Адам и старательно все повторял за ним. Вскоре ему можно было доверить жарить куриц, делать картофельное пюре и практически всю подготовительную работу. В первый день Адам показал ему, как сливать в котел горячий фритюр, затем промывать сами фритюрницы и процеживать фритюр в очищенные от осадка емкости. Больше Адаму не приходилось об этом даже напоминать. Сложнее всего было научить работника делать доставку, готовой продукции на дом. Надя увидела нового работника и сказала: «Маленький дядя», с той поры его иначе и не называли. Он осваивал английский, Адам понемногу учил испанский. Трабахадор - оказалось просто работник. И он был действительно находкой. Дела пошли повеселей и Адам, нанял еще одного, которого звали Луис. Они оба были выходцами из Эквадора, и Адам не мог нарадоваться на них. Ната уже больше не приходила на ланч и могла заниматься только ребенком. Адам часто думал о том, что делать дальше. Сидеть в этом курятнике до конца дней своих, или всё-таки попытаться развить бизнес дальше

- Ты понимаешь, Ната. Можно организовать сеть предприятий, а не сидеть в одном.

- Я понимаю. Но ведь на это нужно много денег. Где ты их возьмешь?

- Есть такое слово, франчайзинг. То есть, существует успешное предприятие. Это можно показать, как пример. Кто-то хочет вложить деньги, но не знает, как и куда. Мы ему предлагаем построить все по образу и подобию, естественно не бескорыстно. Мы можем даже снабжать его всей продукцией за небольшой процент. Что скажешь?

- Не знаю Адам. Мне кажется они сами могут все сделать. Ты же сделал.

- Возможно ты права. Одно предприятие не показатель. Три, а лучше пять – это доказательство. Но меня беспокоит другое. Последнее время, много говорят о вреде жаренной пищи. Развивать подобные предприятия опасно. Если люди перестанут есть жаренные продукты, бизнесу конец. Надо придумать что-то более здоровое.

Адам продолжал обдумывать куда и как направить свои идеи развития бизнеса, но случилось то, что на время заняло все его мысли и время. Боль в животе и какая-то растущая опухоль не давала ему покоя. Он рассказал об этом Нате, и они решили позвонить хирургу и выяснить, что с ним происходит. Адам нашел в русской газете объявление, в котором врач-хирург Гарик Ованесян, приглашал в свой кабинет. Адам записался на встречу.

- Что вас беспокоит?
- Вот эта опухоль возле пупка. Уже давно, но что-то стала болеть.
- Это обычная грыжа. Ничего серьезного.
- Ну слава богу! А то лезут разные мысли, знаете.
- Нет, ничего страшного. У вас есть медицинская страховка?
- Нет. К сожалению, это очень дорогое удовольствие для меня.
- Я понимаю. Операция будет вам стоить 1000 долларов. Мы назначим день. Придете в госпиталь и сделаем небольшую операцию. Побудете там часа 3-4 и, если все будет нормально, пойдете домой. Мы вас не будем задерживать.
- Это меня беспокоило больше всего. У меня свой маленький бизнес и я не могу его оставить надолго.

Накануне операции Адам и Ната оговорили все что связанно с бизнесом. Луис и Маленький Дядя возьмут на себя все что связанно с кухней, а Ната встанет за кассу и будет отпускать готовую продукцию. Адам очень переживал, зная, что Ната нервничает.

- Я же тебе говорила. Я справлюсь и не буду обращать внимания на всякие подковырки и насмешки. Главное, чтоб у тебя все прошло без всяких осложнений и проблем.

В госпитале Адама встретил доктор Ованесян.

- Идёмте со мной. Операционная на втором этаже.

У входа в операционную их ждала немолодая женщина, ярко выраженного армянского типа, в медицинской униформе.

- Знакомьтесь Адам. Это Нора, анестезиолог. Она нам поможет.
- А! Ты знаешь, почему выбрал армянского доктора? Они самые лучшие!

Говорила она с очень тяжелым характерным акцентом. Адам не стал возражать, хотя выбирал врача, не по национальному признаку. Он даже не подозревал, что ему понадобиться анестезиолог и вообще не понимал, как это произойдет. Его поразило, что большая операционная была практически пуста. Ни медсестер, ни помощников. Он разделся, лег на операционный стол и ему одели маску на лицо. Когда он очнулся, то увидел над собой два, очень похожих друг на друга, лица.

- Что произошло? У меня все двоиться в глазах?
- Не волнуйтесь. Все прошло хорошо. Мы вас отвезем в после

операционную палату и, если через 3 часа все будет нормально, отпустим вас домой. Лежите отдыхайте.

Вот это да! Уже прооперировали, а я ничего не почувствовал. А сколько я был в отключке? Как там на работе? Надо скорей идти туда. Меня не отпустят. Придется лежать и тупо смотреть в потолок.

Наконец появился доктор Ованесян.

- Как мы себя чувствуем? Рана в порядке. Повязку не трогайте и не мочите. Завтра придете в мой офис. Не поднимайте ничего тяжелого. Вообще не делайте резких движений. Потихоньку одевайтесь и можете идти домой. Помните, вы после операции.

Адам тихонько оделся и вышел на улицу. Голова гудела и его немного поташнивало. Он был очень слаб. Его встретили как героя. Адам всем улыбался, но было видно, что ему нехорошо. Он сидел на кухне и радовался тому, что все позади.

Рана заживала и когда ему сняли повязку, Адам был потрясен открывшимся видом. Вдоль длинного красного шва блестел металлический ряд скрепок и все это напоминало скорее молнию на брюках, чем рану на человеческом теле. Вскоре скрепки были удалены и только большой рубец, напоминал о перенесенной операции. Пришло время возвращаться к прежним проблемам и идеям, которые не оставляли его надолго.

Эти мысли не давали ему покоя. Как-то Адам прочитал в газете большую статью о пиццериях Чикаго. Там делали пиццы, которые назывались «дип - диш», что Адам перевел как, глубокая тарелка. В сковородках выпекали пиццу, начиненную всякими овощами, сыром и мясными продуктами. По сути это было очень близко к русским пирогам. В Чикаго делали не только открытые, но и закрытые пиццы. Это вообще пироги, но в итальянском варианте. А что если попробовать делать пироги?

- Слушай, Ната. У меня возникла новая идея. Построить пиццерию и делать там и русские пироги тоже. Если это сработает, то это готовая идея на франчайзинг.

- Мне тоже нравится. Моя мама пекла чудесные пироги. А где ты возьмешь деньги?

- Главное – это идея. А если есть идея, то найдутся и деньги.

Сказать легко, сделать сложнее. Но мысли не оставляли его ни днем ни ночью.

- Ната. Я придумал где взять деньги на постройку пиццерии. Мы продадим половину куриного бизнеса. Скажем тысяч, ну за 15. На постройку приличной пиццерии, понадобиться тысяч 100. Значит мне нужны два партнера по 30 тысяч каждый. Когда строительство закончиться, мы сможем продать вторую половину в курином бизнесе. Итого есть 90 тысяч. Ну а 10 тысяч мы возьмем в кредит. Как тебе мой план?

- Адам. Ничего кроме страха, у меня он не вызывает. А если не получится?

- Ты также боялась этого бизнеса. Все получилось, и все получиться еще раз.

На следующий день, Адам отправил объявление в русскую газету, сопроводив его чеком. В объявлении предлагалась половина готового бизнеса на Манхэттене и телефон. Объявление появилось на третий день и сопровождалось шквалом звонков. Большинство было просто бессмысленных, но один показался ему интересным. Он дал свой адрес, и они договорились о встрече во второй половине дня. На следующий день, в дверях появилась пара среднего возраста. Несмотря на приличную и модную одежду, а может быть и благодаря ей, можно было сразу угадать в них иммигрантов из России. Они смущенно осматривались.

- Простите, это вы давали объявление в газету, о продаже части бизнеса? Мы вам вчера звонили.

- Да. Это я. Меня зовут Адам. Мы вчера с вами говорили. Вы Дима и Лина. Правильно я запомнил?

- Да, да. Это мы. Мы ищем бизнес для моего мужа. Он в Ленинграде работал часовщиком, ну а здесь, сами понимаете, часовщики не нужны. Диме надо осваивать новую профессию.

- Ну это понятно. Я тоже из Ленинграда. Приятно встретить земляков в Нью-Йорке.

- Дима действительно из Ленинграда, а я москвичка. У меня есть свой бизнес, салон красоты, здесь недалеко, на Манхэттене. Если мы договоримся, будем ездить на работу вместе. Вы нам подробно расскажите о бизнесе и сколько это стоит?

- Этот бизнес построил я сам. Он такого же типа, как и Кентаки Фрайд Чикен. Но франшиза стоит сумасшедших денег. Я хочу продать половину бизнеса, за 15 тысяч долларов. Можно постоять со мной, ну скажем неделю. Если вам это подходит, милости прошу. Если не подходит, депозит 1,500 остается у меня. Я подготовил список расходов в месяц. Здесь указан дневной оборот от продаж. Посмотрите, если вам это подходит, и мы продолжим наш разговор.

Адам ушел на кухню чтобы не мешать ребятам обдумать и переговорить.

Странный тип этот Дима. Говорит она, а он вообще молчит.

Наверное, бывают такие мужики. За них все решают жены и их это устраивает. Конечно, так проще жить, но это не для меня.

- Ну что вы решили ребята? Подходит вам мое предложение?

- Да. Если можно, то Дима завтра придет и поработает с вами. Он принесет 1500. Давайте завтра подпишем этот список расходов и доходов. Туда же запишем сумму депозита.

- Прекрасно. Дима приходи к 10 часам. Я все покажу и расскажу.

- Спасибо. Я приду к 10.

Он слегка заикался и Адам подумал, что возможно этим и объясняется его застенчивость.

Дима оказался очень толковым и понятливым. Он действительно немного стеснялся своего заикания, но после непродолжительного общения и оно прошло. Он полностью освоил нехитрую науку приготовления небольшого ассортимента и только слегка волновался во время ланча, когда выстраивалась длинная очередь. Через неделю, как и было оговорено, Лина и Дима принесли чек на всю сумму на имя компании. Они отправились в офис бухгалтера, подписали договор и стали полноправными партнерами в бизнесе. Отношения сложились более чем доверительные, и однажды Дима признался Адаму, что он, не находя себе применения в этой, новой для него жизни, всерьез подумывал, покончить с собой. Это шоковое признание, было видно по всему, глубоко выстраданное и осознанное.

- Ты понимаешь, Адам, я всегда зарабатывал деньги на семью, а тут жена оказалась добытчиком, а я оказался никому не нужен и ничего не умеющим. Лина зарабатывает хорошие деньги. Мы купили дом в Нью-Джерси в хорошем районе, очень близко от Нью-Йорка, но я не мог найти себе места, оттого что оказался таким никчемным.

- Понять я тебя конечно могу, ну а что, нельзя переучиться на любую другую профессию или вообще заняться чем-нибудь?

- Не знаю. Мне казалось, что я ничего не могу. Я был в жуткой депрессии. Лина меня успокаивала, но все это было тяжело. А зачем ты продал половину бизнеса? Устал наверно работать один?

- Нет. Не поэтому. Я обдумываю новый бизнес. Сначала я хотел построить сеть вот таких куриных ресторанчиков, но сегодня, я думаю, у этого типа бизнеса нет большого будущего. Все только и говорят о здоровом образе жизни и о том, что жаренная еда вредна.

- Наверно, ты прав. А какой бизнес ты бы хотел открыть?

- Я думаю о пиццерии. И не просто, а Чикагского стиля пиццерии. Этот город называют пиццерийной столицей Америки. Они пекут пиццы в специальных сковородках и называют это «дип - диш» пицца. То есть глубокая тарелка. Там же пекут фаршированные пиццы. Это практически русские пироги. Я думаю, это может иметь успех здесь. Но просто открыть пироговую, опасно. Может не пойти. А пиццу едят все. Поначалу открыть как пиццерию, а затем посмотреть, как будут покупать пироги. Если дело пойдет, можно думать о сети предприятий. Мне нужно найти двух партнеров.

- А почему двух? Сколько денег ты думаешь понадобиться на это?

- Я составил смету расходов. Если все делать по уму, взять архитектора, хорошее оборудование, рекламные светящиеся коробки, внутри и снаружи все прочие расходы, можно уложиться в 100 тысяч долларов. Аренда в приличном месте стоит около 4 тысяч.

- Знаешь Адам. У меня есть товарищ, он работает поваром в «Зейбарс». Это такая крутая деликатесная на Бродвее. Он давно подумывает о бизнесе. Он хорошо зарабатывает там, но хочет свое.

- «Зейбарс» – это действительно крутое место.

Я слышал историю, как «Зейбарс» устроил «войну» против «Мейсис». Перед Рождеством, многие покупают баночку черной икры для праздничного стола. Газеты печатают стоимость баночки икры в самых знаменитых деликатесных. Так вот «Зейбарс» войну цен выиграл. Я слышал, что шефом там работает какой-то русский. Это случайно не твой друг?

- Нет, он просто повар. Его зовут Гриша. Мы познакомились в Остии, в Италии. Там все проходят эмиграцию, в ожидании визы в Америку. Если хочешь, я могу с ним переговорить.

- Это неплохая идея. В «Зейбарс», я уверен, плохих поваров не берут.

Адам довольно часто бывал в этом магазине и на его взгляд он был лучшим в своей области. Магазин рекламировал себя как «апетайзинг стор», что можно было перевести как магазин закусок, на самом деле, там был широчайший выбор готовой продукции и всяких деликатесов. В рыбный отдел нанимали тех, кто умел красиво и тонко нарезать слабо соленую норвежскую семгу, отдел холодных закусок предлагал широчайший ассортимент мясных нарезок, «фуа гра» из печени гуся или утки, изделий из дичи и морепродуктов. Готовые салаты с креветками, крабами и прочей морской живностью, занимали целый открытый холодильник, и привлекал множество народа. Большой отдел сыров со всего света, соседствовал с открытым баром оливок. Каждый посетитель мог пробовать оливки, выбирать по своему вкусу и набирать в пластиковый контейнер. Не отставал отдел выпечки, и бакалейный отдел. «Зейбарс» породил целую индустрию подражателей и вне сомнения, был ее флагманом.

Вилли рассказывал Адаму, что на параллельной улице, на 80х открылся аналогичный магазин, с еще более шикарным ассортиментом, с выкладкой на огромных, красиво оформленных блюдах. По слухам, он принадлежал актеру Роберту де Ниро, но, несмотря ни на что, закрылся, не выдержав конкуренции. Адам иногда мечтал, что-то производить из продукции, которая могла бы продаваться в «Зейбарс». И даже не из финансовых соображений. Это было престижно. Поставлять продукцию в «Зейбарс». Но пока это были только мечты.

Они любили покупать там «вкусности», любимое словечко Наты, а затем шли напротив в «бейгл» магазин, где покупали дюжину этих вкусных и горячих «бейгл», аналог российского бублика, который был необыкновенно популярен в Америке. Однажды Адам, увидел брошюру, рассказывающую о истории этого хлебобулочного шедевра. Легенда гласила, что это изобрели еврейские пекаря Австрии. Император страстный поклонник лошадей, получив в подарок булочку в форме стремени, воскликнул: «это бугель». Со временем этот бугель, вместе с евреями, перекочевал в Россию и стал, бубликом. Адам помнил то время, когда, придя утром в булочную, можно было купить, почти горячий бублик с маком.

Бублик, опять вместе с евреями, перекочевал в Америку и стал бейглом. Его выпекали с маком, с луком, с кунжутом, с солью, а также все смешанное вместе. Напротив, «Зейбарс», стояла бейгальная, где весь процесс изготовления происходил на глазах. Бейглсы сначала погружали в кипящий котел с водой, затем вынимали и посыпали различными подсыпками. Затем все погружалось в огромную печь и выпекалось до золотистой блестящей корочки. Это можно было есть просто так. Но американцы изобрели продукт под названием «кримчиз». Сливочно-творожная масса, с различными добавками продуктов, взбитая до абсолютной гладкости, и прекрасно мажущаяся на любое хлебное изделие. Бейгл оказался непременным компонентом этой блестящей пары. Бейгл с хорошим слоем кримчиза, а сверху приличный кусочек слабо соленой семги, да большая чашка горячего кофе с молоком, множество ньюйоркцев могли начинать свой день, именно так. Надо сказать, что это мог быть и прекрасный ланч.

ГЛАВА II

СОСЕДИ

Квартал, или блок, как здесь это называли, расположенный по первой авеню, между 91-ой и 92-ой улицами, миновал строительный бум, происходивший время от времени в Нью Йорке.

Весь блок был застроен старыми 4-х этажными домами, с входом посередине и двумя торговыми помещениями, закрытыми металлическими решетками. Дома казались слепыми и нежилыми.

На самом деле их заселяла беднота. Не та, которая сидела на государственной программе "велфер", а тот нижний средний неквалифицированный рабочий класс, который довольствовался небольшой заработной платой.

Неподалеку от Адама работал китайский «тэйк аут» ресторанчик, а на другой стороне небольшое дели. На следующем блоке, прямо напротив больших зданий «прожекта», заселенного теми, кто был достоин государственной программы «велфере», располагалась большая пиццерия «Франжелика». Построенные на государственные деньги многоэтажные и многоквартирные здания «прожекта», привнесли в этот микрорайон оживление в бизнесе, а с ним и в большом количестве, криминал. Наркотики продавались почти открыто. Постоянные разборки, грабежи, дикие крики и шумные оргии стали частью жизни всей округи. Обитатели «прожекта» работать не стремились. Адаму довольно часто предлагали купить «фуд стемпы», то есть купоны на покупку еды.

Хотя купоны предлагались с большой скидкой, Адам твердо отказывался от таких, явно криминальных сделок.

Стоящую на углу заправочную станцию, приобрел новый владелец. За короткий срок все преобразилось. Новый хозяин перестроил большую мойку машин, построил две линии «экспресс замена масла». Магазин «все для автомобиля» и множество других, необходимых для водителей, сервисов. Весь район почувствовал оживление в бизнесе. В самом автомобильном комплексе работало множество нового народа. Они общались на каком-то незнакомом Адаму языке и однажды он не выдержал и спросил:

- А вы ребята, на каком языке общаетесь?
- На хибару. Мы из Израиля.
- А хозяин тоже израильтянин?
- Конечно израильтянин. – Почему-то шепотом ответила кассирша.

Адаму они нравились. Они относились друг к другу как одна большая дружная семья. К боссу относились, все без исключения, с почтением, но не раболепствуя. Это был крепкого сложения человек, среднего возраста с абсолютно лысой головой. Он изредка заходил к Адаму, купить несколько кусков курицы и всегда при этом, был вежлив и корректен. Адам иногда видел его проходящим мимо и внимательно осматривающим народ, толпящийся во время ланча. Адама несколько удивляло такое внимание, но однажды все разъяснилось. В дверях появился достаточно моложавый, улыбающийся человек, в какой-то полувоенной форме. Очень загорелый, с курчавыми чёрными волосами.

- Привет! Мне сказали, что тебя зовут Адам, а меня Ави.
- Привет Ави, очень приятно. Чем я могу быть полезен?
- Я буду твоим соседом. Мой друг, хозяин заправочной станции, Йоси, пригласил меня работать в Нью Йорк.
- А откуда ты, Ави? И почему моим соседом? Что ты будешь делать?
- Во-первых, я из Израиля. Во-вторых, Йоси предложил мне работу. Мы вместе служили в армии. Йоси сказал, что в Нью Йорке много израильтян, но нет израильской еды. Не кошерной, а просто обычной, какую привыкли есть дома. Йоси арендовал соседнее с тобой помещение, и я буду там этим заниматься.
- А что это за израильская еда? И чем она отличается?
- Ты когда-нибудь слышал хумус, фалафель, пита?
- Пита слышал и даже пробовал. Это такая невкусная лепешка.
- Вот я открою «Питу», попробуешь потом скажешь.

Вскоре на блоке появились еще три новых магазина, открытые новыми иммигрантами. Первыми были представители из солнечного Узбекистана и судя по всему не бедные. Это были отец и сын. Старший принялся за починку обуви, а сынок где-то на аукционе приобрел по дешевке большое количество женской обуви и всем хвастался своим умением «делать бизнес». Вслед за ними на блоке появился стекольно-зеркальный магазин, открытый представителем славного города Одесса. Замыкала тройку новоявленных бизнесменов-иммигрантов парочка молодцов из Прибалтики, организовавших бизнес по производству различных копировальных работ. Иногда эти новоиспеченные американцы, собирались вместе. Они обсуждали свои проблемы адаптации на новой родине, и все сходились в одном. Им всем крупно повезло в этой жизни. Они смогли вырваться из-за железного занавеса и получили шанс начать свою жизнь сначала. У многих были «грин карты», то есть разрешения на временное проживание на территории США. Через 4 года они становились полноправными гражданами страны, пройдя процедуру собеседования в иммиграционном департаменте и принятия присяги.

- Ребята! А что будет если не пройдешь это собеседование?

- Отправят в страну исхода, а там с изменниками сам знаешь. Разговор короткий, гневное осуждение и на урановые рудники.

- Хватит трепаться. Ты что? Тупой? Все проходят. Надо понимать, о чем тебя спрашивают и отвечать на вопросы по-английски.

- У меня папа совсем старенький. Он плохо слышит. Он и по-русски еле говорит, а английский совсем не понимает.

- Там же не звери сидят. Вас оставят, а его отправят обратно? Не говори ерунды. Никто к старикам не привязывается. Ты работаешь, платишь налоги и еще обеспечиваешь работой других людей.

- Эта страна построена иммигрантами. Она потому и стала великой и богатой. Посмотрите на американцев. Кто работает тяжело и стремится дать детям не только образование, но и оставить что-то материальное. Им не придется начинать все с нуля, как нам. Все это ради детей. Мы бросили все что было нажито в этой жизни. Друзей, родных, работу, имущество и неплохую, устоявшуюся жизнь. Все это – ради наших детей. Чтоб они могли жить как люди.

- Ладно врать. Ради детей. А сами-то что? Не хотите пожить красиво

- Кто же не хочет жить по-человечески? Это нормальное человеческое желание.

- Ребята. Хватит спорить. Мы все хотим пробиться в этой жизни. Поэтому и приехали в эту страну. Поэтому и работаем по 15 часов в день. И мы хотим, чтоб наши дети жили лучше, чем мы.

Такие разговоры происходили часто, но в конце все сходились на том, что им всем повезло, но поскольку они первое поколение иммигрантов, они должны работать много и тяжело. Им никто и ничего не должен. Надо начинать всё с чистого листа. С нуля.

Адама такие пустопорожние разговоры утомляли, и он думал о новом бизнесе, о семье и говорил, что надо меньше болтать, а больше делать и тогда все встанет на свое место. Ему нравился Ави. Ему вообще импонировали израильтяне. Они были спокойные, выдержанные и очень любили свою страну, Израиль.

- Ави. Если вы так любите свою страну, чего же бросили ее и приехали сюда, в Америку? Потому что здесь жить лучше?

- Нет. Жить лучше в Израиле. Но там очень мало возможностей для бизнеса и это сложная страна для выживания. Она очень маленькая и много разных законов и запретов, мешающих выжить в бизнесе. Но для жизни лучше страны нет. Американцы работают с утра до ночи. Они признают только деньги. Бизнесмены, врачи, адвокаты, да и все остальные, строят карьеру. Без отдыха, чтоб заработать больше и больше денег. А когда жить, отдыхать? На пенсии?

- А в Израиле? Там не стремятся заработать больше денег?

- Безусловно. Но есть семья, друзья. Мы любим собраться вместе. Посидеть, поболтать в кафе. Поехать на природу, на пляж. Просто пообщаться. Здесь все заняты. На друзей, на семью нет времени.

- Я с тобой согласен. Но все что мы делаем, это ради семьи и для семьи. Я бы тоже хотел поехать с семьей куда-то отдыхать, но кроме меня, этого никто делать не будет. Я отвечаю за все.

Адам спорил с Ави, но в душе понимал, что большая доля истины в его словах есть. Надя проводит все время с мамой. Она растет милым, спокойным и здоровым ребенком. Все это очень хорошо, но она становится старше и такое однобокое воспитание, со временем, может вырасти в серьезную проблему. Она не общается с другими детьми. У нее нет друзей ее возраста. Она должна научиться ссорится и мириться. Должна научиться постоять за себя. Этому нельзя научиться теоретически. Она пойдет в школу. Кто сможет помочь там? Никто. Дети могут быть очень жестокими. Они могут отторгать и преследовать «чужаков». Все это может перерасти в ее возрасте в трагедию. Надо что-то делать, иначе будет поздно. Все эти соображения, Адам выложил Нате.

- Наша дочь растет милым, красивым, приятным и добрым ребенком, но без всякого общения. Она может вырасти абсолютно закомплексованной и не коммуникабельной.

- Что ты предлагаешь, Адам? Знакомить ее с другими детьми?

- Я предлагаю отдать ее в какой-нибудь хороший детский сад. Завтра я поищу близлежащие детсады.

На следующий день, Адам пересмотрел все объявления о детских садах. Ближайший, и судя по рекламе приличный, оказался в 10 кварталах. Он назывался «Монтессори» и обещал дружественную и приятную атмосферу, со всесторонним развитием ребенка по методу одноименного ученого, детского психолога. Все звучало многообещающе и Адам позвонил и назначил встречу.

Найдя нужный дом, Адам поднялся на второй этаж и позвонил в дверной звонок. Его несколько удивило отсутствие какой-либо таблички на дверях, но возможно так было нужно. Дверь открыла немолодая женщина, одетая в индийское сари.

- Я договаривался с директором садика об апоинтменте.

- Прошу вас проходите. Мистер Раджи ждет вас.

Адам оказался в большой комнате, где на большом ковре, среди разнообразных игрушек расположились детишки, дошкольного возраста. Они с большим любопытством взирали на Адама.

- Проходите сюда, в кабинет мистера Раджи.

Адам оказался в небольшой комнате, где за письменным столом сидел немолодой мужчина, в традиционным индусском головном уборе. Он приподнялся, радушно приветствуя входящего гостя.

- Прошу, прошу. Мистер Гардов, если я не ошибаюсь?

- Не ошибаетесь. А вы, как я понимаю мистер Раджи. Простите мое удивление, но ожидал более, как это сказать, официальное детское учреждение. Здесь, как я понимаю, оно расположено в частной квартире. Кто же занимается всесторонним развитием детей и где, как это было написано в вашей рекламе?

- Позвольте мне вам сказать мистер Гардов, что вы очевидно незнакомы с американской системой воспитания детей дошкольного возраста, по всемирно известной системе доктора Монтессори. Эта система призвана подготовить ребенка ко встрече с трудной и подчас травматичной реальностью в системе обучения. Вся наша система основана на принципах гармоничного и индивидуального развития человека. Мы призваны деликатно и осторожно помогать ребенку развиваться, не подавляя его желаний и стремлений. При таком индивидуальном подходе к каждому ребенку, обязательное условие небольшие группы и домашняя благожелательная обстановка. Надеюсь я вас убедил.

- Должен вам признаться, мистер Раджи, что я мало в этом разбираюсь и должен просто положиться на ваше мнение. Я готов попробовать, но я не знаю, как моя дочь сможет здесь адаптироваться. Она еще маленькая и все это время была с матерью. Надеюсь на вашу деликатность и профессионализм.

- Не волнуйтесь мистер Гардов. Вы не первый и не последний. Наша репутация безупречна. Мы занимаемся детьми с восьми утра и до трех дня, пять дней в неделю. Можете выписать чек на $350 за первый месяц и уверяю, ваш ребенок будет здесь счастлив.

- Хорошо, мистер Раджи. А если ребенок не захочет сюда ходить?

- Тогда мы вернем вам деньги, за минусом дней посещения.

Адам выписал чек и продиктовал свои и Надины данные. Пообещав завтра привезти ребенка. Адам откланялся, все еще полный сомнений и раздумий.

Дома Адам рассказал о своем посещении «Монтессори».

- Бэби! Я нашел тебе детский садик. Там много детишек твоего возраста. Ты будешь с ними играть, а потом я буду за тобой приезжать. А то ты все время с мамой и это очень скучно.

- Я не хочу садик. Хочу дома с мама.

- Глупенькая. Там детишки, ну такие как ты. Тебе надо учиться общаться. А когда пойдешь в школу? Как ты будешь там общаться?

- Не хочу школа. Не хочу ощаться. Хочу с мама.

- Так. Ната, ты ей объясни. Другого пути в жизни нет. Надо учиться. Надо уметь общаться с другими людьми и завтра мы идем в садик.

- Она еще совсем маленькая. Она всего боится. Я с ней тихонько поговорю и надеюсь убедить, что там ей будет хорошо. Расскажи, что это за садик и какие там воспитатели?

- Это подготовительный к школе садик, по системе, которую создала знаменитая доктор Монтессори. Ведет этот садик семья индусов, вполне цивилизованных и воспитанных. Поначалу я сам был не в восторге, но после разговора с мистером Раджи, мне показалось что это, как раз то, что ребенку надо. Я с ними договорился, что если ребенку не будет нравится, то они вернут нам деньги. Убеди Надю, что надо попробовать, а там посмотрим.

На следующий день Адам и тихая грустная Надя, стояли у дверей «Монтессори». Дверь открыла миссис Раджи, в своем традиционном индийском одеянии. Надя прижалась к Адаму и обхватила ручонками его ногу.

- Проходите, проходите! Чего ты испугалась? Тебя ведь Надя зовут? Пойдем со мной, я познакомлю тебя с другими детьми.

Надя продолжала судорожно сжимать ногу Адама и ее глаза наполнились слезами. Появился мистер Раджи, с высокой чалмой на голове. При его появлении, Надя спряталась за спину Адама и несмотря ни на какие уговоры, не хотела выходить.

- Адам. Вам лучше уйти. Первый день всегда самый тяжелый и когда вы уйдете, ребенок успокоится и все будет хорошо.

Адам, с тяжелым сердцем, преодолел сопротивление Нади и выскочил за дверь, стараясь не слышать, раздирающий душу детский отчаянный плач.

Эти горькие слезы преследовали его весь день, и он не мог дождаться положенного времени, сам себя уговаривая, что все хорошо. Он подхватил ее на руки, едва распахнулась дверь. Она уткнулась ему в плечо, молча, вздрагивая всем тельцем.

- Ну как прошел ее первый день?

- Все хорошо. Она немножко дичилась и не играла с другими детьми, но это обычно для первого дня. Завтра все будет хорошо.

На следующий день, Адам с Надей на руках подошел к квартире, где располагался детский садик «Монтессори». Адам почувствовал, как напряглась Надя и еще крепче обхватила его шею. Дверь распахнулась и на пороге появилась парочка, мистер и миссис Гаджи. Они радостно улыбались и протягивали руки к ребенку. Надя крепко стиснула ручонки и залилась отчаянным плачем.

- Нет, нет, нет, - горестно рыдала она.

- Мистер Гардов. Давайте мы ее заберем, а вы идите. Все наладиться, и девочка успокоиться. Давайте, мы ее заберем.

Адам попробовал разжать Надины руки, но отчаяние очевидно придало ей силы и Адам сдался.

- Нет, вы меня извините, но я не могу пережить ее слезы.

Они спускались вниз по лестнице. Адам корил себя за малодушие, прижимая ребенка к себе, а она благодарно терлась мордочкой о его шею. Все страхи остались позади. Они возвращались домой.

- Забирай свою дочь. Если хочешь, сама вози ее в этот садик. Она так и вырастет, букой некоммуникабельной. И в школу не пойдем.

- Адам, она еще маленькая. Немножко подрастет и все образуется. Ей нужно время.

Он понимал, что все это неправильно, но бороться против Надиного отчаяния и слез был не в силах.

Из всех соседей Адам больше всего сдружился с Ави. Его родители привезли совсем маленьким из Польши. Ави не любил рассказывать о себе, но, из скупых замечаний Адам понял, что тот знает арабский и испанский. По-испански он говорил без акцента.

- Ави. Откуда у тебя знание стольких языков? Арабский и хибару понятно. Ты вырос в стране где говорят на этих языках. А откуда испанский? Я слышал, как ты говорил с моим работником. Английский тоже понятно. Сейчас все учат английский, но испанский, не пришей не пристегни. Это-то откуда?

- Из армии. Я с Йоси служили в войсках, где нужен был испанский.

- А, так ты мосадовец. Теперь-то все ясно.

Ави промолчал, было заметно, что он не хотел развивать эту тему.

- Ладно извини. Это не мое дело. Как у тебя с бизнесом дела.

- Все идет нормально, вот только с газом много волокиты.

Адаму было неловко, поскольку это он переставил газовый счетчик, но было уже поздно что-либо изменить.

- Не забудь пригласить на открытие твоей «Питы».

Иногда за жаренной курицей, приходили отец или сын, прибывшие из солнечного Узбекистана. Дела у них шли не очень хорошо. Старший зарабатывал, стуча молотком по изношенной обуви, а вот у младшего бизнес по продаже обуви не заладился.

- Ты понимаешь Адам. Первая авеню – это хайвэй. Машины летят не останавливаясь. Люди здесь не ходят. А в этих «прожектах» живет одна голь-шмоль. Они покупают курицу- шмурицу и идут домой кушать. Им моя обувь не нужна. Скажи, почему?

- Я не знаю. Мне кажется твоя обувь не очень модная. Ты купил ее на аукционе, по дешевке. А люди ищут то, что модно сегодня.

- Модно- шмодно. Я продаю новую обувь по хорошей цене, а они не могут ее купить, потому что сидят на велфер- шмелфер.

Он говорил, как большинство его земляков, произвольно и бессмысленно рифмуя разные слова. Старший жаловался на клиентов, приносящих абсолютно разбитую обувь.

- Ты знаешь откуда мы приехали? Мы сначала приехали в Израиль. Я занимался бриллиантами и имел хорошие деньги. Мой пояс был такой. Он показал размер толстого пояса. – А теперь, все. Ничего не осталось. Все потратил, в этой Америке.

- А зачем вы уехали из Израиля, раз хорошо зарабатывали?

- Бизнес упал на бриллианты. Никому не надо камешки- шмамешки.

Дед Адама, тоже был из Средней Азии. Адам помнил, как дед носил деньги в поясе. Советская власть дважды превращала его накопления в пыль, объявляя девальвацию старых денег и печатая новые. Дед с маниакальным упорством копил заново и хранил по-прежнему в поясе. В третий и последний раз он перехитрил эту власть и помер, накопив в очередной раз 20 тысяч рублей. Дед был потомственный кожевник и тяжело работал.

На противоположном углу 92-й стрит открылась стекольно-зеркальная мастерская. Стекольщик из Одессы, Лёша, открыл свой бизнес в удачном месте.

Зеркала и стекла пользовались спросом, и он целыми днями разъезжал на своем грузовичке, с помощником испанцем и иногда, поздно вечером прибегал купить жареную курицу.

- Я смотрю твой бизнес цветет и пахнет. Поздравляю, молодец. Ты и в Одессе занимался этим делом?

- Работал по молодости. Вот и пригодилось. Когда вышел, было чем заняться. Вспомнил юность. Жаловаться грех.

- Ты здесь сидел? - поразился Адам. - За что?

- Ты слышал про бензиновые дела на Брайтоне?

- Слышал, конечно. Но вроде их всех переловили и пересажали. Или я неправ?

- Да. Это ты правильно слышал. Бабки были крутые. Мешками тащили домой. Потом начались разборки. Отстреливали из автоматов и шумели. Полиция хватала всех без разбора. От меня требовали, чтоб я назвал имена. За то, что я молчал, судья дал мне трешку. Но я никого не сдал. Вот такие пироги.

Адам в очередной раз порадовался, что не поддался соблазну и не полез в этот криминал, хотя шансы и были.

- Нет, как говорил великий Ленин, мы пойдем другим путем. Криминал – это значит тебя рано или поздно загребут. А кто будет кормить и заботиться о моем ребенке? Нет, я хочу большой бизнес, но без криминала. Если конечно это возможно?

С соседями из Прибалтики, Адам общался мало. Иногда он заказывал у них копии рекламок, иногда они забегали купить курицу. Отношения дружеские, но отстраненные.

Вечером к Адаму зашел Ави. Он был возбужден.

- Адам, привет. Зайди ко мне через часик. Мы завтра открываемся, а сегодня опробуем на своих как всё это будет.

- Понял. Тебе нужны подопытные кролики. Чего не сделаешь для хорошего человека. Надеюсь, я наконец, попробую фалафель.

В помещении «Питы», толпилась небольшая группа людей. В основном это были работники с соседней заправки, во главе с Йосей. Ави суетился на небольшой кухне, готовя дегустацию.

На столах стояли бутылки с вином и содовой водой. Обстановка была демократичная. Каждый наливал себе что хотел в пластиковые стаканчики и все с нетерпением ожидали обещанную национальную еду. Из кухни появилась молодая особа с подносом, полным тарелочек с мелко нарезанными овощами. Затем Ави вынес целую гору фаршированных чем-то пит.

- Друзья, пробуем фалафель и все должны сказать свое мнение. Я пока приготовлю индейку. Адам, в числе прочих, опробовал новое блюдо. Фалафель оказался крупными шариками, зажаренными из неизвестного ему состава, с каким-то соусом и мелко нарезанными кусочками салата. Все это было очень необычно и на его вкус не очень понятно. Вторая пита была нафарширована кусочками жареного мяса, также с соусом и салатом. Горячие кусочки мяса с холодным соусом и салатом, напоминали мексиканские буррито, но более пресное. Израильтянам, похоже все это очень нравилось, и они поздравляли Ави с открытием и пожеланиями всяческих успехов в новом бизнесе. Адам, в свою очередь пожелал успеха и подписал десяти долларовую купюру, на удачу. Все стали расходиться и Ави подошел к Адаму.

- Ты единственный специалист в области кулинарии, и я хочу услышать твое мнение. Только без дураков. Что ты думаешь?

- Если честно, то я не знаю, что тебе сказать. Для меня это очень непривычная еда. Фалафель я так и не понял из чего это делается. Что касается жаренного мяса в пите, то на мой вкус, горячее должно быть с горячим соусом, а холодное с холодным. Правда мексиканцы в свою тортилью добавляют холодный сыр, может вам тоже добавить сыр для вкуса.

- Это место открыто для израильтян, и конечно для всех кто хочет попробовать нашу кухню. В ней не смешивают мясное и молочное. Здесь наша еда не кошерная, но смешивать сыр и мясо не принято. Йоси хочет посмотреть, как это работает и если все хорошо, то построить сеть таких предприятий.

- Глубоко копает. Я сам подумываю о сети, но не уверен, что жаренная курица имеет будущее. Сейчас все говорят о здоровом питании, и может ваша идея придется к месту. А из чего делается фалафель? Я так и не смог определить.

- Пойдем покажу. Видишь большой мешок на полу? Открой. Это хумус. Из него делают хумус и фалафель.

- Так это горох, вернее бобы. Здесь это называют «чак пис».

- Правильно, а в Израиле называют хумус. Пасту из хумуса смешивают с пастой из кунжута, добавляют специи и употребляют, как здесь «крим чиз». Мажут на питу и едят с салатом.

- Ты меня извини, Ави. У меня большие сомнения, что американцев можно подсадить на эту еду.

- В Америке живет много выходцев с Ближнего Востока, да и латинос едят свою тортилью. Поживем, увидим. А относительно твоей жареной курицы, ты же говорил, что это, одна из самых популярных для американцев еда.

- Так оно и есть. В День Независимости, 4-го июля, на пикники многие берут жаренную курицу. Но это сейчас. Все может измениться. Сейчас идет активная пропаганда за здоровое питание. В стране слишком много толстых и больных. Государству это не выгодно. Именно поэтому я хочу уйти от жаренного и открыть пиццерию. На сегодня это самый популярный продукт.

ГЛАВА III

«ПИРОГ»

В один из дней Дима пришел на работу вместе с Гришей.

- Знакомьтесь, ребята! Это – Адам, а это – Гриша. Он хочет послушать о твоем предложении по бизнесу. Я ему рассказал, но лучше если он услышит из первых уст. У него есть к тебе много вопросов.

- На сегодня, еда номер один в Америке, пицца. Ее едят на ходу, ее заказывают на дом, на вечеринки, спортивные соревнования и этот список можно продолжать. Жаренная курица, тема интересная, но меня интересует большой бизнес. Я хочу построить большую сеть предприятий фаст фуда. С этой позиции, куриный бизнес не очень перспективный. Сейчас раздается множество голосов о вреде жаренной пищи и тем более о пище жареной во фритюре. Я думаю о пироговой. Предприятии, где будут делать открытые и закрытые пироги от индивидуального размера, до семейного. Фарши самые разнообразные. Мясные, рыбные, овощные и сладкие. Начать просто с пирогов, мне кажется опасным. Американцы очень любят пиццу, но ничего не знают про русские пироги. Поэтому я думаю начать с пиццы и иметь в меню два-три вида пирогов. Если они будут пользоваться успехом, понемногу расширять ассортимент его пирогов, и, если это станет основным видом продукции, можно думать об открытии следующего ресторана. При условии, что все пойдет по плану, можно задумываться об открытии своей сети. Это планы на будущее, а начинать надо с первого.

- А как делать пиццу, или пироги? У нас в «Зейбарс» этого не делали.

- Гриша, ты же повар. Умеешь наверно делать фарши и соусы?

- Да. Это я умею, но с тестом никогда дела не имел и не знаю.

- А что ты делал в «Зейбарс»? На каком участке ты стоял?

- Я стоял на супах. А в основном я шинковал овощи, быстрее всех.

- Понятно. Шинковать тоже надо уметь, правда есть машины, которые шинкуют быстрее, лучше, но это на больших предприятиях.

Они еще поговорили о профессиональных навыках поваров, но Адаму было понятно, что помощи от него ждать не приходится.

Новоявленные акционеры обсудили условия финансирования. Каждый участник бизнеса инвестирует по тридцать тысяч долларов. В период подготовки и строительства, за все отвечает Адам. Гриша продолжает работать в «Зейбарс» и увольняется за неделю до открытия. Дима и Адам остаются партнерами в курином бизнесе, но то время, которое Адам проводит в строящемся предприятии, Дима его подменяет. Открывают бизнес Адам и Гриша, а Дима, при благоприятном течении дел в новом бизнесе, ставит куриный бизнес на продажу. После чего присоединяется к компаньонам. Вся эта схема, казалась немного тяжеловесной, но сводила риски к минимуму. Оставалось найти место.

Адам часто вспоминал об услышанной присказке: «Первое условие для успешного бизнеса – это выбор правильного места, второе – это место и третье – это место.»

Хорошее место, стоило дорого и требовало серьезных капиталовложений. Требовался компромисс, неплохое место и резонная стоимость аренды. Такое место Адам нашел на 86-ой стрит. Это была двухсторонняя, широкая центральная улица района, некогда называвшегося Йорквилл. Там, когда-то, селились немцы иммигранты, но от них остался только шикарный колбасный магазин, на углу второй авеню. Четырехэтажное здание, чудом уцелевшее в квартале между первой и второй авеню на 86-ой стрит, торчало как старый пень, между новыми многоэтажными зданиями. На первом этаже здания, реклама возвещала о том, что это помещение сдается в аренду. Адам позвонил по указанному телефону и его пригласили на встречу в агентство по недвижимости. При встрече Адам узнал, что цена аренды 4 тысячи долларов и договор на пять лет с пролонгацией.

- А что раньше располагалось в этом помещении?
- Последний арендатор хотел открыть кафе мороженое.
- Что значит хотел? Хотел, но не сумел?
- Вы попали в точку. Он начал строительство, но никогда его не закончил. Если вы хотите посмотреть помещение, у нас есть ключи. Мы сможем договориться на завтра, часов в 11.

То, что увидел Адам на следующий день, превзошло все его ожидания. Там не было ничего, даже пола. Все было снесено до основания. Были стены, был потолок, но на месте пола лежали поперечные балки и засыпан гравий между ними. Требовалось изначально положить пол, построить туалет и проложить все коммуникации. С одной стороны, это был плюс, можно было планировать помещение по своему усмотрению. С другой стороны, неизвестно сколько это может стоить и сколько времени может занять строительство? Во время разговора в помещении появился человек, при виде которого у Адама возникло ощущение гадливости. Он был очень неопрятен, все лицо в прыщах и под носом висели капли. Когда он открыл рот, можно было видеть неполный ряд маленьких крысиных зубов. Он замахал руками:

- Вы не можете снять это помещение. Лендлорд этого здания настоящий мошенник. Его гнусавый голос вызывал отвращение.

- Ты урод! Ты кто такой? Кто тебе разрешил сюда входить?

- Адам. Не обращайте внимания. Этот больной человек живет в этом билдинге уже много лет и судится с лендлордом. Он требует, чтоб ему купили квартиру, иначе он не уедет из этого здания.

- Какой мерзкий тип. – Эй ты, пошел вон отсюда. Смердяков.

- Успокойтесь Адам, Он уже ушел. Как вы его назвали?

- В романе Достоевского, есть такой мерзкий тип, Смердяков.

- Ладно, допустим я возьмусь за аренду этого помещения, мне нужна бесплатная аренда до конца строительства. Это первое. Второе, я должен посоветоваться с архитектором, который скажет, во что это может вылиться. Я говорю о финансовой стороне.

- Что касается бесплатной аренды, то мы должны оговорить это с собственником помещения. Если он не возражает. А что касается вашего архитектора, то ключи в офисе. Позвоните, когда решите.

Адам рассказал компаньонам обо всем. Само место казалось перспективным, что касается стоимости строительства и затраченного времени, представлялось на усмотрение Адама.

Все в той же газете «Нью Йорк Таймс», в секции, возможности для бизнеса, Адам нашел фамилию архитектора, специализирующегося на строительстве ресторанов.

Это было полезное знакомство. Он был крепыш, ирландец по происхождению, с достаточным опытом в строительстве подобных предприятий. Он же познакомил Адама, с итальянской фирмой «Монтебелло», специализирующейся на изготовлении оборудования для пиццерий и других предприятий общепита.

- Ден. Так представился архитектор при встрече, осмотрел помещение. Смотреть было собственно не на что, он произвел все замеры и пришло время оговорить все условия.

- Мои услуги стоят 5 тысяч долларов. За эту сумму я подготовлю всю необходимую документацию и чертежи для департамента здоровья и для департамента зданий. Я также получу разрешение на производство ремонтных работ.

- Это все очень хорошо. Но меня интересует общая смета расходов, а также сметы на каждый участок работ.

- Вы хотите, чтоб я делал работу прораба и контролировал строительство от начала и до конца? Это дополнительные деньги.

- Я хочу, чтоб вы наняли все необходимые компании, имеющие разрешения на производство работ, осуществляли контроль и сдачу объекта в срок. Сколько такая работа будет стоить?

- Я готов за это взяться и думаю 10 тысяч долларов, более чем скромная цена за такой объем работ.

- Для начала определите общую стоимость работ, не считая оборудования, а я поговорю со своими компаньонами, и мы решим.

Адам отправился на встречу в компанию «Монтебелло». Хозяин одноименной компании оказался очень симпатичным и знающим свое дело. Он не только показал Адаму необходимое оборудование, но и подсказал несколько ценных советов о производстве пиццы и какие ингредиенты лучше использовать.

- Я вам должен сказать, Адам, что оборудование для производства пиццы, очень важно, но не менее важно какой мукой и дрожжами вы пользуетесь. Какой сыр и томаты используете. Специи как базилик и орегано, так же являются составной частью успешной пиццы. Мы заинтересованы в вашем успехе. Если Вы успешны, то сможете порекомендовать нас вашим друзьям. Я дам Вам координаты компании, которая сможет поставлять вам все необходимые ингредиенты и высшего качества. Что касается оборудования, то вам необходима в первую очередь большая печь, а вернее, двойная газовая печь, которая будет выпекать ровно по всей печи, с естественной конвекцией. Затем тестомесильная машина. К ней есть терка для сыра. Рабочий стол- холодильник, для хранения теста и готовых ингредиентом с мраморной верхней крышкой. В этом холодильнике нет вентилятора, поскольку от него сохнет тесто, а холодильные медные трубки проходят внутри, по стенкам по всему периметру.

- Что еще вам нужно, Адам? Все предприятия разные. Все зависит от места и возможностей.

- Сеньор Монтебелло, у меня есть небольшое помещение для кухни, где я хочу поставить 4-х конфорочную ресторанную плиту, двухсекционную мойку и мне нужен длинный холодильный прилавок и небольшой морозильник. Где-то надо хранить сыр, овощи, мясо.

- Сколько метров у вас есть? Мы можем изготовить холодильный прилавок любой длины, а одну секцию сделать морозильной.

- Прекрасно. Я сниму точные размеры и вам позвоню. А вы можете назвать какие-то цифры. Во что это нам обойдется?

- Ну смотрите. Все что мы с вами перечислили, включая холодильный прилавок, скажем четыре двери, одна из них морозильная, будет вам стоить скажем 16, максимум 17 тысяч долларов. Это включая доставку и страховку на год.

- Спасибо сеньор Монтебелло. Я к вам вернусь.

Партнеры собрались на очередное совещание, и Адам предоставил смету предстоящих расходов. Выходило по всем прикидкам тысяч 80.

Оставались деньги на закупку различного инвентаря и продуктов. Не оставалось денег на тот случай, если не хватит денег на оплату аренды, вдруг бизнес не пойдет, но акционеры твердо верили в свою удачу. Архитектор Ден, обещал, что расходы по строительству не превысят отметки в 40 тысяч.

Пришло время заключать договор аренды. Адам дозвонился до агента по недвижимости, и они договорились встреться на следующей неделе. Акционеры собрались на последнее решающее собрание. Сегодня еще можно было отступить. Назавтра, без финансовых потерь, дороги назад не было.

- Господа-товарищи! Идем или не идем? Если да, утром деньги, вечером стулья, но деньги вперед. Все понимают, что гарантию может дать только господь бог. Бизнес – это всегда риск. Шансы есть. Как говаривал мой любимый литературный герой:

- Пан или пропал! Выбираю Пана, хотя он и явный поляк. Дима?

- Я иду. Он заикался от волнения. – Жи- живем один р-раз.

- Ребята! Я тоже иду с вами. - Гриша тоже волновался. – Адам, я за.

- Значит единогласно. Давайте сложим деньги в одну кучку и с завтрашнего дня, я буду проплачивать всем авансы. За ремонт, оборудование, архитектору. Нам нужно решить с названием и заказать наружную и внутреннюю световые рекламы. Завтра я подпишу договор об аренде. Надо проплатить сразу 12 тысяч. За месяц вперед, месяц депозит и месяц комиссионные агенту. Я вам об этом говорил не раз. Есть предложения по названию фирмы?

- Я-я ден-ньги прин-нес. А наз-звание, ты предлагай.

- Я тоже принес деньги. И я согласен с Димой. Название за тобой.

- Поскольку мы собираемся выпекать и продавать пироги, наверно было бы правильно назвать предприятие «Пирог». По-русски – это звучит хорошо. Но мы живем в Америке, а по-английски, это называется, пай. Итальянцы пиццу тоже называют пай, то есть пирог. Я всетаки думаю сделать название по-русски, «Пирог». В пиццерии для нас будущего нет. Они в Америке на каждом шагу, как и китайские ресторанчики, а вот русский фаст фуд, мне кажется, имеет шанс. Что скажете, ребята?

- Я думаю нам с Гришей, надо довериться тебе. Ты Адам, имеешь опыт в бизнесе. Тебе и принимать решение. А мы заранее, согласны.

- Значит решено. Название фирмы и соответственно световую наружную рекламу делаем с названием «Пирог».

На следующий день Адам, к назначенному часу, пришел в офис агентства по недвижимости. Договор на аренду был готов и оставалось только внимательно вычитать и удостовериться, что все оговоренные условия внесены. Пока Адам внимательно читал многостраничный договор, в офисе появился высокого роста мужчина с огромным животом и большой нечёсаной бородой. Он уединился с агентом в соседней комнате. На Адама появившийся персонаж произвел неблагоприятное впечатление.

Что это за тип? Вряд ли это лендлорд. Уж больно неопрятный и мало приятный на вид. А вдруг это он? И чего тогда делать? Отказаться от помещения? Но уже столько вложено. Энергии, времени и даже денег, черт возьми. Ну денег положим еще нет, но прямо сейчас, если подписать договор, все, пути назад нет.

Пока Адам предавался терзаниям и сомнениями, в комнату вернулись двое заговорщиков.

- Адам, позвольте мне представить вам мистера Герша Деева. Он является владельцем здания, в котором вы хотите снять помещение. Вы прочитали контракт и со всем согласны?

- Алекс, подожди. Он понимает, что работы должны вести только компании, имеющие страховку и все необходимые лицензии. Должно быть разрешение от департамента зданий, на производство всех работ. Без разрешения начинать работы нельзя. Человек, который там живет, будет писать кляузы.

- Не волнуйтесь, мистер Деев. Адам имел сомнительное удовольствие, встретиться с этим типажом. Как же вы его назвали, Смердяков? Это из романа Достоевского. Все условия оговорены в договоре. Вы согласны?

- Да, я все прочитал и готов подписать. Я принес три чека, общей суммой на 12 тысяч долларов, как мы договаривались.

- Прекрасно. Подписывайтесь мистер Деев, где подмечено лендлорд, а затем мистер Гардов за арендатора.

Через пять минут все было закончено и Адам, получил на руки экземпляр договора на аренду. Он пожал потную руку, теперь уже своего лендлорда и благодарное пожатие, неплохо заработавшего агента по недвижимости.

Все пришло в движение. Архитектор подал документы в департамент зданий, фирма «Монтебелло» приступила к изготовлению оборудования, рабочие привезли материалы для подготовки пола к цементной стяжке. На Бауэри стрит, Адам заказал световые рекламные коробки и начал покупать различный инвентарь. Архитектор обещал, что разрешение на производство работ, будет готово к концу недели. Первая неприятность грянула в четверг. Телефонный звонок срочно вызвал Адама в пиццерию.

- Что случилось? Можете толком объяснить?

- Здесь полиция? Запретили нам работать и требуют начальника.

- Я сейчас приду. Ничего не делайте, просто ждите меня.

На улице, перед входом в пиццерию, Адам увидел большую толпу. В центре находились два офицера полиции, рабочие с прорабом и тот, которого Адам называл не иначе, как Смердяков или просто, урод. Офицер полиции, в чине капитана, что-то зло и раздраженно выговаривал, понуро стоявшим рабочим.

- Могу я узнать, что здесь происходит?

- Ты кто такой?

- Я арендатор этого помещения и хочу узнать, что случилось.

- В полицию поступила жалоба, что здесь производятся работы, без надлежащего разрешения департамента зданий.

- Могу я узнать от кого поступила жалоба?

- Мистер Гардов. Это я подал жалобу, сунулся урод Смердяков.

- А тебе какое дело до этого, урод? Ты кто такой?

- Я, как капитан полиции города Нью Йорк, запрещаю производить любые работы, а тебя я арестую за оскорбление гражданина. Любой, кто нарушит мой приказ, и начнет здесь работы, будет арестован. Всем это понятно?

- Я буду жаловаться! - Адам не мог прийти в себя от возмущения. — Я хочу знать твою фамилию и номер. Кто-то из зевак, сунул ему лист бумаги и ручку. Адам переписал номер нагрудного знака и фамилию капитана полиции. Тот раздраженно повернулся и ушел вместе с напарником. Адам стал в толпе зевак разыскивать Смердякова, но тот ретировался, опасаясь справедливой расплаты. Зеваки разошлись, оставив Адама наедине с рабочими.

- Как вы могли начать работу без разрешения? Я же предупреждал.

- Нам позвонил архитектор. Разрешение у него на руках, и он обещал его подвезти, а тут появился полицейский с этим типом.

- Значит так. Я иду в отделение полиции, а вы ждите моего возвращения и ничего не делайте. Это понятно?

Войдя в участок районного отделения полиции, Адам обратился к дежурному офицеру, сидевшему за высокой стойкой:

- Хелло. Моя фамилия Гардов. Я арендатор помещения по адресу 325 ист 86 стрит. Я хочу пожаловаться на действия капитана полиции О'Райли. Он, в крайне грубой форме, запретил моим людям производить какие-либо работы и обещал всех арестовать, если его распоряжение будет нарушено. Он также угрожал арестовать меня, хотя у нас есть разрешение департамента зданий на производство работ. Это абсолютный произвол.

- Я вас слышу. Мы знаем капитана О'Райли. Он немного перегибает. - Дежурный осклабился в улыбке. – Его папа начальник нашего отделения. Можете продолжать работы и ничего не опасаться. Вас никто не арестует, а с О'Райли я свяжусь.

Адам, все еще кипя от праведного гнева, возвращался в пиццерию. Его ждали не только рабочие, но и архитектор.

- Дан, разве я не говорил, чтоб никто не начинал работать, пока не будет разрешения от билдинг департамента? Этот ублюдок, который здесь живет, только и ищет повода, чтоб устроить какую-нибудь гадость лендлорду. Слава богу, что все кончилось и можно продолжать работать. Но Адам ошибался. Ничего еще не кончилось. Сначала позвонил лендлорд и чрезвычайно раздраженно выговаривал Адаму, за нарушение пунктов договора.

Через неделю пришла повестка в суд. Его вызывали свидетелем, по делу против лендлорда, обвиненного в нарушении производства работ в принадлежавшем ему здании, без надлежавших разрешений. Адвокат мистера Деева разъяснил Адаму, что все штрафные санкции и юридические расходы в связи с судебными разбирательствами, будут отнесены за счёт компании, нарушавшей условия договора аренды. Адам, никогда до этого, не имевший дела с судебной системой Соединенных Штатов, был напуган и не представлял, что его ждет. То, что это будут финансовые потери, было понятно. Но почему его компания должна пострадать? Он позвонил архитектору.

- Ден. Ты в курсе, что я получил повестку в суд? Как ты думаешь, кто виноват во всем этом? И кто будет оплачивать все расходы, связанные с судом? Явно не наша компания, а те, кто нарушал.

- Адам успокойся. Мы ничего не нарушили. У нас есть разрешение от департамента зданий и все кончится ничем. Я приду на суд.

В день суда Ден заехал за Адамом, и они отправились в Даунтаун, где располагались все административные городские и федеральные учреждения. В коридоре они встретили лендлорда.

- Вы привезли разрешение на производство работ? Оно от какого числа? Ну слава богу. Надеюсь все уладится.

- Мистер Деев, а почему нас вообще вызвали в суд?

- Жалобу подал жилец из моего билдинга, вернее его адвокат.

- У этого урода есть адвокат? Он же выглядит как грязный, нищий оборванец. Откуда у него деньги на адвокатов?

- Его адвокат такой же как он. Они надеются вытащить деньги у меня, но им это не удастся. Пошли в зал и когда назовут твою фамилию, подойдешь к барьеру судьи. Приготовь копию разрешения от департамента зданий.

Волнение Адама улеглось и когда прозвучала его фамилия, он вышел и четко назвал свое имя, фамилию и адрес проживания.

- Вы являетесь арендатором помещения по указанному адресу?

- Да, Ваша Честь! И там работали люди, которые имеют лицензии.

- Отвечайте только на вопросы, которые я задаю.

- Да, Ваша Честь!

- У вас было разрешение, на производство работ, на момент проверки жалобы, работником полиции?

- Да было, Ваша Честь. Вот копия разрешения, датированная этим числом. Мы ничего не нарушали.

Подошла помощница и передала копию разрешения, судье. Тот внимательно прочитал документ и сравнил даты.

- Я вижу разрешение датировано надлежащим числом. Почему же на вас поступила жалоба о нарушении?

- Я не знаю, Ваша Честь. Может он сумасшедший?

По залу пробежал легкий смешок.

- Мистер Гардов! Суд вас предупреждает о недопустимости подобных высказываний.

- Прошу прощения, Ваша Честь.

- Кейс дисмиссед. - Судья стукнул молоточком.

- Мистер Деев. Что это все значит?

- Это значит, что мы выиграли!

Адам вместе с архитектором возвращались из суда в приподнятом настроении. В «Пироге» работы шли полным ходом. Рабочие настилали пол и готовились залить цементную стяжку.

- Ден, скажи, а потом мы будем сверлить пол, чтоб проложить газовые трубы и электрические провода?

- Я как раз хотел с тобой обсудить, как ты планируешь расставить оборудование. Там, где понадобиться делать проводку мы поставим «сливы», то есть рукава и потом через них будем все проводить. Они обсудили где будут проходить газовые и водопроводные трубы и где электрические провода для холодильного оборудования. Туалет разделял помещение кухни от основного помещения. Все шло по плану и ничто не вызывало опасений. Следующими работами, должны быть плиточники, укладывающие плитками пол. За ними можно было завозить оборудование и начинать монтаж. Воздуховоды внутри помещения и наружную трубу с мотором для вытяжки должны были устанавливать в последнюю очередь, когда по месту встанет все оборудование.

- Ден. Ты уверен, что у нас не возникнет никаких проблем и все будет готово вовремя. Я заказываю доставку оборудования.

- Я не вижу никаких проблем. С каждой бригадой согласовано время, объемы и суммы за каждую работу. У всех есть чертежи.

- Сколько они запросили за наружную трубу и установку мотора для вытяжки, на крыше.

- Мы запланировали за эту работу полторы тысячи долларов. Я думаю – это не дорого.

- Это действительно недорого. Надеюсь они нас не подведут.

Всё двигалось в соответствии с планом. Оборудование смонтировали по месту и можно было его опробовать в реальном режиме. Удар пришёл откуда его не ждали. В одном из городских зданий произошел пожар, во время которого погиб пожарный. Произошло обрушение крыши, тяжелый мотор вытяжной вентиляции, рухнул на голову потерпевшего. Результатом этого несчастного случая, явилось постановление, предписывающее устанавливать все моторы на специальные металлические балки, вмонтированные в несущие стены. Это было только начало. Оказалось, нужно тянуть на крышу не одну, а две трубы. Одна для принудительной вентиляции, а другая для свободного выхода продуктов сгорания газа. Причем эта труба, должна быть из двойных стенок. Бригада, занимавшаяся монтажом вентиляции, просто ушла, отказавшись что-либо делать из наружных работ.

- Ден. Что теперь делать? Я думаю, эти уроды планировали все с самого начала. Сделать работу внутри, получить деньги и свалить.

- Я так не думаю. Мир тесен, ещё пересечёмся. Пока нам нужно найти другую команду. Я должен сделать несколько звонков.

Всё оказалось сложнее. Многие были заняты, другие предлагали прийти через месяц. Адам был в отчаянии. Бесплатное время, два месяца на ремонт, подходило к концу. С деньгами, а вернее без денег ситуация выходила из-под контроля.

- Ден. Делай что хочешь. Ты привел этих людей. Это твоя вина.

На следующий день Ден появился в сопровождении мужчины

среднего возраста, больше похожего на респектабельного джентльмена. Ден представил его, как одного из лучших в профессии. Николо Мариконе, так звали возможного спасителя, осматривал фронт работ, что-то писал в своем блокноте и качал головой.

-Что скажешь Николо? Я знаю, что ты можешь сделать. Вопрос, как быстро, и сколько это будет стоить?

- Ден. Смотри, я конечно могу. Но тебе нужно срочно. Я должен посадить человека в люльку, крепить трубы на стене. Нужно крепить мотор на металлических балках, подготовить документацию и сдать в департамент зданий. Это стоит 20 тысяч.

У Адама, который напряженно слушал этот разговор, похолодело внутри. Деньги были практически все потрачены. Где взять такую сумму, было неясно. Почему так много? Внутри много сделано.

-Простите, мистер Мариконе. Бригада, которая была до вас, хотела за эту работу, 1,5 тысячи. А вы говорите 20!

- Я в этом бизнесе много лет и знаю сколько стоит такая работа. А это были просто болтуны. Они и не собирались эти работы делать. То, что они сделали воздуховоды внутри, значения не имеет. Решайте и дайте мне знать.

- Ну и что теперь делать, Ден? Давай я тебе объясню ситуацию. Реальных денег у меня осталась пятерка. Это должно было закрыть остаток, который компания должна тебе. Скоро первое число месяца и мы должны заплатить аренду. Это четыре тысячи. Продукты для бизнеса должны скоро привезти, но там есть отсрочка платежа до следующей поставки. Мистер Мариконе, кстати, что это за фамилия, требует 20 штук. Денег нет и взять негде. Ты уверял, что больше чем 40 тысяч, строительство стоить не будет. Я понимаю, что я дурак, но я доверился твоему опыту. Как ты мог поверить людям, что вентиляционные расходы, по наружной трубе, могут стоить 1,5 тысячи. Если помнишь, я тебя об этом спрашивал. Что прикажешь теперь делать? Закрыться и уйти?

- Адам, я тебя слышу. Я признаю, что часть моей вины здесь есть. Но кто мог знать, что департамент зданий поменяет правила. Что касается людей, которые нас бросили, то иногда бывают случаи, когда люди берутся за любую работу и за маленькие деньги. Я поговорю с Мариконе, кстати нормальная итальянская фамилия, попробую уговорить его снизить цену, а там будем решать.

На этом они и расстались.

Адам рассказал партнерам о произошедшем. Все были подавлены и тяжело переваривали плохую новость.

- Что нам теперь делать, Адам? Денег ни у кого лишних нет.

- Ребята. Я это знаю. Единственное что мне приходит в голову, это предложить рассчитаться, с рассрочкой на год. По две тысячи с небольшим в месяц, если они согласятся. Ден должен мне позвонить. Я с ними встречусь и предложу наши условия.

Позвонил Ден, и они условились собраться все вместе, на следующий день в помещении пиццерии. Адам еще и еще раз подбирал доводы и пытался подобрать доводы убедительные и аргументированные. Появились Ден и Николо.

- Адам. Я объяснил Николо твою ситуацию. Он понимает, что тебя ввели в заблуждение и готов пойти навстречу.

- Да, Ден мне все рассказал. Но мне надо купить материалы, платить моим людям за работу. Это классные специалисты и они дорого стоят. Мы сможем за неделю, все смонтировать и установить. Я могу, понимая вашу ситуацию, сделать скидку до 16 тысяч, но это тот предел, ниже которого я опустится не могу.

- Мистер Мариконе! Благодарю вас за понимание и цена в 16 тысяч, я согласен, очень хорошая. Я готов ее заплатит, но могу это сделать при одном условии. Дайте мне рассрочку на один год, и я рассчитаюсь с вами день в день, с благодарностью.

- Что значит рассрочка на год? Я что, банк? Мне надо купить материалы, платить людям. Возьмите кредит в банке и рассчитаетесь с ним за год.

- Я бы так и сделал, но мне никто кредит не даст. Я новый иммигрант и у меня нет кредитной истории или имущества в заклад. К сожалению этот вариант не подходит.

- Я все понимаю, но я и так сделал вам скидку, решайте сами.

Адам и Ден остались одни. Говорить было не о чем.

- Ден, это единственный шанс. Попробуй уговори его.

- Хорошо Адам. Я попробую, хотя сомневаюсь в успехе.

Ден позвонил вечером. Голос звучал оптимистично.

- Адам, слушай на что Николо согласился. Пять тысяч сейчас и остаток в рассрочку на пять месяцев. Я уговаривал его весь день.

- Ден! Ты мой герой! Скажи ему, что я согласен. Завтра встречаемся, я принесу деньги, и все оговорим.

Адам рассказал партнерам о плане спасения бизнеса.

- Э-это х-хорошо. А как мы б-будем рас-сплачиваться? - Дима, как всегда слегка заикался, когда волновался.

- Главное мы выиграли этот раунд. Дальше будем решать проблемы по мере поступления. Проблемы будут всегда. Все предусмотреть невозможно. В реальной жизни все иначе.

На следующий день, высокие договаривающиеся стороны, ударили по рукам и договорились о рассрочке.

- Николо. Вы хотите, чтоб я подписал какую-нибудь бумагу?

- Не надо никакой бумаги. Ден свидетель. А я итальянец.

- Я понял, Николо. Я вас не подведу.

Адам и Ден остались вдвоем, но настроение в этот раз было не просто хорошее, а отличное.

- Адам, все будет в порядке. Я знаю Николо. Дорого, но гарантия, что все будет первый класс и вовремя. А что с моими деньгами?

- Я их только что, при тебе отдал Николо. Тебе я тоже выплачу в рассрочку за 5 месяцев. Сам понимаешь, другого не дано.

В дверях появился незнакомый человек, небольшого роста.

- Хелло. Могу я видеть мистера Гардова?

- Хай. Гардов – это я. Чем могу быть полезен?

- О, хай. Я Витторио. Представляю фирму «Итали». Мы общались по телефону, по поводу поставок нашей продукции. Вот моя визитная карточка. А это прайс-лист нашей продукции.

- Минуту Витторио. - Адам обратился к Дену. – В принципе мы обо всем договорились. Я буду тебе звонить. Пока.

- Да, Витторио. Я весь внимание. Мне очень важно ваше мнение о продукции, которой вы торгуете. Я понимаю, вы не можете быть объективны, но надеюсь, что вы расскажете, что покупают другие пиццерии. Например, «Франжелика». Я видел ваш трак там.

- Да, это так. Это один из наших костюмеров и неплохой.

- Что значит неплохой? Много покупает у вас продукции.

- Позвольте я вам все объясню. Они берут большой ассортимент товара, но пиццерию оценивают по количеству сыра моцарелла, который она покупает. Что такое пицца? Тесто, соус и сыр. Самое дорогое – это моцарелла. Все остальные ингредиенты, просто приложение. В зависимости от того, сколько в месяц покупается сыра, я могу сказать, как идут дела. Мы снабжаем наших костюмеров, практически всем ассортиментом для производства.

- Это здорово. Вы продаете продукты, специи, упаковку.

- Абсолютно все. Могу я называть вас Адам? Спасибо. Мы не только продаем продукцию, но и производим большую часть. В Нью Джерси у нас есть производство сыра моцарелла. Для нас пакуют в 3-х фунтовых жестяных банках различные виды томатов и готовые соуса. Мы делаем различные топинг для пиццы, и многое другое. Мы можем сделать заказ, и я по ходу буду объяснять, что пользуется наибольшим спросом у пиццаелло.

- Хорошо. Скажите, что это – топинги, и что такое пиццаелло?

- Простите. Топинги- это всё что идет на пиццу. Так сказать, он топ. Например, готовые сосиски. Это идет в виде замороженных небольших комочков фарша, со всеми специями. Просто посыпаете, прямо замороженные кусочки на пиццу и в печь. А пиццаелло - это тот, кто делает пиццу, и хозяева обычно спрашивают у них, что лучше заказывать.

- Я все понял. Давайте писать заказ.

Это знакомство оказалось бесценным. Адам узнал какую муку нужно использовать для пиццы, какие томаты и специи, но самое главное это моцарелла. Оказалось, что нужно использовать полужирный сорт. Он не горит в печи, а плавится и дает такие тянущиеся нити сыра, которые так все любят. Много других советов Адам получил от Витторио. Но одним из советов, так и не воспользовался, хотя потом часто об этом сожалел. Витторио посоветовал Адаму взять, хотя бы поначалу, опытного пиццаёло. Но отсутствие денег и высокая зарплата специалиста, не позволила Адаму исполнить этот мудрый совет.

- Не боги горшки обжигают. Есть книги, есть рецептуры. Подумаешь, тесто, соус и сыр. Неужели не осилю. Много раз потом он корил себя за заносчивость и самонадеянность.

- Жаль, что учимся мы на своих ошибках, а не на чужих.

Но чаще всего, обстоятельства, диктуют свои условия. Большинство прочитанных книг, о приготовлении теста вообще и о тесте для пиццы в частности, рассказывали о процессе довольно понятно и просто. Развести дрожжи в тепловатой воде 105-110 градусов по Фаренгейту, дать дрожжам поработать над выделением пузырьков и затем смешать с мукой, солью и немножко растительного масла.

Затем начинались сложности. Сбить все до состояния упругого шара, дать постоять пока не увеличится в размерах вдвое. Затем разделить по весу на порции и скатать в маленькие шары. И все это убрать в специальный холодильник для хранения теста, на ночь. Адам приобрел глубокие пластмассовые лотки, которые вставлялись один в другой, что не позволяло воздуху проникнуть внутрь. За ночь тесто поднималось в холодильнике и получалось податливым и готовым стать пиццей при правильном отношении. Вторым, и не менее важным ингредиентом был соус. Витторио из «Итали» говорил Адаму что соус готовят все по-разному. Основой для соуса служили трехлитровые жестяные банки с томатами. Томаты могли быть очищенными, то есть без шкуры, в собственном соку. Были томаты, которые были порублены в жидкую кашу. Были нарубленные мелкими кубиками, а некоторые с добавлением томата-пюре. Были и просто соуса для пиццы. Уже заправленные различными специями. Адам выбрал томаты в собственном соку.

Открыв банку, он протер томаты через протирочную машинку, в широкий сотейник. Все рецептуры советовали добавить базилик, орегано и проверить томаты на соль. Не мудрствуя лукаво, Адам посыпал сухими орегано и базиликом и добавил соли по вкусу.

После небольшого слабого кипения, соус приобрел характерный запах и вкус свойственный пицце. Натертая на терке, полужирная моцарелла, дополнила набор для приготовления пиццы. Для приготовления «дип - диш» пиццы, была открыта банка томатов, мелко нарезанных кубиками и заправленная всеми ингредиентами. Колбасу пепперони и сосисочный фарш оставалось разморозить. Все остальные топинги были готовы.

Пора было открываться!

ГЛАВА IV

ГРАНД ОПЕНИНГ

- Господа, товарищи, братья, наши страдания закончились. - Открыл общее собрание партнеров Адам. - Пора решить, когда делать гранд опенинг, что в переводе с басурманского, означает великий первый день бизнеса. На этой неделе все работы будут завершены, продукты и все остальное доставлено.

- Н-не могу поверить чт-то наши муки позади.

- Не боись Дима. Всё, и можешь больше не заикаться. Все страхи позади, а впереди только победа или смерть.

- Ничего себе успокоил. - Заметил Гриша. - А я умирать не согласен.

- Ну если не согласен, то давайте работать. Ладно, потрепались и будет. Нужно обкатать оборудование. Приготовить все хотя бы по одному разу, а лучше по пять. Скажите дома ничего не готовить. Будем есть то, что сделаем сами. Гриша, подавай заявление на увольнение. У тебя есть неделя. Меню готово, его надо отработать. Я буду там каждый день, а вы, когда можете. У нас долгов больше, чем сами знаете, чего. Подходит время платить аренду. Ну в общем, время собирать камни. Повесим над входом всякие шарики и плакат «grand opening», что в переводе означает, большое открытие, как это принято в нашей новой стране и с богом и песнями, вперед.

Адам, как всегда храбрился, а в душе жутко трусил. Все было абсолютно внове. Он набрал литературы об искусстве создания пиццы, ходил и присматривался как в других пиццериях делают ее профессиональные пиццаёло, но на практике все могло оказаться не так. К счастью, компания «Итали» привезла товары, которые нужны. Ту муку, из которой делают пиццу, тот сыр, который нужен, томаты для соуса и дрожжи для теста, специи и топинги. Осталось научиться как из всего этого делать продукт, который будет нравиться людям. Безусловно нужен был, хотя бы один профессионал или кто-то, кто скажет с чего начинать и как, но пиццаёло стоит 500 долларов в неделю. Взять их негде.

Чего это я разнюнился? Есть рецептура, вот по ней и надо делать. Развести дрожжи в тепловатой воде и дать им постоять. Беру все из расчёта 5 кг муки и все в тестомесильную машину и пусть себе крутит. А сколько надо крутить? И до какого состояния нужно месить, и какое должно быть тесто? Сколько надо ждать пока оно поднимется? Вопросы возникали один за другим и требовали ответов. Правильных ответов. Едва Адам преодолел процесс создания теста, а затем и из этого теста пиццы, возник вопрос, как, при какой температуре и сколько по времени нужно эту пиццу печь? Адам осмотрел огромную печь. Каждая из верхних двух толстых дверей, открывала глубокий зев с каменным днищем. За третьей дверью находилось переплетение толстых труб, оканчивающиеся огромными газовыми горелками. Адам, с опаской включил горелки, и плита в ответ глухо загудела, изрыгая синее пламя. Он включил верхнюю печь и выставил температуру, в надежде угадать правильную. От работающей плиты несло жаром. Адам приготовил несколько небольших сковородок с «дип - диш» пиццами и уложив их на широкую деревянную лопату, открыл пышущую жаром пасть печи. Сковородки охотно соскальзывали на каменный под и Адам распределил их вдоль всей поверхности каменного пода печи.

Это надо же! И чего тут сложного. Сейчас спекутся и я их вытащу. А через сколько? А чёрт его знает. Надо пробовать.   Адам задавал сам себе вопросы, и сам отвечал.

Вытаскивать лопатой оказалось немного труднее. Сковородки стремились уехать вглубь, а пойманные на лопату, ускользали при первой же попытке вытащить наружу. После нескольких тщетных попыток эта техника была освоена. Результат был несколько разочаровывающий. С одной стороны печи пиццы выглядели горелыми, а с другой оказались недопечёнными.

- Сеньор Монтебелло. Вас беспокоит Адам из «Пирога». Я попробовал сегодня печь пиццы, и в одной части печи они сгорели, а в другой оказались сырые. Что я сделал не так?

- Хорошо, что вы позвонили, Адам. Я вам пришлю завтра калибровщиков, и они проверят вашу печь.

- А кто эти калибровщики и что они будут делать?

- Они проверят приборами правильно ли горят ваши горелки и отрегулируют пламя, чтоб жар распределялся по всей печи равномерно. Пока они не проверят, вам лучше не печь.

"Какой я умный, что позвонил. А то так и винил бы себя за все", - похвалил себя Адам.

На следующий день в пиццерии появились двое людей, одетые в

униформу с эмблемой «Монтебелло». Они включили печь, предварительно заложив внутрь духовок провода, ведущие к приборам и время от времени, подкручивая что-то в газовых горелках, сверялись с показаниями приборов. Через час все было закончено.

- Все, ваша печь в идеальном состоянии и будет печь равномерно.

- Скажите, а какая температура, идеальная для выпечки пиццы?

- Все пекут по-разному. Вы должны найти свою температуру, которая устроит вас по качеству и по времени. Учтите, чем чаще вы открываете двери печи, тем выше должна быть температура. Начните с 450 градусов по Фаренгейту и смотрите, как это работает для вас. У вас две печи, поставленные одна на другую. Работайте на одной, а когда бизнес увеличится, включите вторую. В каждую печь помещается одновременно шесть пицц размером 42 инча. А сколько ваших маленьких сковородок и не знаю. Удачи.

Печь действительна пекла равномерно по всей поверхности.

К концу недели появился Гриша, уволившийся из «Зейбарс». Теперь их было двое и дело пошло веселее.

- Адам, ты должен научить меня что делать и как. Я никогда этим не занимался и тесто для меня темный лес.

- Хорошо. Давай с самого начала. Мы печем пиццы в сковородках. У нас два разных размера. Индивидуальный и семейный. Последний по весу в четыре раза больше. Значит всего берем больше. Умножай на четыре. Сначала тесто. Есть рецептура. Все закладываем в большую тестомесильную машину и месим, пока не скатается шар. Даем тесту немного отдохнуть и разделываем на большие и маленькие шары. Все убираем в специальные пластиковые поддоны и убираем в стол-холодильник. Лучше на всю ночь. Пока все понятно? Если нет, я повторю.

- Нет, все понятно. А с ним ничего не будет в холодильнике?

- Нет. Это специальный холодильник для хранения теста.

- Ясно. Что делаем дальше? Натираем сыр моцареллу?

- Это тоже нужно будет делать, но это самое простое. Нужно делать соус. Открываем большие банки с томатами в собственном соку и протираем все в пюре. Ставим на огонь, добавляем специи, базилик и орегано и пробуем на соль. Обычно они подсолены. Немного острого красного перца и даем всему этому недолго покипеть. Все. Подготовка закончена. Остальное на ходу.

- Я боялся, что это очень сложно, а оказалось так просто.

- Гриша. Не строй иллюзий. Это кажущаяся простота. Мы прошли только основные заготовки. Есть еще разные топинги. Они готовы и лежат в холодильнике. Пепперони, сосиски итальянские. Но не вареные, а жареные и со специальными специями. Зеленый перец и лук. Бекон, анчоусы, грибы. Другие сыры и это еще не конец.

- Я понял. Покажи, как делать пиццу в сковородке.

- Смазываешь сковородку кисточкой с маслом. Шарик теста кладешь на мраморный стол и делаешь лепешку. Укладываешь ее в сковороду и обжимаешь по краям. Видишь, получилась «дип - диш» форма. Немного сыра, немного соуса, топинг, если есть и еще раз немного сыра. Пицца для выпечки готова.

- Адам, а зачем сыр снизу, а потом еще раз сверху.

- Люди любят сыр, а вообще самый страшный враг пиццы, если она, как говорят американцы «саги». По-русски можно перевести как, волглая. Дно пиццы должно быть сухое. Недаром итальянцы пекут пиццу прямо на камнях. Но мы печем в сковородках, и она получается совсем другая. Надеюсь нам это поможет

Гриша оказался на удивление неумелый. Весь его профессионализм сводился к быстрому нарезанию овощей. Он с гордостью рассказывал Адаму о многочисленных пари, которые он выигрывал, соревнуясь в нарезке. Тесто в его руках превращалось в тугой комок, который не хотел принимать форму сковородки.

- Гриша, зачем ты тесто мучаешь? Чем больше ты его жамкаешь, тем более тугое оно будет.

Адам пытался показывать, рассказывать, но все это не помогало. Было видно, что он старался, но чем больше он тратил на это усилий, тем плачевнее выходил результат.

Компаньоны собрались вечером, накануне открытия. Казалось все предусмотрено. Все много раз опробовано. Оборудование работало и теперь все зависело от судьбы или от удачи. Хорошо было бы еще запустить рекламу, но денег хватило только на печатание небольших листовок и раскладывание под щетки припаркованных автомобилей.

- Ладно ребята. Какие наши годы. Бог не выдаст, свинья не съест. Мы готовы. Посмотрим, как это все завтра пойдет. Расходились невесело, понимая, что шутки кончились.

Адам пришел пораньше. Включил все оборудование и внутреннюю световую рекламу с ценами и фотографиями готовых изделий. Вскоре появился и Гриша.

- Ну, Григорий, начнем, помолясь!

- Адам. Я не умею молиться. Я не знаю, как это делать.

- Да шучу я. Понимаешь? Шучу. Я сам не знаю. А было бы неплохо.

- Может нам пригласить кого-то? Батюшку или раввина?

- Мысль хорошая, но запоздалая. Будем бороться сами.

К ланчу все было готово. Первым посетителем оказался человек в рабочей униформе. Он обвел глазами помещение, долго смотрел на световую рекламу и наконец спросил:

- Это пиццерия?

- Да, конечно пиццерия. Что для вас?

- Я хочу слайс пиццы.

- Мы делаем «дип - диш» пиццы. У нас есть индивидуальная пицца. Это немного больше чем слайс, и очень вкусная.

- Нет, спасибо. Я хочу слайс.

Он облегченно ретировался.

- Гриша. Ты это видел? Дай ему слайс. А какая разница? Слайс – это отрезанный кусок от большого пирога, а я ему предложил маленькую, но целую пиццу. Человек не понимает.

- Да, с первым не повезло. Может со вторым будет лучше.

Но и со вторым произошла та же история.

- Дался им этот слайс. Но очевидно, переучивать людей еще глупее. Люди по природе своей очень консервативные. Особенно когда касается еды. Они привыкли есть то, что знают и опасаются попасть впросак или выглядеть глупо. Выбора нет. Придется нам делать еще и обычную большую пиццу. Вопрос то простой, как?

Адам много раз видел, как те, кто делали из толстого шара теста, большую пиццу, разминали тесто на мраморной столешнице, а затем раскручивали в воздухе двумя руками. Смотреть на цирковое представление легко и весело, но Адам, пока у него что-то поучилось, попортил не один комок теста.

- О, смотри Гриша, получилось. Теперь надо уложить на лопату. Мы сейчас зажжем вторую печь и будем выпекать большие пиццы, прямо на каменном поде. За результат, не ручаюсь.

Громадная пицца, заняла всю поверхность, большой деревянной лопаты. Адам размазал по поверхности соус и посыпал моцареллой. Осталось высадить это изделие с лопаты, в печь. Адам открыл широченную дверь печи, ухватил рукоятку лопаты двумя руками и занес это в глубину раскаленной печи. Он осторожно подергал лопату и вдруг пицца поехала. Осталось, выдернуть аккуратно лопату, закрыть печь и вытереть вспотевший от страха лоб. Эту первую свою пиццу, Адам помнил всегда. Потом были и перевернутые и разорванные пиццы, много других досадных и смешных оплошностей, но та, первая была идеальная.

Сначала она прилипла к каменному поду и Адам думал уже что

придется просто все соскребать, но затем она подпеклась и легко снималась и поворачивалась в печи.

- Гриша. Давай учись делать большие пиццы. Возможно нам придется пересмотреть весь концепт и заниматься большими обычными пиццами. Так что осваивай, пока есть готовое тесто.

Но Григорию эта наука не давалась. Возможно от страха, а может от недостатка старания, но у него ничего не получалось. Когда он попытался посадить пиццу в печь, она перевернулась и весь под печи был в запекшемся сыре и соусе. Пришлось выключить печь и отскрёбывать сгоревшие куски, а затем мыть каменный под металлической корчеткой на длинной палке.

- Адам. Давай я буду делать все остальное, ну не могу я делать эту большую пиццу. А с печкой, сам видишь, что получилось.

- Гриша, ты же повар. Чем ты занимался на кухне?

- Я стоял на первых. Ну и шинковал, конечно, быстрее других.

- Супа значит варил. Но здесь это не нужно никому. Ты должен научиться делать пиццу. Пойдет работа, что мы будем делать?

Адам понимал, что бывают люди, которые чего-то не умеют. Ну не дано человеку от природы. Но он же повар. Заканчивал какие-то курсы или школу поваров. Что теперь делать? Он же партнер. Умом Адам все это понимал, но раздражение вызывало не отсутствие старания, а неспособность делать что-то хорошо, и никакие соображения не могли этому помочь.

По-хорошему, надо брать работника, которого можно научить, а с Гришей, попросту расставаться. Деньги надо выплатить, если не сразу, то в рассрочку. Все эти мысли крутились у него в голове, но как это осуществить он пока не представлял.

Поздно вечером, после работы, пришел Дима.

- Как вы отработали, ребята? Я принес бутылку. Надо же отметить первый день. Надеюсь у вас остались пиццы на закуску.

- Это ты молодец, что принес бутылку. Хвастать особо нечем. Все пошло не совсем так, как планировалось. Торговали совсем немного.

- А что ты ждал в первый день? Понятно в двери не ломились.

- Давайте выпьем за первый день, а потом потолкуем.

Диму посвятили во все перипетии первого рабочего дня и новое направление, которое их заставили принять.

- Ребята. Я думаю, что с пирогами пока придется подождать. Это не значит похерить саму идею, но это очевидно, что люди воспринимают нас как обычную пиццерию. Мы обязаны торговать, и торговать много. У нас полно долгов и никто ждать не будет. Понятно, что без доставки мы выиграть эту войну не сможем. Доставка - это деньги! Значит нам нужен молодой парень. Он будет разносить рекламу, делать доставку и помогать нам на кухне. У Гриши есть проблема с изготовлением большой пиццы. Нам нужен еще один человек, которого я смогу научить.

- А какая может быть проблема у Гриши? Он же повар.

- Дима, чего ты у меня спрашиваешь? Спроси у него.

- Дима. Я никогда не имел дело с тестом. А эта большая пицца, у меня не получается, как я ни старался.

- Глупости все это. Я вообще часовщик, и все это не мое. Но я же научился жарить куриц и разговариваю с клиентами, не заикаюсь. Тебе надо побольше тренироваться и все получится.

- Давайте подведем итог. Я звоню в агентство и вызываю еще человека. Гриша продолжает тренироваться и делать большие пиццы. Готовим рекламу и будем делать доставку.

На следующий день агентство прислало нового работника. Его звали Томас. Он тоже был из Эквадора, но отличался от своих соплеменников ростом и белизной кожи. Он неплохо изъяснялся на английском. Все схватывал на лету и с первого раза. Томас научился делать большую пиццу и делал это лучше, чем Адам.

- Вот послал Господь работничка. Не нарадуюсь. Все умеет. Теперь можно заниматься рекламой доставки пиццы.

- Да, парень молодец. Наверно раньше работал в пиццерии.

Адама, Гриша раздражал все больше. Своим неумением делать простые вещи. Своей глупостью, а больше всего своей суетливостью и попытками показать, как он умеет шинковать. Если надо было нашинковать две луковицы и два зеленых перца, Гриша делал это с большой помпой и показухой. Вообще он был человек неплохой. Добрый, покладистый, но полная бестолковость и неумение делать простые вещи сводило все на нет. Адам понимал, что нужно терпеть и пока ситуацию изменить нельзя. Время шло, работа потихоньку прибавлялась, но множество долговых обязательств тащили бизнес вниз. Адам перекидывал платежи с одной даты на другую, но было понятно, что проект «пицца» себя не оправдал. Да, сама идея была, не открывать очередную пиццерию, которых и так больше чем надо в этом городе, а построить что-то оригинальное, из которого можно было бы вырастить новый и перспективный концепт. Партнеры проявляли понятное недовольство, которое все больше проявлялось, при каждой встрече. Наступила предсказуемая развязка. Вечером, в пиццерии собрались все бизнес-партнёры.

- Адам. Мы с Гришей обсудили ситуацию и пришли к единодушному мнению. Как это не печально признавать, но ничего не получается. Торговля слабенькая и на горизонте не просматривается ничего, кроме поражения. Много долгов, которые ты перекладываешь с одного места на другое, но толку от этого никакого. Сегодня еще можно, наверное, бизнес продать за какие-то деньги. Надо раздать долги, а что останется, если останется, поделить. Иногда лучше потерять, унести ноги, и начать сначала.

- Я понял правильно, ребята? Вы решили выйти из бизнеса? Вы готовы к тому, что возможно потерять придется все? Так или нет?

- Да, Адам. Мы это понимаем. Но лучше так, чем просто все потерять и еще останутся долги. Мы с Гришей готовы.

- Что будете делать?

- Я уже был в «Зейбарс». Они берут меня поваром обратно.

- С Гришей ясно. А ты Дима! Что собираешься делать?

- Я всегда говорил, что общепит это не мое. Продам «курицу» и хочу заняться фото бизнесом. Это как-то мне ближе.

- Ну что же, ребята. Я вас понимаю и не осуждаю. Каждому свое. У Гриши есть работа, ты Дима собираешься заниматься другим бизнесом. Наверное, все это правильно. Особенно если учесть, что у вас есть жены, которые работают и неплохо зарабатывают. Так что, разорение вам не грозит. У меня несколько иная ситуация. Есть маленький ребенок и жена, которая должна им заниматься. Я не могу позволить себе роскошь ничего не делать и поэтому я остаюсь здесь, в этом бизнесе. И буду стоять до последнего.

- Знаешь, Адам. Мы с Гришей почему-то так и думали. Если ты решил остаться один в этом бизнесе, считай, что мы дали тебе эти деньги в долг. Ты будешь должен нам по 30 тысяч. Отдавай нам по тысяче в месяц, и мы будем в расчете. Я надеюсь продать «курицу» за тридцатку. Половина твоя, я заберу ее в счет долга, и мне ты можешь отдавать по пятьсот.

Так, в очередной, но не в последний раз, Адам остался без партнеров и почувствовал определенное облегчение. Дома он рассказал все Нате и она не чуть не удивилась.

- Этот «пиндос» мне никогда не нравился. Он струсил в очередной раз. А что касается Гриши, ты сам говорил, что он ничего не умеет.

- А что такое «пиндос». Я никогда не слышал это выражение.

- Так говорили у нас в Москве. А что это значит я не знаю.

- Бог с ним. Но ты понимаешь, как нам будет тяжело. Раньше мы получали какой-то доход от «курицы». А теперь все. Рассчитывать и надеяться можно только на себя. Нам будет нелегко.

Это было вероятно самое тяжелое время, какое-либо приходилось переживать Адаму, за все время иммиграции. Страх за семью, был настолько сильным, что не позволял ему расслабиться ни на минуту. Что пошло не так? Почему идея не сработала и что делать дальше? Понятно, что сейчас трогать это зыбкое существование нельзя. Сначала надо выплатить все долги и только потом попытаться перестроить все на другие рельсы. Проще всего было перестроить предприятие и сделать «жаренную курицу» - концепт опробованный и предсказуемый. Он много раз думал об этом, но это уже прошлое и он уже давно для себя решил, что неперспективное. Значит нужна новая идея. Медленно, очень медленно выплачивались долги и Адам постоянно балансировал на грани краха. Пиццу покупали и даже доставка на дом увеличилась. Двое, а иногда трое, а то и четверо осуществляли доставку пиццы на велосипедах. Это позволяло платить по счетам и выплачивать долги. Идея пришла неожиданно.

Его бывшие, неудавшиеся партнеры, Вилли и Виктор, пригласили Адама на открытие ресторана «Царевич» в Гринвич Виладж. Этот ресторан находился в самом сердце района, известного своими обитателями, как люди с нетрадиционной ориентацией. Ресторан был после ремонта, с большой кухней и массой подсобных помещений. Они все давно не виделись и Вилли, и Виктор с гордостью показывали, как здорово они все устроили.

- Ну как тебе ресторан, Адам? Нравится?

- Да, все хорошо. Единственное, что я не очень понял, зачем в обеденном зале висят картины, как это сказать, фривольного содержания. Я понимаю, что это не порнуха, но всё же...

- Ты действительно не понимаешь. Это очень современный и модный художник. Его картины идут нарасхват. Ты просто отстал.

- Может быть. Я в этом не разбираюсь. А откуда столько денег, ограбили банк, или кто-то из вас удачно женился?

- Не угадал, Адам. Ты слышал что-нибудь о Халявкине?

- Что-то читал в русских газетах. Он выставляет русских художников в своей галерее и говорят неплохо зарабатывает.

- Он не просто неплохо зарабатывает. У него есть галерея на Мэдисон авеню в районе 70-х, и он купил большой дом на Бродвее в Сохо. 11 этажей и все предназначены для художественных мастерских и экспозиций. Он просто богатый человек и деньги на ресторан дал он. Но мы договорились, что ресторан ведем мы и он не может вмешиваться. Мы потратили на ресторан 90 тысяч.

- Ребята, я вас поздравляю и всяческих вам успехов.

- Дома он рассказал Нате о ребятах и упомянул имя Халявкина.

- Я слышала о нем разные истории. У него есть действительно на Мэдисон художественная галерея. Он выставляет там неизвестных художников из России. Говорят, что он платит им гроши за проданные произведения и еще заставляет оплачивать расходы по выставке. По-моему, это чудовищно.

- Он что, заставляет их выставляться? Выкручивает руки?

- Не в этом дело. Понятно, что он просто пользуется их беспомощностью. Художники, как и многие люди искусства, абсолютно беспомощны в мире наживы. Они живут мечтой, быть признанными, и готовы отдать произведения хоть бесплатно.

- Я могу это понять. Этот Халявкин, вероятно большая бестия. Наши друзья Вилли и Виктор в хорошей компании. Мне очень нравится идея открыть русский ресторан. Но не на Брайтоне, для русских, с грохотом оркестра, местечковыми песнями и жуткой кухней. Не ночной клуб, которыми все эти заведения являются, а ресторан, как Орсини'с. Куда люди приходят на ланч и динер. О котором говорят и пишут. Но пока это только мечта. И я не знаю смогу ли я ее осуществить. Мысли Адама постоянно крутились вокруг этой темы, и он возвращался к ней снова и снова.

- Ната, ты помнишь, как еще до рождения Нади, мы любили гулять в «Чайна Тауне», «Литл Итали» и в Гринвич Виладже. Там было множество маленьких ресторанчиков. Очень уютных и симпатичных. Там всегда собиралось много народа. Людям нравились такие недорогие заведения. Некоторые были с открытой кухней и казалось, что здесь собрались все свои. Просто пришли в гости. Во многих разрешалось приносить свое спиртное.

- Да, конечно я помню. Жаль, что мы не ходим сейчас в такие места. Некоторые были очень милые.

- Об этом я и говорю. Если нашу пиццерию, закрыть и переделать все в небольшой ресторанчик, и попробовать русскую кухню, что ты думаешь? Будет это интересно?

- Адам. Ты опять за свое. Посмотри, «фрайд чикен», переходит уже в третьи или четвертые руки, и все зарабатывают. Ты продал. Открыл пиццерию. Только все немного наладилось. Ты скоро выплатишь все долги. Можно пожить хоть немножко спокойно, но ты опять, хочешь все сломать и начать новое, из которого неизвестно что получится. Я боюсь.

- Я тоже боюсь. Но еще больше я боюсь, сидеть и тупо работать, для того чтоб оплачивать расходы на жизнь. Я не становлюсь моложе, но пока есть силы и желание, я готов работать день и ночь. Нужна перспектива. Нужно что-то делать и строить какое-то будущее. Помнишь как говорят: "Бедность - не порок, но большое свинство". А что случится если я заболею и не смогу работать? Кто будет нас кормить? Я ищу вариант, когда бизнес сможет работать сам, понятно, под наблюдением, но сам. Когда не нужно бежать на работу ни свет, ни заря. Целый день колошматить и уходить последним.

- Наверное ты прав, Адам. Но я боюсь. А вдруг будет еще хуже. Как мы сможем жить и поднимать нашего котенка?

- Потерять мы можем всегда. Американцы говорят: - Дерьмо случается. Но если даже не пытаться выбраться наверх, то мы и будем так сидеть всю жизнь по уши в этом.

Эти разговоры возникали часто и Адам искал в них разрешения своих страхов и сомнений. Он боялся, не меньше Наты, взять и разрушить столь хрупкое «статус кво», но он знал, что решение и ответственность за это, лежит на нем.

Адам пытался делать различные выпечные изделия, в расчете на то, что найдет что-то интересное, что привлечет людей и позволит увеличить продажи. Но чтоб он не делал, либо никто не замечал, либо приносил минимальный эффект. Адам подсмотрел изделие, которое называли «свинка в одеяле». Рецепт был очень простой. В раскатанную полоску теста, закатывалась маленькая детская сосиска. Такие изделия укладывались на лист и выпекались в печи. Это дешевое и не очень трудоемкое изделие охотно покупалось теми, кто заходил в пиццерию, а таких было немало. Адам ломал голову, каким образом организовать уличную торговлю и держать эти «свинки в одеяле» теплыми.

В пиццерии появилась странная пара. Мужчина громадного роста и необъятных размеров и под стать ему женщина. Они были уже не молоды. Мужчина сверкал золотозубым ртом, а женщина азиатским акцентом. У нее тоже сверкали золотом пара зубов.

- Нам сказали, что вам нужны работники. Мой муж ищет работу.

- Кто вам сказал? И кто ваш муж по профессии?

- Кто сказал я уже не помню. Да какая разница? Он все умеет делать. Он был в Ташкенте заведующим торговым отделом. Его все знали и уважали. Теперь мы в Америке. Ему трудно с английским. Он уже не молодой человек, но очень хочет работать.

- Я никому не говорил, что ищу людей на работу, но у меня появилась идея организовать продажу наших изделий на улице. Я еще только думаю над этим. Нужны небольшие деньги и додумать до конца, как это все организовать.

- А что за идея? И сколько надо денег, чтоб ее осуществить.

- Все достаточно просто. Мы делаем такие небольшие пирожки с сосисками. Их неплохо покупают, но нужно продавать их на улице.

Народу там проходит много, но внутрь не заходят. Вот я и подумал, что проще нам выйти к ним навстречу и там продавать.

- Так мой Славик — это может делать. Выйти с корзинкой и продавать ваши пирожки людям.

- Про какого Славика вы говорите?

- Мужа моего. Его зовут Славик.

Громила с золотыми зубами, утвердительно кивнул головой.

- А сколько денег вам нужно? Мы можем одолжить.

- Да в принципе немного. Наверное, 1000 долларов хватит. С корзинкой ходить это абсурд. Нужна тепловая емкость, в которой можно хранить эти изделия в теплом виде. Я думаю о том, что летом, можно убрать стекло из окна. А на ночь опускать железные ставни. На подоконник поставить емкость и подключить к электричеству. Человек стоит на улице и продает выпечку.

Как не дико и бредово звучала эта идея, но она сработала. Адам попросил Лёшу стекольщика, вытащить из рамы стекло. Приобретенный на Бауэри тепловой ящик был пристроен на широком подоконнике и подключен к электричеству. Огромный Славик в белой куртке встал на улице и все это удивительным образом заработало. Славик, не владея английским не в малейшей степени, тем не менее, с удивительным проворством торговал «свинками в одеяле». Он всем прохожим показывал один палец и сопровождал словами: «Ван доллар». Адам наблюдал сцену, когда одна наивная женщина протянула Славику доллар, попросив разменять, Славик всунул ей «свинку в одеяле» и гордо отошел. Никакие увещевания не помогали. Славик искренне верил, что произошел честный обмен, доллара на «свинку в одеяле» и недоумевал чего еще этой женщине надо. Адам рыдал от смеха по другую сторону окна, но вышел на улицу извиняться. Все шло прекрасно, пока не появился лендлорд мистер Деев.

- Вы не можете торговать на улице, для этого нужна специальная страховка. А то не дай Бог, кто-нибудь упадет, и я буду отвечать.

- А мы можем продавать из окна, тогда продавец будет внутри?

- Тогда, наверное, можно. Но должно быть окно, а не просто рама.

Адаму очень не хотелось расставаться с этой идеей. Славика знала теперь вся улица. Ему дали кличку «Челюсти», в честь героя из фильма «Агент 007». Мальчишки прибегали купить «свинку в одеяле», чтоб очередной раз глянуть на Славика, и его устрашающий золотой рот. Адам снова вызвал Лёшу стекольщика и попросил вставить стекло на место, но вырезать в нем большое отверстие. Славик сидел за стеклом, а проходящий народ таращился, не решаясь подойти к этому огромному человеку, сидящему в стеклянной клетке. С идеей пришлось расстаться, также, как и со Славиком, выплатив занятые $ 1000. Лёша стекольщик приехал в очередной раз и поставил стекло на место.

Доставка пиццы продолжала расти. Адам приобрел два велосипеда с корзинками, прикрепленными к рулю и колесу. Каждый велосипед был снабжен толстой цепью с замком, поскольку у первого велосипеда, с обычной цепью, просто ее перекусили. По городу ходили профессиональны угонщики велосипедов, носивших специальные мощные ножницы, способные перекусить дужку стального замка. Могли снять переднее колесо велосипеда, поэтому цепью полагалось и колесо пристегивать вместе с рамой. Воровали велосипеды постоянно и неизвестно, насколько выгоден был весь этот бизнес по доставке.

Окончательное решение об уходе из этого бизнеса, Адам принял после случая, едва не кончившегося трагически. Один из доставщиков пиццы заболел и не вышел на работу. Луис и Маленький Дядя, ездили на доставку, а Адам крутился на кухне, стараясь успеть все сделать. В пиццерии появился здоровый парень, который искал работу доставщика пиццы.

- А ты раньше когда-нибудь этим занимался? Есть документы?

- Да я занимался доставкой, а документы принесу завтра.

- Хорошо. Давай мы тебя проверим. На велосипеде умеешь ездить? И знаешь, как искать адреса в Манхеттене?

- Да умею. Адреса тоже знаю, как искать. Я правда делал доставку.

- Ну хорошо. Вот тебе первый адрес. Это на первой авеню. Все очень просто. Едешь по 86-й стрит до первой авеню, делаешь левый поворот и дом на следующем квартале. Все понятно.

- Да, спасибо! Я все понял.

Он уехал, Адама не оставляли какое-то сомнение, в правильности его поступка. Внешне это был нормальный взрослый парень, но что-то не совсем понятное было в его поведении.

- Что самое плохое может случится? Ну украдет велосипед? А может и велосипед, и пиццу? А скорее и велосипед, и деньги за пиццу? Да нет, не может быть? Он на вид нормальный парень.

Действительность оказалась гораздо хуже. Прибежал Луис.

- Папа! Там нашего нового парня сбила машина. Он лежит на углу 86-й стрит и первой авеню. Там столько народу собралось, ужас!

Адам закрыл пиццерию, и они помчались к месту происшествия. На углу действительно собралась большая толпа. Стояло желтое такси, виновник происшествия, валялся в стороне велосипед.

Отдельно валялась пицца, а новенький доставщик пытался встать с мостовой, но ему не позволял какой-то доброхот из толпы.

- Ты должен лежать, пока не приедет «скорая». Когда они приедут и осмотрят тебя, ты сможешь судить всех. Таксиста, твоего работодателя, город наконец, который выдал таксисту права.

- Рот закрой. Ты, благодетель. Без тебя разберутся.

- Пацан. Как ты себя чувствуешь? Где у тебя болит?

- Я в порядке. Простите меня за пиццу.

- Об этом думай меньше всего. С тобой было бы все окей.

Подъехала «скорая помощь» и пострадавшего погрузили и увезли. Толпа рассосалась, и таксист оставленный без внимания, уехал.

- Луис. Пошли выясним куда этого парня отвезли и поедем, навестим его в госпитале. У меня все это не выходит из головы.

Адам закрыл пиццерию, и они с Луисом отправились в госпиталь.

- Я звонил в скорую и мне сказали, что привезли к вам парня, попавшего в аварию на углу первой и 86-й улиц.

- Да. Ребенок у нас. К счастью он отделался небольшими ушибами

- Вы говорите ребенок, а я говорю про взрослого парня.

- Ему всего 14 лет. Для меня он еще ребенок.

У Адама потемнело в глазах. Мало того, что он попал в аварию, он еще оказался малолетним. А на вид все 20.

- Вы подождите. У него сейчас родители. Да вы не волнуйтесь. Я думаю он сегодня у нас переночует, а завтра мы его выпишем.

Из палаты вышли родители парня и заговорили с Луисом по-испански. Они говорили тихо, с опаской косились на Адама.

- Они говорят парню нужно лечение, а у них нет денег.

- Луис, спроси сколько они хотят?

- Они просят 300 долларов.

- Вот, дай им 500 и пойдем зайдем к парню.

Родители стали что-то говорить. Было понятно и без перевода.

В палате лежал пострадавший с повязкой на голове.

- Извините меня. Я не хотел, чтоб так получилось.

- Все нормально. Не переживай. Мне сказали, что тебя завтра выпишут. Главное, что руки, ноги и голова целые. Выздоравливай.

На улице Адам пришел в себя. Это мне урок, никого не брать без документов. Даже подумать страшно, если бы случилось что-то серьезное или он бы погиб. Тогда и мне была бы труба.

- Ната. Я решил. С пиццерий надо заканчивать. Это малоприбыльное, но как еще оказалось, опасное предприятие.

- Чем пиццерия может быть опасна. Отравиться пиццей сложно. У тебя есть страховка, которая покрывает отравление. Можно правда обжечься в печке. Маленький дядя здорово обжог руку, когда ставил пиццу первый раз.

- Это потому, что он маленького роста, а печь высокая. Нет не поэтому. Сегодня у нас был кошмарный случай.

Адам рассказал Нате об аварии и о том, что парню всего 14 лет.

Он твердо решил распрощаться с идеей пиццерии.

- Ната, все это случиться не завтра. Скоро все долги будут выплачены. Я хочу закрыть пиццерию, максимум на неделю и переделать все в ресторан. Мы можем продать большую печь и тестомесильную машину. На эти деньги мы сможем купить посудомоечную машину. Кухня у меня практически есть. Большая кухонная плита с духовкой, холодильники и морозильник. Снять большой металлический колпак над печью. Купить столы, стулья, всякий кухонный инвентарь, посуду и стекло. Мы повесим твои картины, уберем свет, будет очень уютно. Жаль денег маловато.

- Картины конечно мне не жаль, а что касается большого металлического колпака от печи, то я его просто разрисую красками, и никто не поймет, что это было. А меню ты уже составил? Что ты будешь готовить для гостей?

- Я об этом думаю. Помнишь ты подарила мне на день рождения книгу? Автор, француз Пеллапрат. Это самый интересный учебник кулинарии, какой я только читал. Если ты помнишь, мы с тобой написали книгу о русской кулинарии. Но там большинство блюд сложные и рассчитанные не на повседневную ресторанную кухню, а на приемы и банкеты. Я думаю надо готовить то, что будет свежеприготовленное, быстро и красиво оформленное. То, что знают все и будут есть. Например, котлеты по-киевски, бефстроганов, борщ, блины, салат оливье и далее по списку. Мы оставим наружную световую рекламу. Там написано «Пирог». Так и назовем наш ресторан, а блюдо какое-нибудь, с этим названием, я придумаю. Надо потихоньку начинать готовить разные русские блюда.

Адам считал, что хороший ресторан должен иметь небольшое меню, которое должно меняться в зависимости от сезона. Его останавливал, вполне понятный страх, что кому-то это может не понравиться. Одному подавай говядину, другому рыбу, а третий любит пасту и так без конца. Вероятно, правильнее предложить всего понемногу и пусть каждый выберет то, что ему нравится.

Проблема в том, как удержать качество, при таком разнообразии блюд. С гарнирами было все понятно, просто скопировать то, чему он научился у поваров Орсини's. Нужно непременно иметь свои фирменные блюда. Они должны быть русскими и в тоже время нравиться американцам, имеющим совершенно другие вкусы. Русские любили всякие котлеты, заливные, салаты с майонезом. Американцы из котлет, едят гамбургеры, а заливные называют "jello", и относят скорее к сладкому. Очень популярна котлета по-киевски. Значит ей место в меню. Бефстроганов, безусловно, но из вырезки. Готовить его «мидиум рер» и быстро.

Стародавний приятель Карузо, певший во французском ресторане «Распутин» рассказывал, что бефстроганов делает повар, прямо в зале, перед клиентом. Это было бы здорово, но абсолютно нереально в нынешних условиях. Адам обдумывал блюда и отбрасывал одно за другим. Главный критерий качество, и возможность приготовить за минимальный срок, при этом делая еще массу других блюд. Его команда, очень послушные и старательные ребята, но это не повара, а просто обученные им мальчишки, которые до этого никогда не готовили на кухне.

Все это походило на большую авантюру и предсказать результат вряд ли кто-то смог.

ГЛАВА V

ЦАРЕВИЧ

Адам пересмотрел множество кулинарной литературы, но книга - учебник Генри Поля Пеллапрата о французской кулинарии, стала его настольной книгой. Она научила его делать соуса, разбираться в мясе и морепродуктах, делать множество вещей, о которых он раньше и не подозревал. Он многому научился от итальянских поваров, когда работал в ресторане Орсини'с и от кептана Иссидоро. Адам часто вспоминал своего первого учителя, бармена Джино, который рассказывал ему, что важно в ресторанной работе и как это должно быть.

Однажды вечером ему позвонил Вилли.

- Привет! Как дела? Не хочешь подъехать к нам? Пообщаемся.

- Привет, Вилли! О чем базар? Ты же знаешь, я работаю с утра и до позднего вечера. Разъезжать особого времени нет.

- Так подъезжай с утра, до работы. Мы хотим с тобой поговорить.

Адам был заинтригован, хотя не мог представить, о чем может пойти речь. Они расстались давно, хотя и без вражды, но не без некоторого осадка. И все из-за глупого упрямства Вилли.

Разговор был неожиданный и довольно бессмысленный.

- Адам, а ты не хотел бы работать с нами, а условия мы оговорим.

- Ребята вы конечно хорошие, но нет. А с чего собственно вдруг?

- Ты понимаешь. Мы кухонные работники. Виктор занимается выпечкой. Смотри какие «курники» и «кулебяки» мы продаем.

На большом кондитерском столе стояли подготовленные красивые пироги, украшенные фигурками печеных петушков и рыбок. Это действительно были красивые кондитерские изделия.

- Да, здорово! Тесто слоеное берете на пироги?

- Слойку конечно. За кухню мы спокойны. У нас проблема с залом. Есть русские официанты, но они не умеют работать с людьми. Скажи, кого надо взять и сколько это может стоить?

- Во-первых вам нужен опытный метроди, который возглавит работу зала, а во-вторых вам нужен опытный кептан, который принимает заказы, затем опытные официанты и бас - бои.

- Ну ты наговорил Адам. Это сколько же денег надо платить?

- Вы спросили, я ответил. Но без этого, чтоб вы не сделали на кухне, если залом не руководит профессиональный человек, все впустую. Как я понимаю, заказы принимают официанты?

- А кто же? Не мы же с кухни должны бежать, принимать заказы?

- Вот я и говорю. Нужны профессионалы, а не дилетанты. А если не решите эту проблему, потеряете бизнес.

Вечером, Адам рассказал о своей встрече Нате.

- Представляешь, после всех дел, Вилли предложил мне с ними объединиться. Даже обещал обговорить условия.

- Значит здорово этого «комсомольского вожака» припекло. А чем они вообще занимались все это время? Надеюсь ты не согласился?

- Я же не сумасшедший. Я ничего не забыл. Судя по всему, они скоро лавочку прихлопнут. Очень на это похоже.

Слова Адама оказались пророческими. Через три месяца ему позвонил Вилли и сказал, что они закрываются.

- Если хочешь что-нибудь купить приезжай. Цена хорошая.

Адам понял, что сама судьба посылает ему шанс, купить все необходимое для открытия ресторана. Он давно составил список того, что нужно было приобрести, а тут такой случай.

- Показывайте свои богатства. Я понимаю так, что все продается?

- Правильно понимаешь. Сегодня вечером отвальная, так что отбирай все что хочешь. А что тебе надо?

- Мне надо 12 столов со стульями. Посуду, приборы, стекло словом все для зала. Для кухни сковородки разные, кастрюли и прочую кухонную утварь. Давайте посмотрим, что у вас есть.

- Все, кроме стекла, тарелок и приборов можешь складывать в коробки. А остальное заберешь после прощального банкета.

- А без банкета нельзя обойтись? Чего тут праздновать?

- Нет нельзя. Придут все свои. Мы уже все приготовили.

- Ладно, я возьму небольшой грузовик в аренду и приеду после 9 вечера.

Адам припарковал грузовик недалеко от входа. В ресторане гулеванил народ и никто не хотел расходиться.

- Ребята, помогите мне погрузить столы и стулья. А когда гости собираются расходиться? Время уже десятый час, а мне еще надо доехать и разгрузиться. Можно всех попросить покинуть бал.

- Ты чего, Адам. Народ гуляет. За все заплачено.

Друзья перетащили столы, стулья и все что Адам успел сложить.

- Посуду и приборы тоже можешь собирать, но как ты понимаешь, мыть это никто не будет.

Адам ходил между гостями и буквально отбирал все, что можно было отобрать. Народ, видя, что делать больше нечего, расходился. Адам собирал все что можно и небольшой грузовичок с тентом, был набит под завязку. Друзья вышли на улицу.

- Ну други! Сколько денег хотите?
- Давай три тысячи и владей. Все твое. А зачем тебе это все?
- Пусть будет. Оно кушать не просит. Держите деньги и удачи вам.

Адам ехал в пиццерию и не знал радоваться или огорчаться.

- Все, завтра пиццерию закрываю и начинаю переделывать под ресторан. Можно, конечно еще отказаться. Похерить эти три тысячи и продолжать работать как было. Ну уж нет. Как там говаривал Римский Цезарь: -Рубикон перейден.

- Ната. Я все привез для ресторана. Завтра идем туда и начинаем переделывать под будущий «Пирог»!

Все шло по намеченному сценарию. Рабочие из «Монтебелло» вывезли огромную печь и тестомесильную машину. Ната разрисовала металлический вентиляционный колпак, на том месте, где раньше стояла печь, под колпаком, и там уютно встали два стола со стульями. Зал был разбит на две части, со стойкой бара посередине. Картины на тему русских сказок, довершили интерьер ресторана, а когда включили подсветку к картинам и зажгли свечи на столах, зал оказался необыкновенно уютным. Кухню отделили от зала, просто плотной занавеской и ресторан был готов к приему гостей.

- Ната. Мне нужна будет твоя помощь. Не с первого дня, но я надеюсь, что люди пойдут. На кухне у меня есть Луис, Томас и Маленький Дядя, а в зале пока я сам справлюсь. Кстати, я придумал три фирменных блюда, под общим названием «царские пироги».

- Интересно. Расскажи какие. Надеюсь мы попробуем сначала?

- Конечно, попробуем. Я напек блинов и приготовил начинку. Жаренные грибы с луком, смешанные с картофельным пюре.

- Это уже вкусно. Я уверенна, что такое блюдо понравится всем.

- Подожди. Я же еще ничего тебе не рассказал. Все пироги слоеные, как и положено. В керамическую форму для запекания, кладется блин, затем слой пюре с грибами. Затем начинка. Сверху еще один блин. Намазывается соусом «бешамель» с грибами и посыпается сыром пармезан. Первый «царь - пирог» - это запеченный стейк, из филе миньон. За 20 минут в печке, он получается средней прожарки. Второй, с начинкой из филе семги. И сверху добавим в «бешамель» немного соуса томатного. Назовем его «царица- пирог». Ну, а третий будет с куриным филе, и сверху, положим куриное филе миньончик, под соусом. Назовем это – «пирог –царевич», в честь нашего друга, Вилли.

- А причем здесь царевич и Вилли?

- Он закрыл ресторан «Царевич» и теперь это его имя. Я хочу, чтоб, при чтении меню, у человека слюнки текли.

- Адам, ты так рассказываешь, что уже хочется кушать.

- Вот это и хорошо. Тот, кто принимает заказ, должен именно так рассказывать гостям ресторана, чтоб они захотели это заказать. Ты сделаешь красивое меню и описания блюд должны соответствовать. Блюда действительно вкусные, а главное не обременительные в работе. Их может приготовить любой, которого я научу. Останется только запечь. В ресторане все должно готовиться по заказу и мне нужны свободные руки, чтоб я мог делать другие блюда. Нам нужна лицензия на алкоголь. Это очень недешево, но выхода нет.

Адам отправил документы на получение лицензии, вместе с чеком и ждал пока ее пришлют.

Все было готово и наступил день открытия. Утро прошло безмятежно. Никто не входил, телефон не звонил. Было тихо. На кухне все было готово. Адам, Луис, Маленький Дядя и Томас ждали гостей.

- Вот что ребята. У меня есть для вас очень серьезный разговор. Я сегодня читал в газете о том, что объявляется амнистия, для нелегальных эмигрантов, живущих в стране с определенного года. Доказательством могут служить письма с вашим именем полученные на адрес, где вы живете. Может подтвердить священник в церкви, куда вы ходите по воскресеньям. Просто люди, которые вас знают. Это уникальный шанс. У Луиса есть семья. Все станет легальным. Дети смогут учиться в школе и вам не надо бояться депортации и прятаться. Надо будет платить налоги. Я вам добавлю зарплату. Я хочу все сделать легальным. У меня есть договор с бухгалтерской фирмой, и она будет вести все наши дела. У вас есть месяц. Кто не принесет документы, того я буду вынужден уволить. С этим все понятно?

- Понятно, «папа». В наших газетах тоже об этом написано.

- Вот и хорошо. Это в ваших интересах. Теперь про бизнес! Понятно, что про нас никто не знает. Это спальный район, понятно, что ланча здесь нет. Есть в округе какие-то бизнесы и надо подумать, как их привлечь. Вся надежда на вечернюю работу, да и то не сразу. Мы сейчас все что можно заморозим, а остальное будем проверять каждый день. Все старое будем безжалостно выбрасывать. Готовим каждый день по чуть-чуть. Главное, сохранить качество. Иначе если и появится работа, то не убить её плохим качеством.

Адам успокаивал других, но говорил больше для себя. На душе «скребли кошки», но он понимал, что без рекламы, даже время не властно и надеяться надо скорее на чудо. День тянулся нудно и долго. Адам приглушил свет, включил негромкую музыку и гипнотизировал глазами входную дверь. В семь часов дверь распахнулась и на пороге появились две фигуры, всматривающиеся в полумрак зала. Один высокий и подтянутый, другой невысокий и полный.

- Добрый вечер, господа! Прошу, проходите. Вы первые, так что выбирайте любой стол.

- Мы проходили мимо и случайно обратили внимание на вашу светящуюся рекламу. Мы не были уверены, что это ресторан. Ваша реклама больше похожа на фаст-фуд заведение.

- Вы абсолютно правы. Здесь раньше была пиццерия, а теперь здесь русский ресторан. Надеюсь вам у нас понравится.

- Мы никогда не были в русском ресторане. Есть «Рашен Ти Рум», но у него такая слава! А цены просто неприличные. А у вас?

- У нас цены самые демократичные. Вот меню, полюбопытствуйте.

Говорил все время высокий, немного надменно, но сдержанно. Полный молчал, изредка кивая головой в знак согласия.

Адам наполнил бокалы гостей холодной водой со льдом и поставил корзиночку с подогретым хлебом и блюдечко с сливочным маслом.

Гости мазали масло на хлеб, отхлебывая воду, и тихо переговаривались между собой.

- Любезный. Я и мой друг хотим заказать одну курицу по-боярски и зеленый салат. Я полагаю нам этого достаточно.

- Слушаю, господа. Ваше блюдо займет минут пятнадцать.

- Ну бойцы! С первым! Приготовьте обычный салат. - Обратился Адам к своим помощникам.

— Смотрите и запоминайте как я делаю и возможно вам придется это делать самим.

Адам посолил и поперчил куриное филе, обвалял в муке и обжарил, с одной стороны. Он слил из сковородки остаток масла, перевернул филе и добавил немного белого вина.

- Теперь ставим это в духовку на пять минут. Готовим гарнир. Дайте мне салат и одну нарезанную помидорку. Я заправлю уксусом и оливковым маслом. В сковородку кладем кусочек сливочного масла, отварные брокколи, поджаренную морковку и зеленый горошек. Греем на огне не перемешивая. Мне нужно две горячие большие тарелки. Поставьте их в микроволновку на полминуты. Все готово. Гарнируем. Сначала куриное филе, поливаем образовавшимся соусом, рядом, красиво гарнир и все. Блюдо готово. Понятно?

Адам отнес блюдо и салат гостям, предложив дополнительно пустую тарелку, и пожелал приятного аппетита.

- Господа, надеюсь блюдо вам понравилось?

- Даже очень. Мы не думали, что в русском ресторане могут так хорошо готовить. Мы вас поздравляем и будем вас навещать.

- Большое спасибо. Это очень приятно слышать. Могу я предложить какой-нибудь десерт и по стакану русского чая?

- Я полагаю, мы уже съели достаточно, но чай, пожалуй, выпьем.

Адам принес два тонких стакана с подстаканниками, чайник с заваркой и чайник с кипятком. Отдельно он поставил блюдце с четырьмя пряникам и блюдце с пилеными кусочками сахара.

- Позвольте я расскажу о традициях сервировки чая по-русски. В одном чайнике заварка. Вы наливаете немного и разбавляете кипятком, до той крепости, которая вам нравиться. Чай можно делать сладким, но раньше, пили, откусывая по маленькому кусочку, или просто зажав сахар в зубах. Это называлось в прикуску. Здесь русские пряники к чаю. Это от меня.

Неожиданно заговорил полный. – Это какой-то варварский обычай пить чай, и в тоже время зажав в зубах сахар.

- Сал, я думаю ты неправ, это просто старый обычай. Так было.

Неожиданно мягко, обратился высокий к своему хмурому спутнику.

- Дайте нам счет, пожалуйста.

Адам принес счет. Высокий осмотрел его и видимо довольный результатом, вложил в презентор кредитную карту. Адам вернулся за стойку, заполнил форму и получил код, подтверждающий кредитоспособность предъявителя. На карте стояло имя Джон Адамс. Адам отнес презентор на стол.

- Вы обратили внимание на имя, которое стоит на моей карте?

- Да, я прочитал. Вы мистер Джон Адамс.

- Совершенно верно. Вам это не о чем не говорит?

- Мне стыдно признаться, но я не знаю. Я ведь иммигрант в этой стране. Основную часть моего времени я провожу на работе.

- Ну хорошо. Я понял. В следующий раз я расскажу вам что-то об этом имени.

Дома Адам рассказал Нате об этой странной парочке.

- Ты что-нибудь слышала об имени Джон Адамс?

- Мне кажется это имя второго или третьего президента США.

- Вот как. Этот тип хотел похвастаться, что его зовут как одного из президентов Америки. Это даже не смешно и как-то очень по-детски. Странно. Вроде взрослые люди, а ведут себя так глупо. Впрочем, они мои первые костюмеры. Единственные за весь день.

Они пришли на следующий день, в тоже самое время.

- Вы знаете, Адам, ведь вас зовут Адам, нам так у вас понравилось, что мы решили прийти еще раз, если вы не против?

- Мистер Адамс, вы и ваш друг, будете всегда желанными гостями в нашем ресторане. Прошу присаживайтесь.

Адам налил воду в бокалы и принес хлеб и масло.

- Адам, у вас такой вкусный темный хлеб, вы сами печете?

- Спасибо. Но нет. Хлеб пекут для нас из цельно зерновой муки. Он напоминает русский чёрный хлеб. Хотите глянуть в меню?

- Нет, спасибо. Сделайте то же что и вчера. Нам очень понравилось это блюдо из курицы. Сал, как оно называлось?

- Курица по-боярски. Буркнул Сал.

Адам отправился на кухню и вместе с Луисом и Томасом приготовили незатейливый ужин на двоих.

Все повторилось как накануне. За чаем, мистер Адамс рассказал Адаму о происхождении его имени.

- Я внучатый племянник второго президента Джона Адамса. Меня назвали в его честь. У него было семеро детей, но что с ними стало я не знаю. У меня сохранилось много писем от моего знаменитого тезки и родственника, я иногда продаю по одному.

- А вы не захотели заниматься политикой и пойти по стопам своего предка? Вы смогли бы стать президентом или большим политиком.

- Нет. Это не для меня. Мы с Салом живем в свое удовольствие. Жизнь так коротка, чтоб тратить ее на бессмысленную политику.

Когда они ушли, Адам все еще не мог прийти в себя. Это же надо. Человеку при рождении все было дано. Деньги, хорошее образование, положение в обществе. Он выбрал угрюмого, раздражительного спутника и ничего не делает. Кто этот Сал?

Да похоже, что это парочка. Точно. Сал, злая жена, а Джон Адамс никчемный муж. Вот это да.

- Дома он поделился своим открытием с Натой.

- Слушай, а чего ты удивляешься? На дворе начало 80-х. Сейчас это в порядке вещей. Посмотри, что творится в Гринвич Виладже. По телевизору показывали парады людей с нетрадиционной ориентацией. И никому нет дела, кто с кем спит.

- С этим я могу согласиться. Каждый делает то, что ему нравится. Но я другого не понимаю. Да и не очень хочу понимать, как не стремиться чем-то заниматься, что-то делать.

Помимо этой парочки, в ресторане появлялись и другие люди, но их было обидно мало. Адам понимал, что нужно что-то предпринять. Он помнил, что ему говорил Джино.

- Если ты хочешь, чтоб у тебя был динер, ты должен торговать ланч. Людям, которым нравится твоя еда и сервис, захотят познакомить своих друзей или близких, с местом, в котором они часто бывают. Хороший ланч порождает хороший динер.

Адам понимал, что правда в словах Джино была. Но этот спальный район не предполагает бизнес ланч. Разве что только сделать очень дешевый бизнес ланч. Например, в пределах 5 долларов.

Наверняка найдутся желающие. Надо сделать простое меню. Эта идея принесла определенный результат. 100 долларов в день, добавили три тысячи долларов к обороту за месяц. Деньги небольшие, но про русский ресторан в Верхнем Ист Сайде, заговорили. Однажды в дверях появился человек, не узнать которого Адам не мог. Это был один из его любимейших актеров, Энтони Куин. Адам пригласил его за лучший стол, под разрисованным колпаком.

Адам не знал, хочет ли актер быть узнанным, или сохранить инкогнито. Он постарался быть предельно вежливым и радушным.

- Сэр! Могу я предложить ланч меню? Здесь прекрасный выбор.

- А есть динер меню?

- Безусловно. Если у вас есть какие-нибудь предпочтения, я готов постараться их выполнить.

- Я хочу порцию красной икры и очень легкое второе блюдо.

- Икру я сейчас принесу, а основное блюдо рыба, курица или телятина? Может вы предпочитаете вегетарианское?

- Телятина, неплохо. Только очень легкое.

- Прекрасно. Я сделаю вам вил пикатта.

Адам поставил на стол порцию красной икры, сливочное масло и несколько кусочков подогретого белого багета.

- Приятного аппетита. Могу я предложить бокал шабли или рюмку холодной столичной водки?

- Нет, нет. Спасибо, но пить для меня слишком рано.

Адам отправился на кухню готовить вил пикатта, то есть телятину в соусе с белым вином, по рецепту, подсмотренному у Иссидоро. Великого кептана, ресторана Орсини'с.

Икра и телятина были оценены по достоинству.

- Сэр! Могу я предложить легкий десерт или стакан русского чая.

- Нет, спасибо. Все было хорошо. Чек пожалуйста.

Он протянул кредитную карту. Адам посмотрел имя на карте и последние его сомнения, развеялись. Имя на карте гласило, Энтони

Куин. Адам пропечатал форму для кредитных карт и отнес ее на стол.

- Благодарю вас, мистер Куин. Надеюсь вам у нас понравилось, и вы еще нас навестите. Я ваш почитатель и видел много ваших фильмов. Особенно люблю «Грек Зорба» и «Собор Парижской Богоматери». Ваш Квазимодо остался непревзойденным.

Актер неловко улыбнулся и как-то бочком пошел к выходу.

- Вот я дурак. Зачем я сказал, что узнал его. Он вообще больше не придет.

Но Адам ошибался. Он приходил еще и не раз. Приходил всегда днем и один. Адам встречал дорогого гостя и обслуживал его лично, никому не доверяя. Кто-то из посетителей спросил Адама:

- А вы знаете кто у вас сегодня в гостях?

- Конечно. Это Энтони Куин. Мой постоянный костюмер.

Ната не разделяла его гордости. Она не приходила в восторг от известных личностей. Она обожала стихи и переводила Бродского и Высоцкого. Адам к стихам относился равнодушно и подчас просто не очень понимал, что стоит за поэтическим образом. Адам мог смотреть хорошие голливудские фильмы часами, но проблема заключалась в том, что никогда не было времени. В России хороший зарубежный фильм, можно было увидеть во время проведения фестивалей фильмов той или иной страны. Нужно было просить кого-то, кто мог достать билеты, или знал кого-то, кто мог. Но эти счастливые моменты, были крайне редки.

Вероятно, поэтому, видеть своих кумиров из той, прошлой жизни, здесь в этой реальности, казалось необыкновенном чудом.

Все больше людей приходило в вечернее время и парочка мистер Адамс и его друг Сал, выражали свое недовольство.

- Вы знаете Адам, нам нравилось ходить к вам, потому что было всегда тихо и малолюдно. Но теперь здесь появляется много народу и нам придется найти себе более спокойное место.

- Я очень сожалею, господа. Вы были моими первыми костюмерами, но суровая экономика, требует от бизнеса, привлечения новых. Я сожалею.

В душе Адама сожалений не было. Уж больно мелочными были и потомок американского президента и, его спутник.

Работы было много и он, и вся его команда, работали не покладая рук. Они готовили служебный обед для всех, такой к которому они привыкли. Они приохотили и Адама к испанской кухне. Чаще всего, рис с курицей и различными специями, подкрашенный шафраном.

ГЛАВА VI

НОВЫЕ АМЕРИКАНЦЫ

Заканчивался четвертый год пребывания в стране для Адама с Натой. Надя, родившаяся три года назад, автоматически получила статус гражданки Соединенных Штатов Америки, а вот родители еще имели зеленые карты и должны были пройти процедуру натурализации, так это называлось в официальных документах. Они были вызваны в иммиграционное ведомство, как раз для того, чтобы пройти эту самую процедуру. Вернее, ее первую часть. Они должны были сдать экзамен чиновнику ведомства, занимающегося иммигрантами. Их развели в разные комнаты и чиновники задавали забавные вопросы.

- Имя, фамилия, адрес.
- Как сказать, что вы любите пить молоко?
- А теперь напишите ответ по-английски!
- Поздравляю. Вы успешно прошли тест. Ждите письмо с приглашением на принятие присяги, после чего, вы станете полноправным гражданином США.

В коридоре Адам встретил, поджидавшую его Нату.
- Как прошел твой тест?
- Спрашивали, чем я хочу заниматься. И попросили написать.
- Все ясно. Стандартная процедура и осталось принять присягу.
- Вскоре они получили приглашение. Народу собралось великое множество. Здесь, в большом зале, были не только виновники торжества, но и многочисленные родственники и друзья. Судья поднялась на трибуну и попросила всех, кто принимает присягу встать, прижать правую руку к груди и повторять за ней слова клятвы. Все заранее учили слова присяги и повторяли без запинки. Момент был торжественный и волнующий.
- Поздравляю всех. Теперь вы граждане Соединенных Штатов. Подходите по очереди, расписывайтесь и получайте документ о натурализации. Еще раз поздравляю.

Родственники и друзья поздравляли взволнованных новых американцев. Ната и Адам поздравили друг друга.

Паспорта можно было заказать по почте, заполнив специальный бланк. За срочность получения, цена была гораздо выше.

- Нам срочно не надо. Получим, когда пришлют.

Люди, приходившие в ресторан, искали русской атмосферы и, возможно, воспоминаний. Большинство из них так или иначе имели отношение к России. У многих бабушки или дедушки были выходцами из России, бежавшими от власти большевиков в стране. Они бежали через всевозможные границы. Многие попали в Европу, а затем перебирались в США, другие бежали в Китай и тоже впоследствии оказались в Америке. Их потомки не говорили по-русски, но они слышали, как разговаривали, их уже ушедшие, а у некоторых еще живые, бабушки и дедушки. Они приводили этих, совсем глубоких старичков и читали им, уже совсем подслеповатым, вслух меню, что вызывало у последних, почти детскую радость.

- Борщ! А ты помнишь какой я готовила борщ? Пельмени! Твой дедушка так любил пельмени и конечно, бефстроганов, но не с картофелем пай, а с гречневой кашей. Он мог съесть всю тарелку.

К удивлению Адама, оказалось у огромного большинства американцев, какие-то русские корни. Появлялись потомки тех, которых называли первой волной из России, после революции.

Окончание второй мировой войны, выплеснуло на американский берег, вторую волну. Поколение Адама называли уже третьей волной. Две первые волны уже не были иммигрантами. Они вжились в эту страну. Стали ее полноправными гражданами, практически во всех слоях общества. В 90-х вновь открылись ворота России и оттуда, все увеличиваясь, катила новая волна. Это было практически, какое-то новое общество. Там даже не пахло никакими идейными соображениями. Это не была вынужденная иммиграция. Зачастую они приезжали с деньгами, которые даже не снились их предшественникам. Эта волна была очень разношерстная. Там были и люди, которые искали лучшей доли для себя и своих детей. Инженеры, ученые, писатели, художники, гуманитарии, врачи и бизнесмены.

Они достаточно легко вписывались в новый быт, заранее готовя как себя, так и почву для своего перемещения. Эта волна принесла и много такого, о чем Америка 30 - х годов прошлого столетия, уже стала забываться. Гангстеры и просто бандиты, словно сошли с экранов старых фильмов. Они сводили свои счеты со стрельбой и грабежами. Нарушали любые законы, нимало не боясь американской фемиды. Они срастались с приутихшей мафией и, зачастую, нарушали и ее законы. В массе своей они прибывали, имея на руках туристические, рабочие или студенческие визы. Они переводили друзьям или просто хорошо знакомым людям, огромные, неизвестно откуда взявшиеся суммы. Заключали торговые сделки на поставку товаров и продажу сырья из России, не зная английского языка. Они ничего не боялись и были движимы желанием красиво жить и быстро разбогатеть. Женитьба или выход замуж за гражданина / гражданку страны всегда был простейшим и кратчайшим путем, для обретения гражданского статуса. Теперь это стало неплохим бизнесом. Чем торговать и как наживать деньги, значения не имело. Наркотики, оружие, секреты и любые другие способы, не предмет для раздумий. Цель оправдывает средства, всегда, а сейчас тем более, было девизом тех, кого стали называть «новые русские»!

Работы в ресторане становилось все больше и Адам решил взять на работу официантов и работников на кухню.

- Ната, ты ведь знаешь, что работы стало больше. – сказал он жене, - Я мечусь между кухней и залом, но это плохо сказывается на сервисе. Вчера, по объявлению, пришли двое русскоговорящих ребят. Я решил взять их. А то люди могут спросить - что значит это слово, а никто кроме меня не будет знать. Один полный и рыжий, Марек, другой - посимпатичнее и поинтеллигентнее, Митя.

- Тебе нужно, чтобы я выходила вечером, помогать в зале? – Спросила Ната. - А что будет с Надей?

- Это и есть проблема! – ответил он. - В зале должен быть метроди или хотя бы кептан. Ты нужна мне там, с 7 до 9 вечера. Может можно попросить, ту женщину, которая сидела с Надей раньше? Это всего на 2-2,5 часа в день.

- Я с ней недавно говорила по телефону. Она серьезно болеет. Что-то онкологическое. Так что она не сможет.

- О, Господи. Только этого не хватало. А муж? Ну Академик.

- Он ухаживает за ней и очень переживает.

- Это понятно. В общем, облом. А что, если, пока приходить с ней? Может на кухне посидит? Там особого места нет. Но как-нибудь перебьемся. Она слишком маленькая, чтоб оставлять ее дома.

- Бэби, ты не посидишь немного дома одна? Маме надо на работу.

- Нет. Я пойду на работа с мама.

- Значит выбора нет. Все пойдем зарабатывать. Вот так.

На следующий день Ната пришла на работу вместе с Надей. Адам забрал ее на кухню, чтобы не мешалась под ногами и, не приведи бог, ошпарилась или обожглась, посадил Надю на длинный металлический прилавок- холодильник. Поначалу Наде все нравилось, но вскоре она заскучала.

- Дэди! - Так она называла Адама, на английский лад. – Можно я пойду к мама. Здесь очень скучно.

- Хорошо, бэби. Мы ее сейчас позовем. – и обращаясь к Мареку , - позови Нату.

- Смотри, Ната. Ребенок зевает во весь рот. Что делать?

- Я так и знала, что этим кончится. У нас в стойке есть полки, там я ее и положу спать. Я захватила подушку и маленькое одеяло. Пошли котенок, я положу тебя спать.

Весь вечер Адам переживал, как там ребенок. В 9 часов он вышел из-за кухонной занавески и зашел за стойку. Надя безмятежно спала. Играла музыка в полумраке, напевая русские романсы. Народ громко разговаривал, обмениваясь впечатлениями, а ребенок спал, не ведая тревог.

- Разбуди ее тихонечко, и идите домой.

Ната и Надя, выскользнули из-за стойки и направились к двери.

- Смотрите, ребенок. Откуда здесь ребенок в такое время?

Вопрос повис в воздухе, и все вернулись к своим делам.

Адам понимал, что так продолжаться не может. Во-первых, для ребенка не самое лучшее времяпрепровождение, спать на полке, в стойке ресторана. Во-вторых, если об этом узнают в организациях по защите прав ребенка, вообще неизвестно чем может кончиться. Могут просто Надю забрать. И никому не докажешь, что это просто временная, безвыходная мера и ребенок не страдает. Здесь и мама, и папа. Она и сама хочет быть здесь, а не сидеть одна дома. Но эти защитники ее заберут и отправят в какое-нибудь детское учреждение, больше напоминающее колонию для малолетних преступников и бездомных, но так они защищают права детей. Одна мысль об этом, леденила сердце Адама. Ната тоже переживала, вряд ли осознавая все последствия того, что может случиться.

Судьба, а вернее счастливый случай, круто изменил жизнь семьи на многие последующие годы, если не навсегда. Вечером, после работы, Адам и Ната беседовали дома, сидя за столом.

- Адам, я не стала тебе ничего говорить перед уходом, но вечером пришел какой-то дядечка и сказал, что хочет у нас поужинать сегодня, так как завтра, сюда, уже будет не попасть.

- Его слова, да богу в уши. Он похож на сумасшедшего или пророка? С какого бодуна, вдруг народ повалит?

- Наоборот. Он выглядел очень прилично. Был одет как бизнесмен. Он сказал, что работает главным редактором в газете «Дейли Ньюз».

Завтра выходит статья про наш ресторан. Говорил, что никогда ничего подобного не читал и захотел сам проверить.

- Вот это номер! Надо купить с утра газету и посмотреть, если это правда? И вообще, что могли про нас написать?

Наутро, первым делом, по дороге в ресторан, Адам купил эту газету. Статью он нашел сразу. Заголовок «PIROG», набранный крупным шрифтом, бросался в глаза. А дальше, чем больше Адам читал, тем больше поражался тем хвалебным предложениям, которыми была полна, большая статья. Заканчивалась словами, которые потрясли Адама. Он знал, что этого он не заслуживал: «Я считаю, что это лучший русский ресторан на земле»!

Телефон звенел не умолкая, пока Адам лихорадочно открывал двери. Он замолк и тут же зазвонил снова.

- Алло, ресторан «Пирог»! Могу я вам чем-нибудь помочь?
- Ты сколько заплатил за эту статью? - Адам узнал голос Вилли.
- Да нисколько. Я сам только что узнал. Все еще не могу поверить.
- Я все понимаю. Хороший ресторан. Хорошая еда, сервис и все остальное, но как можно написать, «...лучший русский ресторан на земле»? Ты сам-то понимаешь, что это полная чушь?
- Я, конечно, это понимаю. Но я этого критика никогда в жизни не видел и никогда с ним не говорил. Почему он так написал, не имею никакого представления. Нате, вчера сказал главный редактор этой газеты, что он сам, ничего подобного не читал.
- Полная хрень. Я хочу приехать и посмотреть, что у тебя там такое, необыкновенное. Подожди, Виктор хочет что-то сказать.
- Привет Адам. Ну ты даешь - «Лучший на земле». Это как так?
- Витя. Что ты меня спрашиваешь? Ты автора спроси.
- Ладно, слушай Адам. У тебя сейчас будет много работы. Из Питера приехал мой племянник Вася, сын моего брата, Юры. Ты знаешь, мы все повара. Я и Юрины оба сына, Вася и Владимир. Возьми Васю к себе. Он будет тебе вместо сына. Будет работать и дома помогать. Он парень послушный и безотказный. Брат у него непутевый. Связался со шпаной, а Василий - очень хороший.
- Витя. Дай мне подумать. Я только на работу пришел. Дай разобраться что к чему, и с Натой надо посоветоваться.

Телефон звонил как заведенный. Основная масса звонков, состояла из заказа столиков на сегодняшний вечер, часть была из заказов на выходные и несколько на неделю вперед. Были звонки просто с поздравлениями, а некоторые и с вопросами о статье.

Работать было некогда. Адам отвечал на звонки, разносил их по времени и датам в специальный журнал. Вскоре мест на сегодняшний вечер не было. Все хотели на 8 вечера и обижались, когда Адам, вынужденно отказывал. К семи часам подошли Ната с Надей и Адам смог отойти от телефона и лихорадочно делал заготовки вместе с кухонными работниками.

- Ну держитесь ребята! Нам сегодня порвут задницу, на фашистский знак. В 8 часов вечера, одновременно сядут 32 человека. Значит заказы придут на кухню на 12 столов, практически все сразу. Быстро отбиваем холодные закуски и готовимся делать вторые. Стол за столом, они должны уходить с кухни. Каждый стол все вместе. И сразу делаем следующий. Ната и официанты. Люди садятся, наливаете всем воду, несете на столы хлеб и масло. Ната раздаешь всем меню и не зависай у стола. Мне нужны заказы как можно быстрее и со всех столов. Официанты, если за столом сидят четверо, нельзя принести заказы для троих. Американцы не будут есть, а будут ждать пока принесут четвертому. После закуски все убрали, накрыли чистые приборы. Тем, кто заказал алкоголь, ставите рюмки или фужеры, в зависимости от алкоголя. Кто попросит, вино, наливайте красное или белое. Белое должно быть холодным. Работаем все четко и быстро. Главное, собрать быстрее заказы.

- Адам. Ты сам говорил, что нельзя людям давать меню сразу.

- Говорил. Но пока мы не выработаем ритм, мне нужны заказы и как можно быстрее. Меня лучше не о чем не спрашивать. Ясно. Я очень боюсь.

Как прошел этот день, какие ошибки были сделаны, Адам не замечал. Все его внимание было сосредоточено на приготовлении и отпуске блюд из кухни. Когда все вдруг кончилось, его все еще трясла нервная лихорадка. Он ждал очередного заказа.

- Адам. Я хочу уйти с Надей домой.

- Как домой? А кто будет делать заказы. Я не могу уйти с кухни.

- Да все уже сделано. Люди пьют чай и едят кусочки торта.

- Правда? Так быстро все кончилось. Мне надо идти в зал?

Адам снял передник и вынырнул из-под кухонной занавески. Кто-то захлопал в ладошки и весь зал дружно зааплодировал. Адам сначала попятился, а затем замотал головой вверх и вниз, и слева направо. Это были первые аплодисменты в его жизни.

Дома, Адам рассказал Нате о предложении Виктора.

- Приехал его племянник Вася, и он предлагает взять его к нам.

- Что это значит, к нам? На работу?

- На работу тоже. Но он хочет, чтоб мы его поселили у нас.

- Господи! Это еще зачем? Чужой человек у нас дома?

- Главным образом для Нади. Он молодой пацан. Витя говорит, он будет мне заместо сына. Мне никакого сына пока не надо, но если у Нади появится братик и будет сидеть с ней по вечерам, то это решение нашей проблемы на какой-то период времени. Давай мы с ним познакомимся и тогда уже решим.

- А где он будет спать? У нас две небольшие комнаты.

- Нату переселим в нашу комнату, а Вася займет ее. Давай сначала посмотрим на него. Я его видел, но тогда он был ребёнком.

На этом и порешили. Адам позвонил Виктору и договорился о встрече в ресторане, после 11 часов дня.

Два раза в неделю, Адам отправлялся на своей машине, закупать продукты. Обычно он ехал в район, который назывался Бронкс. Там находился фруктово-овощной оптовый рынок города. Он открывался в 2 часа ночи и работал до 1 часа дня. Занимал этот рынок огромную территорию, на которой стояли длинные пакгаузы - хранилища, к которым вели железнодорожные рельсы.

Паровозы подгоняли вагоны - рефрижераторы и разгружались огромные партии свежих овощей и фруктов со всего света. 11-и миллионный город поглощал несметное количество продукции ежедневно. С другой стороны пакгаузов - холодильников, находились эстакады, к которым парковалась по ночам громадная армия грузовых автомобилей. Крупно - оптовые покупатели получали продукцию первыми, а за ними шла рыбешка помельче. Все это развозилось по большому Нью-Йорку, в супермаркеты, овощные базары и лавки. Такие покупатели как Адам, приезжали пораньше с утра, проезжали вдоль длинных пакгаузов, отыскивая место для погрузки. Адама интересовали грибы шампиньоны и овощи для салата, супов и гарниров. Поскольку место для хранения продуктов, было строго ограниченно, то Адам ездил за свежим товаром дважды в неделю. Это отнимало массу времени, но зато продукты были всегда свежими, да и цена тоже имела значение.

Вторую остановку, в том же Бронксе, Адам сделал перед огромным зданием, на котором красовались две огромные буквы B&J. Это был крупно - оптовый магазин, для оптовых покупателей. В первый раз у Адама потребовали все документы, удостоверяющие, что у него есть бизнес. Он заполнил апликейшен, указал свой регистрационный номер и прочие данные и получил пропуск в этот рай для тех, кто перепродает купленное, другим. Там было все. Для покупки алкоголя требовалась отдельная лицензия. Слово всё - достаточно ёмкое и описывает ассортимент хранящихся товаров. Сама площадь поражала воображение. Но помимо самой огромной площади, стояли стройные аллеи из двутавровых балок. Поперечные балки крепили все это, в один стройный монолит и хранили на своих полках, деревянные поддоны с бесчисленными коробками. Между аллеями разъезжали электроподъемники и поднимали или опускали поддоны с товаром на головокружительную высоту. Адам вооружился длинной телегой и зашагал между аллеями, разыскивая нужный товар. Он выбрал несколько упаковок филе миньон. Это были отборнейшие части говядины, грудная мышца, самая лучшая и соответственно, самая дорогая часть туши. Большие охлажденные норвежские семги, коробка с охлажденными курицами и жестяные банки со специями, дополнили сегодняшнюю покупку. В этом огромном магазине, также продавали инвентарь для ресторанов и Адам приобрел, то, что в ресторанах называли «bain - marie». Это был большой, электрический контейнер, куда наливали горячую воду, а затем ставили различные металлические емкости с крышками, в которых сохранялась долгое время горячей, готовая продукция. Адам расплатился, погрузил товар в машину и помчался в сторону ресторана, поглядывая на часы.

У входа ждала терпеливая команда, так он их называл. Адам любил этих ребят. Они были терпеливыми, неприхотливыми, старательными и очень преданными. За спиной они звали Адама, папой. Он был для них непререкаемым авторитетом, хотя и был старше, лет на 15, но все его указания выполнялись незамедлительно. Выходцы из Эквадора, они были идеальными учениками для работы на кухне. Все они начинали свою карьеру с посудомоев, затем учились готовить, многие впоследствии стали шефами и работали в престижных ресторанах Нью Йорка. Луис, которого прозвали бефстроганов, за пристрастие к этому соусу, Маленький Дядя и Томас, разгрузили машину и отнесли товар на кухню. Появился Виктор, с плечистым молодцом.

- Привет. Это мой племяш Вася. Поздоровайся с дядей Адамом.

- Можно просто Адам. Проходи, знакомься с моей командой. Вот тебе белая куртка. Сейчас будем заниматься заготовками.

Пока Вася знакомился с кухней и ее обитателями, Адам проводил Виктора до выхода.

- Извини, но болтать некогда. За племянника не беспокойся. Я позвоню, если что. Он будет жить у меня. Все образуется.

- Ребята. У нас много работы и мало времени. Скоро будет ланч и надо его подготовить. Я привез «bain – marie». Это облегчит нашу жизнь. Там будут храниться горячие гарниры и борщ. Я и Луис готовим ланч, а все остальные занимаются заготовкой. Маленький дядя и Томас, разбирают кур и делают котлеты по-киевски. Вася с моей помощью, после ланча, разбирает филе миньон говяжий, а сначала чистим и разделываем норвежскую семгу. Все понятно?

Луис чистил рыбу, двое других принялись привычно разделывать кур, отделяя грудки с плечевой косточкой для киевских и снимая мясо с костей бедра и ножки. Все работали быстро и привычно.

- Вася. Ты повар насколько я понимаю. Умеешь делать заготовки?

- Вы мне только покажите дядя Адам как у вас надо делать.

- Конечно покажу. Называй меня просто, Адам. Я еще не старый. Пока смотри. Разделываем семгу. Голова и хвост на рыбный бульон. Половину рыбины разрезаем поперек на стейки. Каждый стейк заворачиваем в пленку и в холодильник. С остальной части снимаем филе, режем на порции и убираем, а кость тоже в рыбный бульон. Пока все понятно? Вот и молодец. Готовим овощи на ланч. Умеешь шинковать морковку соломкой? Покажи, как. Вижу, умеешь. Продолжай шинковать. Теперь на сковородку вливаем растительное масло и добавляем сливочное.

- Извините, Адам. А зачем смешивать разные масла?

- Во-первых не горит, а во-вторых, вкус сливочного масла остается.

- В кипящую воду бросаем брокколи. Ждем пока снова закипит, откидываем на дуршлаг и под холодную воду, чтоб остановить варку. На сковородке поджариваем нашинкованный чеснок, бросаем брокколи и все пассеруем. Солим и брокколи, и морковку. Убираем все в «bain – marie». Зеленый мороженый горошек, разогреваем с кусочком сливочного масла и тоже ставим, как говорят, и русские, и испанцы, в баня - марию. В четвертый контейнер наливаем подогретый борщ. Все к ланчу готово? Есть небольшой перерыв.

Адам мотался между кухней и залом, пытаясь успеть везде, и все шло как обычно. Одна из клиенток попросила приготовить ей салат «оливье» из вечернего меню. Обычно это делал Томас.

- Дядя Адам, извините Адам. Можно я сделаю?   -
Это был Вася.

Адам, немного поколебавшись, кивнул головой.

- Хорошо. Ты наверняка его делал. Томас поможет.

- Спасибо. Я работал в ресторане и делал это много раз.

Салат был сделан и внешне выглядел как обычно. Официант поставил блюдо перед костюмером. Та брезгливо поковырялась.

- Я не могу это есть. Здесь один майонез.

- Прошу прощения, мэм. Вам его немедленно заменят.

Это был один из тех редких случаев. Адам переживал очень

болезненно. Он винил себя самого. Доверить человеку, который не имеет опыта работы в Америке, это его, Адама вина.

- Томас, я же просил тебя помочь.
- Я говорил, что много майонеза, а он сказал, что сам знает.
- Извините меня, Адам. Это я виноват, сам.
- Ладно, все потом. Сейчас я сделаю салат.
- Прошу прощения мэм. Салат сделал я. И это за счёт заведения.

Инцидент был улажен, но осадок остался. Ланч закончился и все сели обедать. Борщ любили все и могли есть это, чуть ли не каждый день. На второе запекли в духовке куски курицы с розмарином. Во время еды, разговоры шли о инциденте с сегодняшним салатом.

- Я понимаю, что Вася хотел сделать салат, как можно лучше. Он не, виноват, что его так учили. Это урок для всех. Никто не любит много майонеза. Вы всё должны пробовать. Если вам нравиться, значит это вкусно. Если вы не понимаете, вкусно или нет, ваше место не на кухне. В крайнем случае, мыть посуду. Я хочу, чтоб вы все стали поварами. Я вас учу и это вам всегда пригодиться.

- Папа. Я дома делал салат «оливье». Моей жене очень понравилось. Но там надо столько всего приготовить. Картошку отварить, курицу обжарить, огурцы соленые и свежие почистить. Все нарезать, посолить и поперчить. Добавить зеленый горошек и все заправить майонезом. А потом красиво уложить. Я провозился больше часа. Но зато, все пробовали и все хвалили.

- Молодец Луис. Мы делаем заготовку и все что нужно сделать, это собрать все вместе, заправить соусом и красиво уложить. После обеда готовим динер. Народу будет очень много. Луис печет блины, Томас и Маленький дядя, заканчивают киевские котлеты и готовят гарниры. Вася, ты со мной разбираешь филе миньоны. Поехали братцы. Смотри Вася, берешь большое филе.

- Адам. А как в России называли филе миньон?
- Там это называлось, филейная вырезка. Свиная или говяжья.
- Да я помню. Но нам привозили в ресторан, уже зачищенные.
- Правильно, поступали замороженные, в больших брикетах.
- В Америке говяжья вырезка очень большая, 3-4 килограмма. Делай все как я. Подрезаем пленку со всех сторон, отделяем и зачищаем филе от пленок. Ножом осторожно срезай по всей поверхности. Остается чистое большое филе миньон. Средняя часть, самая ровная и самая дорогая, называется «шатобриан». Его можно готовить целиком не нарезая. Остаются, толстая и тонкая части. Толстую нарезают на стейки или филе миньоны, медальоны, а тонкую оставляют на бефстроганов. Нарезают тонкими кусочками.

- Бефстроганов из филейной вырезки? Это круто. В России нарезают из обычного куска, а потом долго жарят.

- Я в курсе. Жарят, а потом долго тушат в соусе. Могу себе представить. Бефстроганов, как и стейк, можно заказать «рэр», «мидиум рэр» или «вел дан». Я объясню, как можно их различать.

«Рер» - это когда середина холодная, а края поджарены. «Мидиум рер» - середина теплая, но еще с кровью, а «вел дан» - все горячее. Теперь, как различать? Потрогай свою щеку пальцем. Мягко, правда? Это - «рэр». Так ощущается мясо, когда трогаешь пальцем. Теперь потрогай пальцем подбородок. Упруго, но мягко. Это - «мидиум рэр». И, наконец, потрогай пальцем лоб. Твердо? Это - «вел дан». Многие приличные стейк - хаузы, отказываются принимать заказы на «вел дан». Они считают, что так убивается вкус стейка. Но это относится только к говядине, ну может еще к баранине. Свинина и птица должны быть прожарены до конца.

- Здорово. Нас никогда этому не учили.

- В России нет такой культуры. Да и мясо такого тоже нет.

- Адам. А вы мне покажете, как это готовить?

- Конечно, покажу. Я буду учить тебя каждый день. Старайся запоминать. Сейчас разделываем все на стейки, а для бефстроганова, нарезаем и развешиваемся на порции по 200 грамм.

- А сколько грамм стейк и как это угадать? Это же одним куском.

- Здесь просто нужна привычка. Есть кухонные весы. Стейк должен быть грамм 250 - 270. Взвешиваешь весь кусок и делишь на 250 грамм, понятно сколько стейков должно получиться. Я буду резать, а ты каждый кусок, заворачивай в пленку. Бефстроганов, тоже заворачивай порциями. Все убираем в холодильник.

- Ниньес. Я с Васей ухожу. Вернусь через час. Заканчивайте с киевскими котлетами и заготовками овощей.

- Адам. А как это вы их назвали, ниньес?

- Это значит - дети. Пошли, я отведу тебя домой и познакомлю со своими. А по дороге мы поговорим. Я объяснял это Виктору. Не знаю, говорил он тебе что-нибудь или нет.

- Дядя говорил, я буду жить и работать у вас пока, больше ничего.

- Все правильно. Но мне нужна и от тебя помощь. Моей дочери, Наде, скоро четыре года. Я на работе и Ната приходит мне помогать с 7 до 10 вечера. Я хочу, чтоб ты составил компанию Наде на это время. Чтоб она не боялась. Делать ничего не надо. Просто быть дома, смотреть телевизор. Можно пойти погулять. А утром пойдем на работу, и я буду тебя учить. Жилье и еда, бесплатно. И еще я буду тебе платить 700 баксов. Согласен?

- Конечно согласен, но у меня к вам просьба, из-за этого я приехал в Америку. Я хочу заниматься бодибилдингом. Можно утром буду ходить заниматься? Я найду зал неподалеку.

- Без вопросов. Если тебе это нравится, вперед.

Они подошли к дому, где жил Адам с семьей и на пороге, у дверей «Питы» увидели Ави.

- Привет, Адам. Наслышан о твоих успехах. Хочу зайти перед отъездом и попрощаться. Я уезжаю.

- Постой. Как это, уезжаю. А кто за тебя остается?

- Нет, Адам. Ты не понял. Мы вообще закрываемся. Не получилось.

- Это очень печально, Ави. А что говорит Йоси?

- А что он может сказать? Торговли нет. Американцы эту еду не воспринимают, а израильтян здесь очень мало. Мы долго простояли, но Йоси не хочет больше терять деньги попусту. Я хочу тебя попросить, поделится со мной рецептами жареной курицы и дать мне пакет панировки. Я думаю попробовать это в Израиле.

- Для тебя, Ави, без проблем. Жаль, что ты уезжаешь. Приходи в ресторан, попозже к вечеру. Посидим и отметим твой отъезд.

Адам и Вася поднялись на третий этаж и позвонили в дверь.

- Герлс! Я не один. Знакомьтесь! Это Вася! Моя семья, Ната и Надя. Вася будет с нами жить. Тебе он будет братик.

- Братик? Ой как здорово! Ты Васик?

Имена, данные Надей, удивительно приживались. С этой минуты его так и называли, Васик. Они перенесли Надину кроватку в большую комнату и устроили Васику спальное место.

- Ната. Мы встретили Ави. Они закрываются и Ави уезжает.

- Как жалко. Он очень хороший человек. Правда ты всегда говорил, что этот бизнес не для Америки. Так и случилось.

- Любой бизнес, риск, а идея «Питы», заведомо была обречена.

- Васик, давай посмотрим в «желтых страницах», где поблизости зал для занятий бодибилдингом и сходи запишись, но будь дома к 7 часам. Я пошел на работу. Ната, приходи, как только вернётся Вася. Народу будет много, и я должен быть на кухне.

На дворе стоял жаркий июнь, но не смотря на жару народу собиралось много. Большинство заказывающих столы на вечер, просили записать их на 8 вечера. Количество мест было ограничено и народ обижался. Некоторые переносили на другие дни, другие соглашались на более позднее время. Так или иначе, было понятно, что некоторые потенциальные клиенты, терялись безвозвратно. Адам раздумывал, как увеличить оборачиваемость посадочных мест, и обслуживать людей, на тех же площадях.

- Ната. Я хочу с тобой посоветоваться. Мы теряем большое количество клиентов, потому что большинство просит записать их на восемь часов. Есть три категории посетителей. Одни хотят сходить в ресторан до посещения театра, другие наоборот, после театра, а основная масса просто посидеть и поужинать вечером в ресторане. Что если мы предложим три посадки. По времени. С 5:30 до 7:30. С 7:30 до 9:30 и после 9:30. Что скажешь?

- Я думаю, если ты американцам предложишь такое ограничение во времени, они просто не придут. Это в кино есть сеансы, а здесь ресторан. Никто не захочет, чтоб его так ограничивали.

- Я с тобой согласен. Но нам то, что делать? Мы не можем раздвинуть стены. У нас есть 32 места, а желающих много.

- Ты конечно, можешь рискнуть, а если потеряешь клиентов?

- Я очень боюсь, но я готов рискнуть. Начиная прямо сейчас, резервируем столики по времени.

- Адам, я не могу так принимать заказы на столики. Люди ругаются и требуют записать на время, которое им удобно.

- Хорошо. Я буду принимать заказы. Переводи на кухонный телефон, тех кто ругается. Это будет мешать работать, но что делать? Надо с этим как-то справляться поначалу.

К удивлению Адама, когда он объяснял, что у них есть три посадки по времени, народ соглашался и даже проявлял понимание.

С посадкой людей в 7:30, проблем не было. Народ приходил дружно, без опозданий. Все получали хлеб и воду и дружно изучали меню. Кто-то заказывал алкоголь, официанты открывали бутылки, ставили фужеры или рюмки, все шло своим чередом. На кухне обстановка была нервная. Адам еще и еще раз проверял боевую готовность, а главное, заготовки.

- Я получаю заказы из зала. Развешиваю вот здесь, на стене. Каждый получает задание, готовит и передает мне. Главное не перепутать столы. Все идет через меня. Заканчиваем закуски, готовим вторые. Стол за столом. Закончили, готовим десерт и чай.

Для вторых тарелки должны быть горячие. Все понятно?

Всем все было ясно. Адама слушались беспрекословно.

- Все. Поехали. Томас, винегрет с селедкой. Луис, оливье. Два оливье. Делай три оливье. Еще один винегрет. Салат огурцы, помидоры. Жульен грибной и куриный. Селедку с горячей картошкой. Двое блинов с красной икрой. Еще винегрет с селедкой. Команды следовали как удары хлыста.

- Официанты, не хлопаем ртом. Стол номер 3, и сразу назад. Готов стол 8. Не вязнете. Поставили на стол, бон аппетит и сразу назад на кухню. Пятнадцать минут, и с закусками было закончено.

Все облегченно выдохнули, но самое сложное было впереди.

- Не расслабляемся. Передавайте 4 киевских, 2 стейка и три бефстроганов. Раз, два, три... Всего пять, «царь пирог». Луис все помнишь? Укладываешь в касеролы и передаешь мне. Куриные филе 2, филе семги 2 и один стейк из семги...

«Царские пироги» в керамических формах для запекания, касеролах, отправлялись в духовку для запекания, котлеты по-киевски опускались в кипящий фритюр, а филе семги в рыбный бульон с вином. Адам, как фокусник в цирке, одновременно поджаривал на разных сковородках, руководил поварами и отпускал стол за столом, официантам.

На кухне наступила тишина.

- Все молодцы. Не расслабляемся. Десерт для нас семечки. Готовим чай. Чайники с заваркой и чайники с кипятком. Самовары, если кто закажет. Торты забрали в зал? Хорошо. Дайте мне сливки, я хочу их взбить. Проверьте малину, чтоб не попались мятые, или не приведи господь, гнилые. Это смерть для бизнеса. А вот и десерт. Блины с вишневым вареньем, двое. Малина со взбитыми сливками, четыре порции, блинчики с творогом. Два самовара. Официанты, забираем чайники с заваркой и кипятком. Все - первая атака отбита. Завтра будет хуже.

Удивительным было то, что свободолюбивый американский народ соглашался, не только на приход к обозначенному времени, но и безропотно расплачивался и выходил в оговоренное время.

Следующая группа, поджидала выходящих на улице, иногда, во время дождя, под зонтиками. И никто не роптал.

- Ну как там? Вам понравилось?

- Очень понравилось! Еда прекрасная, а сервис еще лучше!

Адам просил, чтоб на все столы, чеки подавались за 15 минут до означенного времени.

- У людей должно быть время, чтоб спокойно рассчитаться и не чувствовать, что тебя насильственно выталкивают. Что касается тех, кто опаздывает, то мы ждем их ровно 15 минут, а затем сажаем любого, кто первый войдет.

Залом руководила Ната, которую все называли, на американский манер, хостес, то есть хозяйка. Адам осознавал, что львиную долю популярности ресторана, создала именно она. Она шла на работу по улице, в вечернем платье и с большим бантом в волосах и вся улица оборачивалась и многие узнавали ее и приветствовали. Ее знали все посетители. Она тоже многих знала в лицо и всегда, непременно приветливо, рассаживала и обслуживала. Ее подзывали к каждому столу и для каждого находилось приятное слово и совет. Она могла намазать маслом кусочек черного хлеба, положить сверху кусочек картошки с селедкой и кружком красного лука и попросить открыть рот.

Доверчивые американцы, простодушно открывали рот и получали, еду прямо из рук, словно птенца кормит птица. Этого забыть нельзя. Для американцев это был шок.

- Вы не можете представить. Она положила мне это прямо в рот. И еще приговаривала: «А теперь, ням, ням!»

- Этого не может быть? И что ж вы сделали?

- Ням, ням! Что еще я мог делать?

- Господи! Как странно, это гостеприимство по-русски!

Безусловно – это было шоу. Но только в глазах американцев. Ната делала это от всего сердца, и сама получала удовольствие от непринужденного общения. Адам работал в итальянском ресторане и ему импонировало, что все, кто был занят в обслуживании, были профессионалами в своей области. Для русских, как, впрочем, и для большинства американцев, такая работа была временной. Они стремились к карьере, к определенному статусу в обществе и финансовой независимости.

Марек и Митя предупредили Адама, о том, что они уходят. Митя нашел работу инженера, а Марек хотел заниматься музыкой. Они отрабатывали последнюю неделю и Адам ломал голову, где найти русскоговорящих официантов. Ему было жаль расставаться с этими ребятами. Они были одни из первых представителей новой волны из России. Там происходили странные перемены. Новые слова - «гласность и перестройка», появились во всех средствах массовой информации. Новый генсек Горбачев объявил: «все разрешено, что не запрещено».

Слухов было много и разных. Открылся широко «железный занавес» и оттуда повылезало множество разного народа. Криминальные авторитеты, жулики всех мастей, искатели счастья и просто люди, которые хотели посмотреть мир. Основная масса не имела никакого статуса и просто прибыла в качестве туристов.

Были такие как Вася, имевшие студенческие визы, некоторые получали трудовые визы, а кто-то хотел стать американским гражданином или гражданкой, сочетавшись браком на этой благословенной земле. Таковыми типичными представителями новой волны, были двое молодых людей, появившихся в ресторане. Оба были высокими, симпатичными и энергичными.

- Здравствуйте. Мы читали в русской газете, что вам нужны официанты. Мы месяц назад приехали из Москвы и ищем работу.

- Привет, ребята. Я действительно ищу официантов, но там было написано, с правом на работу. У вас есть документы?

- А какие документы вам надо? У нас есть паспорта, визы.

- Мне нужна карточка «социал секьюрити», то есть право на работу. Без этой карточки я вас не могу принять на работу.

- Меня зовут Саша. Я и моя будущая жена, записались в районной мэрии на церемонию бракосочетания, через две недели.

- Поздравляю, Саша. Быстро осваиваешься. Когда получишь разрешение на работу, приходи. Если место будет свободно.

- Я, Николай. Мы приехали с женой и подали документы на политическое убежище. Но я не знаю, когда будет результат.

- Я вас понял ребята. Приходите, когда будут разрешения на руках.

Адам повернулся и пошел на кухню. Сзади раздались громкие голоса, внезапно перешедшие в шумную перепалку и затем они, вцепившись друг в друга, начались драться, круша и разметая все вокруг. Адам бросился назад, пытаясь утихомирить буянов. Но они словно два разъяренных медведя, возились, расшвыривая столы и стулья. Один из них, схватил со стола столовый нож и полоснул второго по лицу. Второй, это был Саша, мгновенно прекратил драку и бросился к зеркалу в туалете. Щека обагрилась кровью.

- Ты Колька за это ответишь! Ты за это ответишь!

- Вы оба, убирайтесь отсюда немедленно. Ты поезжай в госпиталь, а ты просто уходи отсюда, пока я не вызвал полицию.

Гневу Адама не было предела. К счастью на столах не было посуды и стекла. Могло быть гораздо хуже. Он позвонил Нате.

- Ты представляешь! Пришли наниматься официантами, двое из России. Я их не взял, потому что не было документов, так они еще устроили драку между собой. Не знаю, чего они там не поделили, но перевернули вверх дном весь ресторан. Вот и бери после этого, на работу россиян.

- И что ты теперь будешь делать? Нам нужны официанты.

- Пока не знаю. Может поляков взять, а может испанцев. У нас на кухне работают прекрасные ребята. Только с Томасом придется расстаться. Он не смог получить документы, а жаль, хороший парень. Луис молодец. И Маленький дядя тоже. Луис даже успел жениться, а не только получить документы. Позвоню в агентство.

- Алло, здравствуйте. Ресторан «Пирог». Мне нужен повар и двое официантов, но только с разрешениями на работу.

- Хорошо. Заявку я вашу приняла, но это не так просто. Многие хотят работать, но большинство без документов. Будем искать.

Через несколько дней агентство прислало двух работников. Оба были очень молоды и оба прилично владели английским. Один представился как Эухенио и был назван Женей, а второй, по заведенному обычаю, прозванный Надей, маленький мальчик, так им и остался. Женя был определен на работу в зал и стал прекрасным официантом, вежливым и профессиональным. Маленький Мальчик, заменил Томаса и проходил обучение под присмотром Луиса. Еще один официант пришел по объявлению сам. Он приехал с родителями из Киева. Был молод и еще не определился, чем хочет заниматься. Гена, так звали нового официанта, удачно вписался в общий ансамбль. Работы не становилось меньше и Адам вынужден был закупать продукты через день, поскольку не было практически мест для хранения.

Однажды вечером, уже к концу рабочего дня зазвонил телефон.

- Алло! Ресторан «Пирог». Добрый день.

- Хелло! Это владелец ресторана, как я понимаю и вас зовут Адам.

- Вы абсолютно правы, могу ли я быть чем-нибудь полезен?

- Я тот, кто написал о вас статью в «Дейли Ньюз» и я слышал, что вы стали весьма популярны. Я очень рад за вас.

- Вы даже не представляете, как я рад вас слышать, простите я так и не знаю вашего имени. То, что вы сделали своей статьей ни я, ни моя семья никогда не забудет. Не знаю, как вас благодарить?

- Никакой благодарности не надо. Я был в вашем ресторане дважды и каждый раз, все было просто прекрасно.

- Мне очень бы хотелось с вами познакомиться и поблагодарить вас лично. Вы самый желанный гость в нашем ресторане всегда.

- Спасибо. Я очень рад за вас. Вы это заслуживаете.

Адам передал Нате этот разговор, и они оба жалели, что не смогли выразить свою благодарность при личной встрече. Дома тоже все было хорошо. Надя души не чаяла в Васике и охотно оставалась с ним дома. Васик ходил с утра качать мышцы, затем приходил в ресторан помогать делать заготовки и учился заново готовить. Адам охотно делился своими секретами и показывал новые рецептуры и блюда. Заканчивался июнь месяц и приближались длинные выходные, связанные с празднованием 4-го июля - «Дня Независимости». Получалась практически вместе с выходными целая неделя. Город вымирал на эти дни. Обычно это были самые жаркие дни в году и все, кто мог, уезжали кто куда.

- Ната. Первая неделя июля, мертвая. Может нам закрыться? Дать всем отпуск и самим уехать куда-нибудь на неделю. После рождения Нади, мы никуда не ездили.

- Это было бы здорово. Поехать отдохнуть всей семьей. А куда?

- У нас теперь есть паспорта. Можем поехать куда угодно. Может нам поехать на Карибские острова? Я слышал, что там классно.

- А мы можем себе это позволить? Там наверняка не дешево?

- Спасибо нашему благодетелю из «Дейли Ньюз», мы неплохо заработали и имеем права отдохнуть по полной. Я позвоню в тур-агентство и узнаю, что есть на первое июля, думаю мы заслужили этот отпуск. Тем более, что мы еще ни разу не отдыхали всей семьей. Сначала, Надя была маленькая, потом никогда не было денег, а теперь мы сможем поехать на океан и купаться, и загорать. Надеюсь ты не против.

- Конечно, за. Просто последние годы, я постоянно боялась, что у нас не будет денег и нам придется ночевать на улице.

- Слушай, Ната. Я тоже постоянно этого боюсь. Но сидеть где-то на зарплате и никогда не попытаться вырваться из этого заколдован-ного круга, еще страшней. Годы уйдут и тогда все. Останутся только сожаления. А теперь мы едем отдыхать, как и положено нормальным, хотя и новым американцам.

ГЛАВА VII

БАГАМСКИЕ ОСТРОВА

- Алло, турагентство? Я хочу узнать, что есть на первую неделю июля? Нас интересуют Карибские острова.

- Здравствуйте! А вы уже были где-нибудь там?

- Нет. Еще ни разу, но много слышали о Бермудах и Багамах.

- Сколько вас человек и какого уровня гостиницу вы хотите?

- Двое взрослых и ребенок четырех лет. А гостиницу вы нам подскажите. Нам не нужно супер - пупер, но приличную.

- Могу предложить «Атлантик Океан» отель. Расположен на берегу океана. Есть бассейны. Комфортабельные номера с кондиционером. Номер, двое взрослых плюс ребенок. У нас очень много хороших отзывов от наших туристов.

- Ну хорошо. Я должен доверять вашей рекомендации, поскольку сам там не был. Надеюсь все будет хорошо, и мы будем вашими костюмерами и на будущее. Сколько нам это будет стоить?

- Вам нужен «мил план»?

- А что это такое?

- Я вам рекомендую его взять. Это питание во время проживания в отеле. Возьмите на всех троих. Завтрак, обед и ужин. Вам не нужно ни о чём думать. Наслаждайтесь отдыхом.

- Хорошо, я согласен. Сколько, все вместе, с перелетом.

- Проживание, неделя в гостинице «Атлантик Океан», «мил план», то есть питание на троих и перелет, плюс трансфер из аэропорта и в аэропорт, все вместе 3.450 долларов. Я уверена вы прекрасно отдохнете.

- Хорошо. Я подъеду завтра утром с деньгами, и мы все оформим.

Адам поспешил поделиться с Натой хорошей новостью.

- Летим первого июля на Багамы. Классный отель на берегу, еда, солнце, океан и все за какие-то 3.450.

- О, Господи! Ты уверен Адам, что мы можем себе это позволить?

- Уверен. Завтра поеду и все оформлю. Надо купить все для отдыха. Тебе, Наде и мне тоже. Поедем на Деленси. Я знаю, что последнее время особенно, с деньгами было очень напряженно. Надеюсь это время прошло, и мы будем ездить отдыхать каждый год. Первая неделя июля, будет теперь всегда неделей отдыха.

Адам собрал работников и объявил о предстоящей неделе отдыха. Это был первый коллективный отпуск.

- Всем, кому положено, получают отпускные, а кому нет, получают бонус 1000 баксов. Отдыхайте, гуляйте и не забудьте - на работу 8-го июля.

На следующий день Адам поехал в турагентство и оплатил поездку. Он получил пакет документов для вселения в гостиницу и билеты на самолет. Оставалось вызвать такси в день вылета.

Поход по магазинам на Деленси, выдался очень веселым. Всем купили пляжные костюмы, пляжную обувь и средства от загара. Ната выбрала себе пару легких платьев. Надя не отстала.

- Доченька. Что ты хочешь себе купить?

- Хочу платице!

- Вот это да! С мамы пример берешь? Хорошо, выбирай платице.

Домой возвращались в праздничном настроении, с покупками и предвкушением отпуска на океанском побережье.

В последний рабочий день, Адам сделал запись в автоответчике телефона, пожелав всем хороших праздников и встречи после восьмого июля. Поздно вечером, за праздничным ужином, Адам поднял тост за первый совместный отпуск.

Такси отвезло семейство Адама в аэропорт Джей Эф Кей. Для Нади все было в новинку, она взволнована вертела головкой, радуясь такому приключению. Единственное, о чем она жалела, что ее «братик Васик», остался дома. Она очень к нему привязалась и рассказывала всякие смешные истории.

- У нас не горела лампочка. Васик взял стульчик и полотеньчик. Мы пошли на лестницу и Васик взял там лампочку и все сделал.

Адам не стал разубеждать ее, что это неправильно, но Васику сказал, чтоб он просто позвонил и попросил принести домой лампочку. А вообще он был рад, что они подружились. Днем на работе, Адам учил Васика не только поварскому мастерству, но и брал с собой на закупку товаров, объясняя и показывая, как выбирать продукты, где и по каким ценам. Васик остался дома заниматься своим любимым занятием, бодибилдингом.

Самолет разбежался и взлетел. Надя не только не испугалась, но еще уговаривала родителей не бояться и хлопать в ладошки вместе с ней. Ее радовало все, вид облаков за окном, водичка и конфетки, которые приносила стюардесса, а когда принесли еду, в маленьких коробочках и много других всяких штучек, ее восторгу не было предела. Три с половиной часа полета пролетели незаметно. Самолет приземлился в аэропорту Нассау, спускались по трапу, с ощущением, что попали в сауну. Было тепло и влажно. Вероятно, июль, один из самых жарких дней на Багамских островах, но другого времени на отпуск, просто не было.

Пассажиров встречали представители отелей и рассаживали по автомобилям. Это были вместительные джипы, открытые со всех сторон. Обливаясь потом Адам с семьей погрузились в один из таких автомобилей. Машина тронулась, но горячий и влажный ветер, только усилил эффект сауны. Вдоль дороги росли бесчисленные пальмы и множество других экзотических растений. Машина пересекла длинный мост, и они покатили по острову, носящем имя «Парадайз Айленд», то есть, райский остров.

- Что-то мне кажется, этот остров больше похож на ад, чем на рай. Это в аду должно быть также жарко и влажно.

- Я тоже уже вся мокрая, надеюсь в номере будет прохладно

- Я люблю всё здесь, - произнесла Надя.

- Хоть ребенку всё здесь нравиться. Уже хорошо. Сначала поселимся в номере и сразу пойдем на пляж.

Они переоделись в пляжные костюмы и вышли на улицу. После прохлады в гостинице, снова охватило ощущение горячей сауны.

Отель располагался на берегу большой лагуны. Пляж был песчаный, около отеля располагался комплекс различных бассейнов среди островков, которые соединялись между собой мостами. Отдыхающие лежали на шезлонгах и потягивали коктейли.

- Герлс, пошли покупаемся в океане. Мы что, летели за тысячи километров, чтоб купаться в бассейне.

Они подошли к краю воды, расстелили полотенца и отправились к воде. Не было ни единого ветерка. Вода в лагуне казалась застывшей. Красота была умопомрачительная. Это был не просто красивый вид, а такой как на самых удивительных открытках. Они вошли в воду, держа Надю за руки.

- Водичка горячая.

Устами младенца, как известно, глаголет истина. Водичка у берега была реально горячая. Дно было песчаное, но росли какие-то мелкие водоросли. Ната с визгом выскочила из воды.

- Ты чего? На что-нибудь наступила или укололась?

- Там плавают рыбки, а там, где рыбки я купаться не буду.

Адам стал всматриваться в чистейшую прозрачную воду. Действительно, между водорослями, сновали мелкие рыбешки, весьма безобидные на вид. Надя пыталась ладошками поймать их.

- Да это малюсенькие рыбки и весьма безобидные. Смотри на Надю. Она их не боится. Даже ловит. Они нас не съедят.

- Я с рыбками купаться не буду. Пошли в бассейн.

Делать нечего. Пришлось перейти к бассейнам. Вода была теплая, но не горячая. Наде все безумно нравилось. Она вообще еще никогда не плавала, а здесь за какие-нибудь несколько минут, отчаянно лупя ладошками по воде, могла держаться на плаву.

- Бэби, давай учиться плавать. Я буду тебя держать на руках, а ты не лупась по воде со всей силы, а вот так делай. Ручками и ножками. Ничего не бойся я тебя держу.

Адам держал ребенка на руках, а она старательно загребала руками и лупила ножками по воде. Адам осторожно опускал руки все глубже в воду и вдруг она поплыла. Он шел рядом, держа руки наготове, если она вдруг испугается или устанет. Этот бесстрашный ребенок ничего не боялся, а просто верещал от восторга. Адам боялся, что она захлебнется и придерживал ее.

- Ната. Смотри что она вытворяет. Она реально плывет. Иди сюда.

- Ты отец. Вот ты и учи ее. А я хочу отдохнуть.

Надю было невозможно вытащить из воды.

- Хватит бэби. Надо отдохнуть и погреться на солнышке.

- Я люблю воду. Не хочу на солнышке. Хочу на воду.

- Надо немного на солнышке, а потом опять пойдем в воду.

Они побывали во всех бассейнах, проплывали под мостами, соединявшими островки. Где было глубоко, Адам перевозил Надю на спине. Ей это очень нравилось, но она стремилась плыть сама.

Наконец все устали и проголодались.

- Все герлс. Я хочу есть. Пошли передохнем в номере, а я пойду узнаю, что с нашем «мил план».

На стойке регистрации, Адама встретили с широкой улыбкой. Здесь все широко улыбались, сверкая белыми зубами, на фоне темнокожих лиц. Весь обслуживающий персонал превосходно говорил на чистейшем английском языке, несколько отличающимся от того, к которому Адам привык.

- Как я могу вам помочь, сэр?

- Я хочу выяснить как работает мой «мил план», который я купил в Нью Йорке? Какие часы работы и где это происходит.

- Могу я взглянуть на документы вашего «мил плана»? Вы могли приобрести это прямо у нас. Возможно это бы стоило дешевле.

- К сожалению, мой туроператор, сказал, что это необходимо купить заранее, что я и сделал. Вот этот план на три человека.

- Сколько лет вашему ребенку?

- Ей четыре года. Как это связано с «мил план»?

- Я просто хочу вам посоветовать. Такому маленькому ребенку не нужен никакой план. Она будет питаться с вами вместе. И вы сможете, приехав в Нью Йорк, получить обратно 500 долларов.

- Экономия — это очень хорошо, но я не хочу экономить на ребенке.

- Вы можете питаться как все, но такому маленькому ребенку никакой план не нужен.

- Спасибо, вы меня убедили. Когда будет сегодня ужин.

- Сегодня новый заезд и будет праздничный ужин в большом зале. Будет концерт и мы приглашаем всех к 19:00. Я вам сейчас выпишу карту и будете ее предъявлять при каждом посещении.

- Герлс! У нас в программе праздничный ужин через час. Я пошел в душ, а вы пока собирайтесь.

Когда они спустились вниз, то там уже собралась большая толпа разодетого народа. Двери большого зала распахнулась, и толпа ринулась внутрь занимать места за столами. Адам не отставал от народа и вскоре они, всем семейством сидели за празднично накрытым столом. Сцена была пока пуста, на стульях блестели музыкальные инструменты. Появился темнокожий официант в белоснежной куртке и белых перчатках.

- Могу я предложить господам, что-то из бара?

- Для меня бокал красного вина, для дамы просто воду, а ты что хочешь попить, беби?

- Хочу кока-колу!

Соседи за столом заказывали каждый свое. Появился другой официант, также белозубый и темнокожий. Он принес блюдо с морепродуктами и большое блюдо салата. Вино было неплохое. Салат свежий и хрустящий. Надя, любившая креветки, уделяла им большое внимание. В зале стало шумно и народ расслабился.

На сцене появились музыканты и небольшого роста, непременно белозубый и чернокожий энергичный человек.

- Уважаемые дамы и господа. Я рад приветствовать вас на Больших Багамских островах. Уверен вам здесь понравится. Нам же всё здесь нравится!

Эта реплика вызвала ожидаемый смех.

- Наша страна не так давно стала независимой. Мы больше не колония английской короны. Мы независимая республика!

Бурные аплодисменты зала.

- Интересно, как было при англичанах? - прошептал Нате на ухо Адам. - Уверен, что не хуже.

- Я буду называть номер стола, а вы нам расскажите, откуда вы прибыли и как ваше впечатление от Багамской республики.

- Адам. Ты, что-нибудь не ляпни,- тоже на ухо, прошептала Ната.

- За кого ты меня принимаешь? Мы же здесь в гостях.

- Я знаю твою манеру говорить не очень приятные вещи.

Люди за столами, называли города и местности своего проживания, вызывая всеобщие аплодисменты. Дошла очередь до стола, где сидели Адам с семьей.

- Откуда вы господа к нам прибыли? Представьтесь!

- Адам из Нью Йорка. Моя жена - Ната! Моя дочь - Надя!

Это вызвало бурю аплодисментов.

- Мы рады приветствовать жителей Нью Йорка!

Оркестр грянул во все звукоиздающие предметы. Грохот стоял неимоверный. Официанты сервировали горячее. Было шумно и весело. Ната морщилась, пытаясь закрыть уши. Оркестр ушел и наступила благостная тишина.

- Если они вернутся, я уйду в номер. Это не для моих ушей.

- Я думаю это такой багамский стиль музыки. Я читал, что здесь живут в основном мулаты и туземцы, привезенные англичанами во времена рабства. Так что и музыка такая.

- Вот они пусть ее и слушает, а у меня уже голова заболела.

Адам знал, что Ната не выносит громкой музыки. Во времена, еще когда они дружили с Аликом и его женой, они однажды отправились в русский ресторан на Брайтоне. Едва они успели сделать заказ, как появились музыканты и начался такой грохот и шум, что услышать рядом сидящего соседа, было невозможно. Ната побледнела и ей стало плохо. Адам и сам с трудом переносил, неумеренно громкую музыку.

Прежде чем официанты принесли десерт, вновь появились музыканты и какофония звуков больно ударила по ушам. Ната решительно встала и им пришлось уйти, под недоуменными взглядами соседей по столу.

В номере было прохладно. Адам открыл стеклянную дверь на балкон, оттуда пахнуло таким теплом, что он тут же ее захлопнул.

- Герлс! Что будем делать? На улице очень, очень тепло. Внизу островные танцы под одноименный оркестр. И что делать?

- Лично я хочу спать. День был и так непростой, Наде тоже надо отдохнуть. Завтра пойдем опять к бассейну.

- Наверное, ты права. Завтра начнем день с завтрака.

Завтрак сервировали в ресторане с выходом к бассейну.

- Герлс. Смотрите что здесь есть в меню! Яйца «Бенедикт»!

- Дэди. Я не кушала яички бентит.

- Беби. Это очень вкусные яички. Тебе понравится. Идите, займите на улице стол. А я все принесу, нам кофе, а тебе сок.

- Три порции яйца «Бенедикт».

Адам налил всем апельсиновый сок и два кофе и отнес на террасу.

- Дэди, а где мое яичко бентит?

- Его еще делают. Я сейчас принесу.

Все было готово и Адам торжественно принес это на стол.

- Смотри, беби. Это яички «Бенедикт»! Внизу жареная булочка, на булочке поджаренный кружок канадского бекона, а на нем, яичко, сваренное в мешочек, но не в скорлупке.

- Дэди. Ты сказал яичко бентит, а это мешочке.

- Бэби. Это все вместе называется яйцо «Бенедикт». Такое блюдо.

- Сверху все поливается голландским соусом, это желток яичка с лимоном. Очень вкусный и теплый. Хочешь я тебе все разрежу? Это очень вкусно.

Адам разрезал все на четыре части. Густой желток разлился по тарелке из яйца «пашот» и все пропиталось этим желтком.

Надя перемазала всю мордочку, но было видно, что ей вкусно.

- Ната. Как тебе яйцо «Бенедикт»?

-Очень вкусно. Ты говорил с беконом. Но это совсем нежирная ветчина.

- Это и есть канадский бекон. Он абсолютно нежирный. Все это блюдо, собранное вместе, очень вкусное. Прекрасный завтрак.

- Дэди. А завтра можно это яичко бентит?

- Можно хоть каждый день, пока мы здесь. А если захочешь, я и дома тебе это сделаю.

Завтрак был на славу. С раннего утра погода была не такая жаркая и душная. Надя барахталась в воде и приходилось уговаривать ее сделать перерыв. Ната намазавшись средством от загара, загорала у бассейна, а Адам, наконец в свое удовольствие, проводил время с ребенком. Время летело быстро.

- Герлс. Давайте пойдем, передохнем немного в номере, а потом отправимся на ужин. Мы все мажемся от загара, но всё равно, солнца слишком много для второго дня.

В этот вечер ужин был накрыт в помещении ресторана. Посреди огромного зала, стоял большой стол весь разукрашенный тропическими цветами и фруктами. Высокую гору этого натюрморта венчал флаг страны. По краям стола стояли вазы с нарезанными ананасами, манго, папайей и прочими диковинными фруктами. Их встретил администратор, в черном костюме.

- Добрый вечер! Могу я взглянуть на вашу гостевую карту? Большое спасибо, проходите со мной.

- Простите. Мы хотели бы сесть у этого красивого стола посредине, ребенку очень нравится эта экзотическая картина.

- Безусловно! Прошу, и все это можно попробовать на десерт.

Их усадили в центе зала, и они могли не только наслаждаться видом фруктово-цветочной скульптуры, но и вкушать истонно пахучий сладкий аромат экзотических фруктов. Вышколенный официант, в белоснежной куртке, с накрахмаленной салфеткой на согнутой руке, разлил воду в фужеры и предложил напитки.

- Мне бокал красного вина, моей дочери апельсиновый сок, моя жена не пьет алкоголь, предпочитая воду.

Сверкнула очередная, дежурная белозубая улыбка и темнокожий официант в белых перчатках, ретировался.

- Вы только посмотрите на все это. Явно английская школа. Жаль, что мы этого не застали. Было бы любопытно.

Появился официант, вместе с напитками.

- Мы хотели бы взглянуть на меню, пожалуйста!

- Да, сэр!

Меню было подано в развернутом виде сначала ребенку, затем даме и наконец главе семейства.

- Нет, какова школа! Мы должны учить наших официантов, обслуживать клиентов точно так. По высшему разряду.

- Дэди. Я не могу читать. Что я кушаю?

- Адам. Ты выбери для всех. Это твоя епархия.

- Герлс! Смотрите что здесь есть! Шатобриан! Класс, берем на всех. А на закуску салат из морепродуктов. Что скажете?

- Мы согласны. А то мы столько слышали про этот шатобриан.

- Я согласна, дэди.

- Раз такое трогательное единодушие, я заказываю.

Официант возник мгновенно, едва Адам повернул голову.

- Нам большой, на троих, салат из морепродуктов и шатобриан «мидиум рер», пожалуйста с картофельным пюре и овощами.

Официант наклонил голову в знак согласия и исчез. Тут же у стола появился администратор в черном, но с белозубой улыбкой.

- Я прошу прощения у господ. Я по поводу заказа шатобриан.

- А что с ним не слава богу? Они закончились?

- Нет, конечно нет. Но ваш «мил план», это блюдо не покрывает. Это самое дорогое блюдо в меню.

- Тогда я его просто оплачу. Это решает проблему?

- Вам не надо оплачивать его полностью, просто доплатить 12 долларов.

- Превосходно. Внесите это на мой счет.

- Дэди. Нам дадут мяско? Дядя ругался?

- Все в порядке бэби. Дядя не ругался. Он спросил, как мы это любим кушать. Я ему все объяснил.

Салат из морепродуктов был превосходен. Адам выбирал для Нади большие креветки, она их очень любила. Все были довольны.

Появление шатобриана, вызвало всеобщее внимание. Его вынес, на деревянной кухонной доске, сам администратор. Официант поставил у стола, раздвижной столик, с подносом. После показа гостям, всё великолепие данного блюда, его переместили на сервировочный столик, и администратор, лично, отрезал каждый кусочек, укладывал при помощи ножа и вилки на тарелки, и официант сервировал перед гостями. Это священнодействие происходило в полной тишине, из уважения к данному блюду. Отдельно на столе появилось блюдо запеченного картофельного пюре и блюдо с овощами. Шатобриан был «мидиум рер».

- Дэди. Мяско очень скусное. Я хочу дома такую мяско.

- Ну вот. Я вырастил монстра. Конечно, бэби. Я тебе дома тоже сделаю это.

Стейк шатобриан, был превосходен. Они едва смогли доесть это втроем. Надя немного проковырялась в картофельном пюре. Все остальное унесли со стола нетронутым.

- Герлс. Я предлагаю, пока мы здесь живем, заказывать на ужин шатобриан. Наде это очень понравилось, да и нам я думаю тоже.

- Дэди. Я буду кушать эту мяску.

- Раз наша дочь будет это есть, то я тоже, за.

- Значит единогласно. А кто что хочет на десерт?

- Я, так точно ничего не в состоянии больше проглотить.

- Бэби. А ты хочешь мороженое?

- Мороженое хочу.

- Нам одно мороженое с сиропом и орешками, рюмку коньяка и тарелку с разными фруктами, с этого шикарного натюрморта.

Они засиделись за столом допоздна и объевшиеся, но счастливые едва доползли до своего номера.

Следующее утро началось, как и предыдущее, с завтрака с полюбившемся «яйцом Бенедикт». Впереди ждал бассейн.

- Герлс. У нас не так много дней здесь и бассейн никуда не уйдет.

Может пойдем погуляем по этому острову. Хоть посмотрим, что это такое. Как вам такое предложение?

- Я за. Мне это загорание у бассейна надоело. А ты дочурка за?

- Мы идем гулять? Я хочу.

- Тогда идите после завтрака в номер. Намажетесь от солнца и одевайтесь. Я пойду на ресепшен и узнаю куда здесь можно идти.

- Простите. Мы хотим пойти погулять. Куда лучше пойти и что здесь можно посмотреть?

- Вы можете сходить на местный базар. Туда все идут за сувенирами. Это прямо от отеля по дороге до моста, а когда перейдете его, поверните направо и идите по улице пока не дойдете до рынка. По дороге увидите дом, где живет наш губернатор. Вечером приходит автобус из казино и многие наши гости, едут играть. А поздно вечером их привозят обратно.

- Спасибо. Я думаю мы ограничимся рынком.

Они вышли из отеля и направились по дороге, обсаженной пальмами с густой листвой. На улице было как всегда жарко и влажно. Минут через пятнадцать они дошли до моста. Внизу блестел океан и какой-то чернокожий рыбак, сидя в лодке, вскрывал раковины и выбрасывал створки в воду.

- Привет. А что вы делаете с содержимым от раковин?

- Сдаю в рестораны и тем, кто хочет купить.

- Спасибо. Пошли дальше герлс. Больше я морепродукты не ем. Только креветки, как Надя.

Они шли по дороге и Адам уже жалел, что потащил их в такую жару гулять. Слева показался шикарный, в колониальном стиле дворец, с чугунной оградой и охраной внутри.

- Как я понимаю, здесь живет местный губернатор, а дворец достался в наследство от кровожадных англичан.

- Дэди. Почему англичане крожаные?

- Это шутка, бэби. Англичане хорошие. Но люди любят революции.

- Адам, зачем ты забиваешь ей голову. Она еще маленькая.

- Согласен. Извини, бэби. Англичане просто ушли, а другие дяди пришли. Они теперь живут здесь и работают в нашем отеле.

За разговорами они подошли к рынку. Там было достаточно пустынно и пыльно. Продавались местные сувениры, много изделий, плетенных из соломы и цветные платья и накидки.

- Ната, ты хочешь что-нибудь купить себе или Наде?

- Ну уж нет. Лучше пошли обратно, пока я не сварилась.

- Это точно. По дороге, я видел, есть «Макдональдс». Можно

зайти попить, чего-нибудь холодного и передохнуть. Вскоре они подошли к «Макдональдсу». Внутри было прохладно и сидело несколько посетителей, явно местных жителей. Они удивленно смотрели на необычных людей, залетевших в этот уголок.

- Пойдем отсюда. Они так на нас смотрят.

- Это их проблемы. Мы попьем чего-нибудь холодного, остынем, а потом пойдем. Разгуливать по такой жаре, это верх глупости. Может хватить солнечный удар.

Они едва добрели до отеля и прохладный номер был самым желанным местом, где хотелось сегодня быть.

Все последующие дни были похожи, один на другой. После обычного завтрака, они отправлялись к бассейну, где и проводили большую часть дня. Надя была счастлива и глядя на ее сияющее личико, Адам и Ната чувствовали себя счастливыми.

Вечерами, за ужином, им сервировали тоже самое блюдо, шатобриан, и они ели его с удовольствием. Адам все больше тяготился бездельем и все его мысли были о закрытом ресторане.

Наконец наступил последний день. Они съели свой неизменный завтрак, яйца «Бенедикт» и вернулись в номер за вещами. Открытый автомобиль отвез их в аэропорт и только в самолете, к Адаму пришло сожаление, что их первый совместный отпуск, закончился так быстро. Ната испытывала похожие чувства, и только Надя была по-прежнему оживлена и весела.

В последний вечер пребывания на Багамах, ужин был сервирован на улице, около бассейнов. Наступила темная южная ночь, горели цветные фонарики, развешенные повсюду. Народ бродил с тарелками вдоль столов, уставленных различными блюдами с холодной и горячей едой.

За одним из столов, повар в высоком колпаке, нарезал мясо от запеченного большого окорока.

- Дэди! Это очень вкусное мяско. Я хочу еще.

- Так иди с тарелкой и скажи: «плиз, мяску»!

- Нет. Я стесняюсь. Иди со мной.

- Ты, вся как твоя мама! Пошли, возьмем твое мяско.

Это был славный ужин, под южным звездным небом.

- Герлс! Наш следующий отпуск через год. Думайте куда поехать!

Самолет взмыл в небо и через три с половиной часа они приземлились в аэропорту Джей Эф Кей.

- Герлс, наконец-то мы дома.

Они вышли из здания аэропорта и словно опять, окунулись в атмосферу Багамских островов. Было жутко жарко и душно.

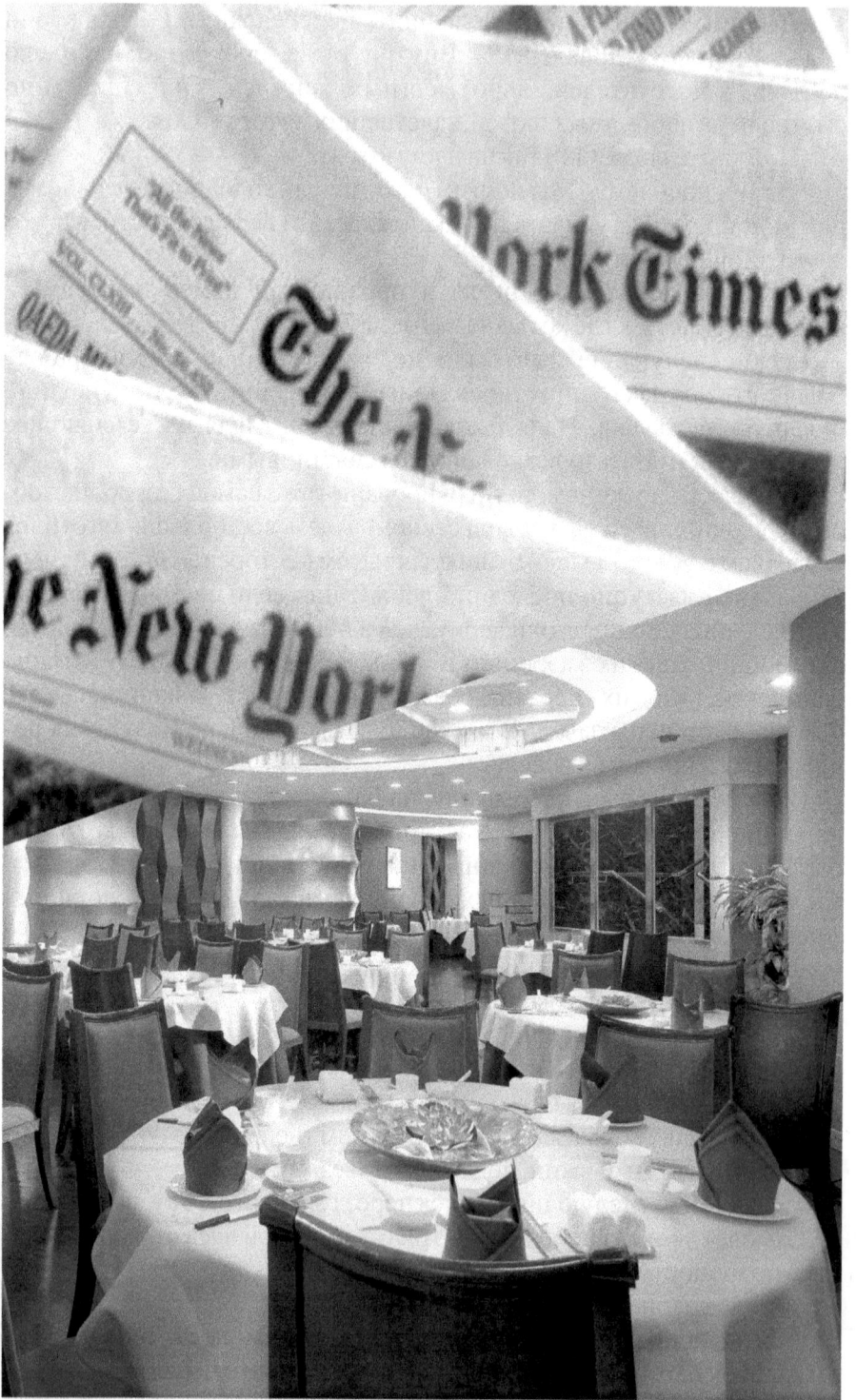

ГЛАВА VIII

НЬЮ ЙОРК ТАЙМС

Дома они не застали Васика. Вещи его были на месте, а сам он появился поздно к вечеру. Больше всех радовалась Надя.

- Васик! Я боялась. Ты не ушел? Мы привезли тебе подарок.

- Здравствуйте все. Это такая красивая раковина мне? Спасибо! Я, я помогал дяде Вите и дяде Вилли в новом кафе «Гласность».

- Вот как, они открыли новое кафе. Узнаю Царевича. Только он может это придумать. Кафе «Гласность»! И где это?

- В Гринвич Виладже. Там теперь такое тусовочное место. Много русских, которые приехали недавно. Торгуют, кто чем может.

- А чем можно там торговать? Что они привезли?

- Да всякие значки, открытки, плакаты. Один привез много янтаря.

- И что, это все продается?

- Да. И даже очень. Там много туристов и они все это покупают.

- Ната! Ты слышишь, чем торгуют? А я купил тебе в Вене, шикарные янтарные бусы, так ты не разу не одела.

- Мне такое не нравится. А твой Царевич, настоящий «комсомольский секретарь» и конъюнктурщик. Он подстраивается под время. В России, происходит настоящая революция.

- Всё дозволено. Новый генеральный секретарь, Горбачев, проводит такие реформы, о которых мы даже помыслить не могли. Там все зашаталось и вот-вот рухнет и тогда оно похоронит под собой все то, что Советская власть насаждала десятилетиями. Что там будет невозможно представить. Брежнев сделал ошибку, когда выпустил нас в 70х. Сталин держал народ за железным занавесом. Тех, кто не согласен, отправляли на стройки коммунизма, в ватных бушлатах. Остальные молчали и ждали полжизни, когда дадут квартиру от государства. Всё жизнь удалась. Когда стали выпускать евреев, это был первый подкоп под фундамент общества. У них были друзья, знакомые, единомышленники и завистники. Поползла информация, чем дальше, тем больше. Так значит там, за бугром, есть другая жизнь. Там все по-другому. Появились отказники, самиздаты и голоса пробивались сквозь глушилки. Все. Поток удержать невозможно. Даешь зарубежье! Свободы, равенства, и чего там еще? Гласности и перестройки. За что боролись? Мы тоже хотим туда. В Америку! За джинсами! За красивой жизнью!

После недельного отпуска все собрались в ресторане, отдохнувшие и веселые. На кухне было полно работы.

- Ребята! Все занимаются заготовкой. Всё нужно разморозить. Я привез овощи, мясо рыбу. Открываемся сегодня на динер, а сейчас все вместе за работу. И повара, и официанты.

Работы действительно было много. Приготовить соуса, супа. Все овощные гарниры. Адам и Васик разбирали семгу на порции, а затем и большое филе миньон. К пяти часам все было готово и официанты ушли готовить зал. Звонков было много, но учитывая сезон отпусков и жаркую погоду, меньше чем обычно.

В ресторане появился молодой парень, похожий на Васика. Он уверенно прошел на кухню, не обращая ни на кого внимания.

- Здравствуйте! Василий, привет! Не ожидал?

- Привет! Мне мама говорила, что ты собираешься. Адам – это мой старший брат Владимир.

- Здравствуйте, Адам. Я много хорошего о вас слышал.

- Привет, Владимир. Кто и что хорошего обо мне, тебе рассказал?

- Я утром был в кафе моего дяди, и он и дядя Вилли говорили про ваш ресторан. Что у вас много работы и может вы меня возьмете на работу?

- Вот откуда ноги растут. Передай им спасибо, за лестное мнение. Работа действительно есть, но сейчас, я тебя взять на работу не могу. У меня и на кухне, и в зале, как видишь полный комплект. А что же твой дядя и Вилли, не могут тебе помочь с работой?

- Я их спросил, но они сказали, что у вас работы больше.

- Владимир. Я вижу ты парень неглупый. Они просто от тебя отбоярились. Я бы, на твоем месте вернулся и сказал, тем более это правда, что здесь пока места нет. Пусть они возьмут тебя временно, а потом ты перейдешь сюда. Нет ничего более постоянного, чем временное. Они тебя возьмут, там и останешься.

- Спасибо за совет, Адам. Я сделаю как вы говорите. Василий, пойдем, проводи меня. Всем пока.

Васик вернулся на рабочее место, темнее тучи.

- Что с тобой? Ты не рад встрече с братом, он тебя обидел?

- Я вам, никогда не рассказывал про брата. Он связался с хулиганами, а потом и сам стал таким. Я был свидетелем, как однажды в драке, его порезали «розочкой». Он еле выжил.

- Что такое «розочка»? Никогда не слышал.

- Это когда бутылку разбивают, остаются такие рваные края. Он старше меня и всегда издевался надо мной. Он говорил, что надо не мышцы качать, а голову. Он сказал, что отец тоже скоро приедет. Они не оставят меня в покое.

- Успокойся Васик! Ты взрослый парень в свободной стране. Никто не заставит тебя делать то, что ты сам не захочешь.

Но Адам ошибался. Вскоре появился и старший Петухов, Юрий. Адам не видел его много лет. Молодыми, они вместе работали в Петербургском ресторане «Метрополь». Адам работал в зале, Виктор Петухов в кондитерском цеху, а брат его Юра в мясном. Это было двадцать лет назад. Перед Адамом стоял повзрослевший отец двоих молодцов, очень похожих на отца тех лет. Адам слышал, что старший открыл большое производство продуктов питания, снабжая полуфабрикатами едва не весь Петербург. Ему же принадлежал известный ресторан «Повар», на проспекте Карла Маркса.

- Юра, привет! Сколько лет и зим? Ты к нам надолго?

- Привет, Адам! А ты не меняешься. Наслышан о твоем успехе.

- Как говорят, дуракам счастье. Мне просто повезло.

- Не притворяйся. Вон братишка мой, работает с Вилли. Уж на что известные повара. А ничего у них не получилось. Открыли ресторан, профукали чужие бабки и теперь торгуют в кафе сувенирами. А у тебя, мне рассказывали, нет отбоя от посетителей. Значит не зря.

- Ну я стараюсь не уронить планку. Держу качество и сервис.

- Вот и я об этом. Значит умеешь и секрет знаешь. У меня к тебе предложение. Возьми нас всех к себе. Меня с пацанами и брата. Мы шороха здесь в Нью Йорке наведем. Все профессионалы.

- Что и говорить. Предложение лестное. Но сам видишь. Все места заняты. Куда же я все своих людей дену?

- Адам. Что ты сравниваешь? Это же просто чебурашки. А нашу поварскую династию, знает весь Питер!

- Эти «чебурашки», как ты говоришь, мною лично отобраны и выучены. Они очень преданные и уже профессиональные ребята.

- Ну смотри, Адам! Была бы честь предложена.

- Подожди. А как же твое производство и ресторан в Питере?

- Я все распродал. Времена изменились, да и пацаны мои здесь.

Они расстались очень холодно. Результатом этого разговора, оказался уход Васика, без объяснения причин.

- Ната. Ты только подумай. Я его учил, относился как к брату Нади, а он не соизволил попрощаться. Свинья неблагодарная.

- У нас теперь проблема. Кто будет сидеть вечером с Надей? Я попробую позвонить Вере. Может ей получше, и она сможет пригля-деть за нашей дочерью. А то, что Васик ушел, может и к лучшему. Только Надю жалко. Она к нему привязалась.

К счастью, Вера прошла химиотерапию и чувствовала себя лучше. Она и ее муж пообещали взять на себя заботу о Наде.

На работе никто не сожалел, об уходе Васика. Тот так и не смог подружиться ни с кем из ребят. Но вести о судьбе семьи Петуховых, не заставили себя ждать. Они нашли инвесторов с Брайтона и откры-ли ресторан в западной части Манхэттена, на Амстердам авеню. По слухам, шефом, и очень строгим, был Васик. Через пару месяцев, Адаму позвонил Юра.

- Адам, привет! Не знаю, слышал ты или нет, но мы все, брат и мои ребята, открыли на «Вест сайде», ресторан.

- Да. Мне рассказывали про вас. Поздравляю. Как Васик?

- Он нас всех достал. Адам делал так... Адам сказал этак... Отца, профессионального повара, учит как готовить.

- Значит не зря, я его учил. Он многое перенял. Удачи вам!

- Подожди. Я хочу с тобой поговорить. У тебя работы невпроворот, а у нас есть много посадочных мест. Что если нам объединиться и работать как один, ресторан, но на двух площадках? Как тебе?

- Идея неплохая, хотя и непонятно, как ее осуществить? Я поду-маю. Когда я что-нибудь решу, я вам позвоню.

- Ната, переставляешь! Звонил Юра Петухов. Да, отец Васика. Они всем семейством, подписали кого-то с Брайтона, и открыли на «Вест сайде», русский ресторан. Дела, как я понял, кислые, и он предложил мне объединиться и стать партнерами.

- Надеюсь ты еще не сошел с ума? Сейчас ты нужен, а потом, будет как с этим Васиком. За все добро, повернулся и ушел.

- Я ничего не забываю. Мне они не нужны. Там ловить нечего.

Хорошие новости не заставили себя ждать. В газете «Нью Йорк Таймс», появилась большая статья о русском ресторане «Пирог». Статья была хвалебная и наделала много шума. Телефон, словно с цепи сорвался. Только сейчас, Адам оценил, могущество и значи-мость этой газеты. Заказывали столики на месяц вперед. Волна, поднятая статьей, не утихала, несколько месяцев, но еще не один год, всплескивала по разным поводам. Работы было невпроворот. Адам отменил ланч и делал исключение, только для своего уважаемого костюмера, Энтони Куина. Он с утра практически каждый день ездил за продуктами, а его бригада, занималась заготовкой, с перерывом на обед. Ребята включали громкую музыку и стучали ножами, припля-сывая и подпевая.

Одним из первых, поздравивших Адама, с выходом статьи в «Нью Йорк Таймс», был, как всегда, Вилли. В голосе слышалось явное недоумение.

- Я тебя конечно поздравляю. Что у тебя там такое есть, что они все пишут. Я хочу как-нибудь подъехать и посмотреть.

- Приезжай, только не сейчас. Ни места, ни времени трындеть по телефону просто нет. Как-то дружок твой, Юра, звонил. Как у них дела?

- Закрылись. Старшие уехали в Россию, а младшие здесь, иногда заходят. Сняли большую квартиру на Парк авеню. Теперь это тусовочное место для приезжающих россиян. Проводят в центре города какие-то выставки художников. Крутятся. Делают «бабки» из воздуха.

- Братья нашли себя. Виктор с тобой проработал здесь пять лет, а теперь вернулся в Россию. Здесь ему было неуютно. Ну пока. Будешь в наших краях, заходи.

Работы действительно было много. Время пролетало незаметно. Адам вставал рано и убегал на работу, а возвращался уже когда все спали. Он переживал, что совсем не видит ребенка и дочь растет без его участия. Появились деньги и Адам решил, что пришла пора, перевести семью в более комфортабельное жилье. Он пересмотрел множество объявлений в газете и выбрал то, что было неподалеку от прежнего, но явно другого уровня.

Это было 34-х этажное здание на Йорк авеню. Здание занимало целый квартал, с подземным гаражом и фонтаном перед входом. Дверь охранял швейцар в красивой униформе. В офисе Адама попросили заполнить апликейшен, и узнав, что это хозяин известного в округе ресторана, утвердили без дальнейших формальностей. Адам получил ключи от квартиры на 20-ом этаже.

- Ната. У меня есть сюрприз для вас.

- Что опять, Адам? Я боюсь, этих твоих сюрпризов.

- Это ты всегда чего-нибудь боишься. Сюрприз хороший.

- Ну говори уже. Не томи душу.

- Мы переезжаем на новую квартиру. Ключи у меня на руках. Это шикарная квартира на 20-ом этаже, с великолепным видом на город.

- И когда мы переезжаем? Нельзя было сказать заранее?

- Я не был уверен, что нас пропустят в этот дом. Там очень серьезный отбор. Но когда они увидели место моей работы, сразу дали добро. Я привезу много коробок и как только ты соберешься, мы с ребятами придем и все перевезем.

Через два дня, Адам, возглавлявший свою бригаду работников,

перевезли всё в новый дом. Действительно вид с окна 20-го этажа на Манхеттен был великолепным. Но самое главное, потрясающее зрелище, они увидели, когда поднялись на 34-й этаж. Вид на ночной город, был феноменальный. Вдобавок, на крыше был разбит сад и можно было позагорать в шезлонге. Поздно вечером, когда город, заливало морем огней, казалось, что они плывут на каком-то сказочном лайнере по световому океану. В квартире была одна большая комната, которую Адам перегородил большим шкафом и за ним была Надина комната. Адам и Ната устроились в отдельной спальне. Домом занималась большая бригада обслуги. Там были сантехники, электрики, уборщики и швейцары. Управлял этой большую группой тот, которого в Америке называли суперинтендант. Ковры в коридорах чистились ежедневно. Центральные и боковые входы охраняли швейцары. На каждом этаже было окно мусоропровода, содержавшегося в идеальной чистоте, так что было неудобно бросить что-то пачкающееся. Дом больше походил на первоклассный отель, чем на обычное жилище. Больше всех новой квартире радовалась Надя. Приближался ее день рождения, и родители обдумывали, что ей подарить. Как праздновать день ее рождения, была установившаяся традиция, а вот с подарком была проблема. Она уже становилась старше и какие-то игрушки ей становились не интересны. Адам и Ната подарили ей однажды двух красивых попугайчиков в клетке. Они громко кричали, щелкали и разбрасывали по всей комнате семечки и вдобавок гадили, норовя попасть мимо клетки. От этих попугаев, так все устали, что Ната уговорила Веру, забрать их себе. Идея подарить Наде котенка появилась у Наты. Адам был решительно против.

- Кто будет убирать за животным. Мало тебе было попугайчиков? Я убирать не буду. Надя тоже. Хотя бы в силу своего возраста. Остаешься ты. Будешь убирать и заботиться? Тогда я за.

- Я буду убирать, хотя у меня никогда не было животных.

Неподалеку от дома где они жили, находилось учреждение с аббревиатурой «АСПСА». Переводилось это, как общество борьбы с бездомными животными. На деле оно занималось помощью бездомным животным и поисками нового дома, для тех, кто отказался от них, по тем или иным причинам. Подчинялась эта организация городу. Имело свою униформу и ее автомобили немедленно выезжали по вызову, спасать брошенное или заболевшей животное, а также по жалобам, связанными с грубым обращением или насилием над животными. У него было масса волонтеров и добровольцев. Туда можно было отдать животное если вы не могли больше о нем заботиться, а также, абсолютно бесплатно, выбрать кошку или собаку, со всеми положенными прививками. Можно было выбрать понравившееся, из содержавшихся в многочисленных клетках, животных.

- Адам, смотри какой прелестный маленький серенький котенок!

- Он очень уж маленький. И почему серый? А нельзя что-то покрасивее. Смотри, есть разноцветные, рыжие, черные. А может лучше собачку. Не будет гадить в квартире. Но с ней надо гулять.

- Нет, я хочу котенка. И обязательно вот этого, серенького.

- Скажите. Моя жена хочет вот этого серенького котенка. А у него есть все прививки? Он уже кастрированный.

- Прививки есть все. Что касается кастрации, то он слишком мал. Принесите нам его через 3-4 месяца. Оставьте у нас на ночь, а утром уже сможете забрать. Он побудет в нашем госпитале. Если вы хотите его забрать, ознакомьтесь с правилами и заполните апликейшен. Если все нормально, вы сможете его забрать.

- Простите. А что может быть ненормального? Вы о нас?

- Люди бывают всякие. Бывают случаи, берут для опытов.

- О, Господи! Нет, мы хотим подарок дочери на день рождения.

Они получили котенка в специальной картонной коробке, и он жалобно попискивал по дороге домой. Ната вытащила котенка из коробки и пристроила у себя на груди. Он благодарно затих, и они благополучно донесли его, до дверей квартиры. Там он снова был помещен в коробочку и потихоньку внесен внутрь квартиры

- Беби! У нас есть подарок для тебя, хочешь посмотреть?

- Очень хочу! Это мне? В коробочке! Ой, там что-то пищит! Ой – это киська. Это моя? Я хочу такую киську! А как её зовут?

- Мы подумали, что ты сама захочешь её назвать. Что скажешь?

- Я хочу звать её киська!

- Нет, беби. У неё должно быть имя. Как у тебя. Как у нас. Вы, герлс подумайте, а я побежал на работу. Потом мне расскажите. Это тебе подарок на день рождения. Хэппи бёрздэй то ю!

Ночью, Адам осторожно вошел в квартиру, боясь нечаянно наступить на котенка. Тот, свернувшись калачиком, спал в ногах у Нади. Наутро, Адам попытался выяснить как назвали котенка.

- Мама сказала, Музилка!

- Нет, бэби. Не Музилка, а Мурзилка!

- Музилка! Упрямо повторила Надя.

- Ладно герлс. Вы сами тут разбирайтесь. Я за любое имя.

Всю холодную зиму, ресторан работал на полную мощность. Несмотря на некоторую не комфортность в первой половине зала, когда двери открывались, в зал залетал холодный воздух с улицы, народ не роптал, но прикрывал руками тарелки. Адам искал какой-нибудь тепловой вентилятор, чтобы поместить его в тамбур, между двумя дверями. Наружные двери всегда напоминали ему, что произошло, в самом начале перехода из пиццерии в ресторан. Днем появился незнакомый человек, который открыв наружную дверь, производил какие-то замеры.

- Могу я узнать, что вы здесь меряете? И вообще кто вы такой?

- Я из департамента билдингов, ваша дверь открывается на 4 инча дальше на тротуар, чем это положено по нормам.

- Что вы говорите? Невозможно поверить. На целых 4 инча. Это ужасно. Скажите, а мне то какое дело до этого всего?

- Вы арендатор. И это ваша обязанность, исправлять нарушения. Я вам оставлю предписание, а вы в месячный срок, обязаны это устранить. Затем позвоните нам, мы произведем проверку.

- Во-первых это не моя дверь, а хозяина билдинга, во-вторых 4 инча, кажутся мне настолько смехотворным, что я ничего делать не буду. Вы займитесь чем-нибудь посерьезнее, а не морочьте голову людям, которые пытаются заработать на семью.

Адам был взбешен и наговорил инспектору, много неприятных слов. Он продолжал кипеть и дальше, даже когда тот ушел.

- Кретин! Перевесьте дверь. Это металлическая рама из алюминия. Надо переделывать весь фасад. Денег и так нет. Это может стоить бог знает сколько. Эта дверь висела много лет. Приперся. Не иначе, опять этот урод, Смердяков, настучал. Ничего делать я не буду. Это не моя дверь.

Адам был всё ещё новичком в этой стране, и не понимал, как эта система работает. Он получал еще пару раз письма из департамента билдингов, но просто выбрасывал их в корзину.

Прошло много времени, Адам и думать забыл об этом инциденте, как вдруг письмо, полученное по почте, оказалось вызовом в суд. Неявка грозила огромным штрафом или арестом. Суд находился в «даун тауне», где располагались все официальные учреждения города. Спросить, что делать, было не у кого, денег нанять адвоката тоже и Адам отправился в суд, с неприятным ощущением страха, за судьбу бизнеса и семьи.

Он предъявил повестку при входе и был отправлен в кабинет, где его встретила дама, представившаяся адвокатом- консулом. Адам обрадовался, что есть человек, который сможет ему помочь.

- Вы в курсе в чем вас обвиняют?

- Нет конечно. Я ничего не нарушал. Никого не грабил или убивал.

- На вас подал в суд департамент билдингов, за невыполнение

решения инспектора по устранению нарушения, связанного с правилами и инструкциями данного департамента.

- Но это не мой билдинг. Я просто арендатор и дверь висела, бог знает сколько лет. Я вообще тут не причем.

- Суд не будет разбираться, чья это ответственность. Это между вами и владельцем здания. Почитайте свой контракт. Я уверена, что на вас возлагается полная ответственность, за состояние внешнего вида арендованного помещения. Для суда, вы нарушили правила, установленные одним из городских департаментов и вам, грозит наказание в виде штрафа в размере 5.000 долларов, а при невыполнении решения суда, еще и уголовная ответственность, в виде лишения свободы. Но вы не волнуйтесь. До этого не дойдет.

- Как это не волнуйтесь? У меня семья, маленький ребенок.

- Слушайте меня и все будет нормально. Я отведу вас в зал заседаний. Ждите пока назовут вашу фамилию. Подойдете к стойке судьи, слушайте что вам говорят и точно выполняйте все инструкции. Я зачитаю судье ваш случай, и он вынесет решение. Ни в коем случае не спорьте с судьей. Вам все понятно?

- Надеюсь, что да. Я очень переживаю и волнуюсь.

- Возьмите себя в руки. Не спорьте с судьей и не волнуйтесь, все будет хорошо.

Адам следовал за адвокатом- консулом и молился, чтоб не случилось ничего ужасного. Они вошли в большой зал суда. Адаму указали на одно из свободных мест. Вокруг, как в большом зрительном зале сидело множество народа. На возвышении находилась стойка, со столом для судьи. Высокий холеный человек, в черной мантии, что-то говорил, изредка стучал деревянным молотком, перед собой. Ниже возле возвышения, находилось огороженное пространство, где сидела женщина, что-то печатающая на специальной машинке и клерк суда, который приводил вызываемых к присяге. Все шло быстро и четко. Народу было очень много, и вероятно, это были различные нарушители.

Назвали фамилию Адама, и он подошел к барьеру судьи.

- Назовите громко суду, свою фамилию и имя.

- Гардов Адам.

- Поднимите правую руку. Клянитесь отвечать суду правду и только правду.

- Клянусь!

Судья - В чем он обвиняется?

- Ваша честь! Он обвиняется в нарушении следующих параграфов департамента билдингов… и невыполнении решений, вынесенных департаментом по этим нарушениям.

Судья - Что вы предлагаете?

- Обязать виновного исправить нарушения в срок 30 дней и оплатить штраф в размере 300 долларов.

Судья - Ответчик. Вам понятно в чем суть обвинения?

- Да, Ваша Честь! Но за что штраф? Это вообще не моя дверь.

В зале наступила мертвая тишина. Все глаза устремились на нарушителя. Он почувствовал, что что-то сделал не так. Судья в первый раз поднял голову и с интересом взглянул на Адама.

Судья - Ну хорошо. 175 долларов, и на этом все!

- Спасибо, Ваша Честь!

По дороге из зала суда в офис, адвокат-консул, не переставляла удивляться нахальству Адама.

- Все могло кончиться и по-другому, вы это понимаете?

- А вы на чьей стороне? Читали обвинение и предлагали такой большой штраф. Я же ни в чем не виноват?

- Во-первых, я работаю в суде и готовлю решения для судьи, во-вторых, вы обязаны это решение выполнить и прислать мне копию из билдинг департамента, о том, что они проверили исполнение решения суда и только после этого, ваше дело будет закрыто.

Адам возвращался на работу, кляня себя за глупость, а вернее за непонимание элементарных законов, существующих в Америке. Теперь он не только должен исправить эту треклятую дверь, но и заплатить штраф. Да еще надо было попасть в суд.

Лишних денег не было, и Адам ломал голову, каким образом исправить эту чертову дверь. Неисполнение решения суда грозило неизмеримыми бедами. Счастливый случай, или провидение пришло на помощь. На другой стороне улицы, открывалось отделение банка, и какой-то человек устанавливал новые металлические двери и окна. Адам подошел к нему.

- Простите. Я работаю на другой стороне улицы. Видите, рекламу, ресторан «Пирог»? Можно там перевесить дверь? Департамент билдингов написал в предписании, что дверь открывается на 4 инча дальше, чем положено. Я обязан это выполнить.

- У меня сейчас много работы. Когда здесь закончу, я подойду.

Адам следил за ним через окно, боясь, что тот забудет или передумает. Он пробовал звонить в организации, которые занимаются подобными работами, но там называли такие цифры, что всякое желание в дальнейшем общении, исчезало. Мастер пришел на следующий день. Он осмотрел дверь.

- Для того, чтоб перевесить дверь, нужно менять всю раму. Я вам посоветую, перевесить дверь внутрь. Смотрите у вас там есть внутренняя рама. Очевидно, раньше здесь стояли две двери и был тамбур, для зимнего времени. Я могу вам перевесить дверь внутрь. Там надо только поправить крепеж. Это будет стоить 300 долларов.

- Вы мой спаситель! Конечно, я согласен.

Дверь перевесили на внутреннюю раму. Адам вызвал инспектора из департамента зданий и получил заключение, подтверждавшее выполнение указаний. Не доверяя почте, он отвез это в суд. Дело было закрыто.

В здании находился подвал, в котором были установлены компрессоры от холодильников и во время одного из посещений подвала, Адам обнаружил вторую дверь, хранившуюся в подвале за ненадобностью. Наступила зима, и Адам понял, что без второй двери, этой зимы, ему не пережить. Он с ребятами перетащили тяжеленую металлическую дверь наверх и установили на то место, с которого до этого, дверь сняли. Получился уютный, теплый тамбур. Оставалось дождаться нового посещения инспектора, департамента билдингов. Но он больше никогда не появился. Справедливость восторжествовала.

Народу в ресторане было много. Когда очередная смена, выходила, а новая заходила, вежливые посетители придерживали обе двери и холод наполнял все помещение. Люди, сидевшие в первой половине, справедливо роптали на отсутствие уюта. Адам, предложил запирать двери изнутри, когда очередная партия рассаживалась, но с улицы постоянно заходили "несознательные люди", желающие поесть, но не имеющие предварительной записи на столик. Если дверь была закрыта, они, не понимая, что происходит, стучали и приходилось выходить и извиняться.

Адам приобрел электрический «тепловой занавес». Он висел внутри над дверью и при включении, жутко гудел и гнал волну горячащего воздуха. Все это было очень неуютно и только большой любовью к русской кулинарии, можно было объяснить, многотерпение, ужинающего народа.

ГЛАВА IX

ПАНКЕЙК ХАУЗ

В один из дней, днем в ресторане появилась молодая пара. В мужчине Адам признал Сашу, неудачно пытавшегося устроиться сюда на работу. Молодая женщина, очень высокая, с огромной прической из кудрявых волос, производила ошеломляющее впечатление. Она была безусловно красива, с тонкой стройной фигурой и высокой грудью, но что-то было пугающее во всем ее облике. Она воспринималась как хищное, большое животное, готовое к прыжку. Резкие черты лица, походка и манеры вызывали оторопь. В громком голосе слышались сдерживаемые раскаты. Адам с опаской приблизился к этой паре.

- Привет Саша! Мы днем сейчас не работаем.
- Здравствуйте Адам. Я в курсе. Познакомьтесь моя жена, Ирен!
- Очень приятно! Адам.
- Мне тоже. Алекс мне много рассказывал про вас.
- Да я ей говорил про ресторан, и мы читали о вас в газетах. Я сейчас работаю в русском ресторане на Лонг Айленде. Его открыл один русский ресторатор из Москвы.
- Вот как! Очень интересно. Расскажи, как там дела.
- Хозяин, очень известный в Москве ресторатор. У него был ресторан на Беговой и где-то еще один. Он был из первых и народ ломился. Ресторан был построен в виде цирка, под куполом крутились разные акробаты, выступали клоуны. Люди летали на канатах. Оркестр лупасил со всех сил. Все говорили: «Вот это ресторан». Он заработал очень много денег.
- Ясно. Ну это в Москве. А здесь как у него успехи?
- Да никак. Американцам это не нравится. Да и кухня тоже никакая. Я ему предлагал связаться с вами. Может что-то совместное сделать. Он, кстати был у вас. Но ему не понравилось. Он сказал, что это не ресторан. Так, маленькая кафешка. Он сначала набрал всех официантов русских. Потом он решил, что это из-за них нет работы и всех, кроме меня, уволил. Но работы так и нет.

- На Лонг Айленд, работать непросто. Это аристократический пригород Нью Йорка. Там живут богатые люди. Большинство едет на работу в Манхеттен. Есть работа в уикенд.

- Точно! А у нас и в выходные мало работы. Я хочу перейти к вам.

- Оставь свой телефон. Мой русский паренек, собирается идти учиться. Если он уйдет, я тебе позвоню.

Когда они ушли, Луис, который смотрел на Сашину жену с удивлением и некоторой опаской, покачал головой и сказал:

«Мухерита Грандота! Пелигросса!»

- Луис. То, что женщина большая, понятно. А почему опасна?

- Она как пантера. Страшно.

Адам не стал спорить, но что-то в словах Луиса было.

Гена, который работал официантом, последнее время, действительно, по настоянию родителей, собрался идти учиться. Родители не одобряли его работу в ресторане.

Адам позвонил Саше и тот пополнил дружный коллектив, своей неординарной, фактурной внешностью.

Работы было много. Адам пропадал в ресторане с утра до вечера и начал понемногу тяготиться ежедневной рутиной. Его беспокойная натура, требовала движения вперед, а работа в ресторане не предполагала каких-то взлетов. Накопились какие-то деньги и это тоже требовало какого-то выхода. Бригада работала слажено и можно было перестать проверять всё и вся, ежесекундно справляясь, как идет подготовка к вечерней работе.

Все было стабильно, для Адама чересчур стабильно. Появилось свободное время с утра. Все это требовало какого-то выхода. Чего-то ещё, неизведанного.

- Ната. Я хочу с тобой поговорить.

- Когда ты так начинаешь, я уже боюсь слушать. Очередная идея?

- Ты сначала послушай, а потом будем вместе бояться. Я не хочу ничего ломать или менять. Просто появилась возможность попробовать что-то ещё. Глупо не использовать шанс, когда всё складывается. Я свободен утром и могу что-то ещё делать.

- Адам. Ну почему просто не пожить. Ещё недавно, всё было на грани. Только-только, мы вздохнули свободно. Съездили в отпуск, перестали думать, чем завтра платить за квартиру. Всё налаживается. Нет, ты опять за своё. Хочешь всем рискнуть?

- В том то и дело. Я не хочу ничем рисковать. Ресторан как работал, так и будет работать. А что если мы откроем ещё какой-нибудь бизнес? Пойдет хорошо. Не пойдет, закроем.

- Но ты сам говорил, все стоит денег! Новый бизнес разве не стоит ничего?

- К сожалению, ещё никто не придумал, как открыть бизнес, ничего в него не вкладывая. Но если ничего не пробовать, ничего не будет. Сидеть в этом ресторане до глубокой старости, бессмысленно. Открыть большой, серьезный ресторан, нужны очень большие деньги. Это значит взять партнера. Я уже этими партнерами сыт по горло. Хочу обойтись без них, пока смогу.

- Адам. Я просто боюсь. Мы живем в хорошей дорогой квартире, Надя пойдет в сентябре в школу. Мы можем пожить, хотя бы немного, в спокойной стабильной обстановке?

- Я за. Обеими руками. Но запас прочности у нас ничтожно мал. Все завязано на том, что пока я работаю, всё хорошо. А если я заболел? Что тогда? Я хочу найти бизнес, который работает сам, при определенном контроле и возможности управлять извне. Рискнуть небольшими деньгами, если не повезет, ну таки плохо.

- Ты уже решил, чем ты хочешь заняться?

- Пока я обдумываю. Мне нравится идея блинной, ну помнишь, как мы видели в Монреале? Французы называют это, крэпс. Такие большие тонкие блины, с разными начинками. В Нью Йорке почему-то этого нет. Не думаю, что никто не пробовал сделать это.

- А может такое быть, что кто-то пробовал? Может это будет повторение «дип-диш» пиццы? Мне даже подумать страшно.

- Вот и я этого боюсь. Это очень специфическая еда, и для неё нужна специфическая атмосфера. Где-то на карнавале или что-то подобное. Я не могу ничего открывать далеко от ресторана. Мало ли что может случиться. Глупее всего искать место по признаку удобства, а не по логике бизнеса, но таковы обстоятельства. Всё это не завтра. Я должен все серьёзно обдумать.

Адам продолжал об этом думать, постоянно пробуя что-то приготовить на кухне. Он все больше склонялся к мысли, открыть то, что любят американцы. То к чему они привыкли. Однажды он угадал, открыв «жареную курицу», вот и сейчас он искал нечто аналогичное, что привлечет народ сразу. По всей стране существовала сеть питания, называвшаяся «айхоп». Это была аббревиатура слов, интернациональный дом оладий. Оригинальные деревянные домики, с большими парковками, располагались по всей стране. По этому принципу строились все большие сети быстрого питания в Америке. Бесспорный флагман американского фаст фуда, «Макдональдс», «КФС» - жареная курица, «Данкин Донатс», продающий огромный ассортимент различных пончиков, и множество других фаст фудов, предлагающих свой концепт, «Айхоп», предлагал завтрак, но работал круглосуточно, продавая и гамбургеры, и жаренную картошку. Но безусловно, его главный козырь, были большие, толстые, с различными припеками, оладьи. Король меню, «завтрак лесоруба», включал: стопку толстых больших оладий, с куском сливочного масла наверху, выпеченных с голубикой или клюквой, жареные итальянские сосиски или две полоски поджаренного бекона, яйцо в любом виде, и все это заливалось кленовым сиропом. У человека непривычного, все это вызывало некоторую оторопь, но тот, кто пробовал, подсаживаться на это супер калорийное блюдо навсегда. Американцы исходили из того, что завтрак должен быть непременно калорийным, поскольку предстоял большой и нелегкий рабочий день. Большая чашка кофе с молоком, должна непременно быть во время завтрака.

Адаму, как и многим россиянам, привыкшим на завтрак к чаю или черному кофе, бутерброду с колбасой или пирожному, казался такой завтрак варварством. После такого обильного завтрака хочется спать, а не бежать быстро на работу. Адам понимал, что все стереотипы о том, что правильно, а что нет здесь не работают.

Исходить надо из того, что будет нравиться американцам. Кто платит, тот и заказывает музыку. Несправедливо, но это так.

- Ната. Помнишь месяц назад, мы говорили о новом бизнесе?

- Я надеялась, что ты передумал, но вижу, что зря.

- Слушай. Я об этом думаю постоянно. Помнишь мы пару раз ездили завтракать в «Айхоп»? Тебе там понравилось.

- Да. Было очень вкусно. Но это невозможно все съесть.

- Это для тебя. А народ поедал, и даже очень с удовольствием.

- Ты хочешь делать такие панкейки? Но это же только завтрак.

- Молодец. Ты ухватила суть проблемы. Панкейки, как их называют американцы, родственники наших российских оладий.

Американцы делают свои на питьевой соде, а оладьи на кислом молоке или дрожжах. И те, и другие делают с припеком. В России добавляют кусочки яблока или изюма, а в Америке кранбери, такая крупная брусника или голубику.

- Да, я помню. Мама делала оладушки, очень вкусные.

- Да, именно оладушки, да еще со сметаной. Но американцы, так есть не будут. Им подавай то, к чему они привыкли. Значит жареные сосиски, бекон, яйца и кленовый сироп. Это все просто. А что делать на ланч? Что готовить вечером? Это реальная проблема. Можно, конечно готовить гамбургеры, но это неинтересно. Я думаю если нам объединить все в одну кучу, ну хотя бы для начала. Американские панкейки, со всеми начинками, русские оладьи с припеком, русские блины с икрой и семгой и французские «крэпс», то есть просто блинчики с разными фаршами и начинками. Вот такое месиво и посмотреть, что будет пользоваться наибольшим спросом у посетителей.

- Мне это напоминает нашу пиццерию. Помнишь, ты сам рассказывал, что вы предлагали всякие разные варианты, а закончили обычной большой пиццей. Мне очень страшно.

- За одного битого, двух небитых дают. Тогда было поставлено на карту все. Сейчас это будет некий эксперимент, который не подставит нас под удар. Потеряем немного денег. Жаль, но не смертельно. Но я уверен, завтрак мы сможем поднять. Придется спать поменьше, но я смогу выспаться, когда уйду на пенсию.

- Адам. Ты сумасшедший и до пенсии не доживешь. И я с тобой.

- Старая поговорка. Кто не рискует, тот не пьет шампанское. Но риск должен быть разумным.

Адам продолжал вынашивать свою новую идею и параллельно искать место, куда можно было войти, с небольшими вложениями. Место, где раньше располагалась «пита», было свободно. Там кто-то открыл пиццерию, но после непродолжительных усилий, посоревноваться с давно утвердившейся «Франжеликой», быстро закрыл. Адам хорошо знал это место. Он часто заходил к Ави и был в курсе всех перипетий, связанных со строительством. Там был газ, достаточно электричества. Были все разрешения от департамента здоровья. Да и строить ничего не было нужно. Он позвонил Дэвиду, своему прежнему лендлорду по предприятию «фрайд чикен»

- Адам. Я рад вас слышать. Поздравляю с успехом в ресторанном бизнесе. Решили открыть еще один бизнес? Для вас, нет проблем.

- Спасибо, Дэвид. Я подъеду к вам в офис, и мы все обсудим.

Адам получил ключи, и они обговорили условия аренды.

- Будете соревноваться со своим прежним предприятием? Вы же дверь в дверь с ними. Я слышал, что они неплохо торгуют.

- Так и есть. Я не хочу с ними соревноваться. Это другой концепт.

- Желаю удачи. Вы хороший бизнесмен. У вас всё получится.

Внутри было всё, как при Ави. Небольшая кухня, с большим холодильником, просторный торговый зал. Требовался небольшой косметический ремонт, и кое-что из оборудования. На Бауэри Адам присмотрел то, что американцы называли «гридл». Это была по сути огромная сковорода. Широкая прямоугольная, полированная до блеска, ровная поверхность. Она могла нагреваться от газа или электричества и на ней можно было жарить, одновременно, множество разных вещей. Впоследствии он оценил реальную ценность этого приобретения. Оставалось выработать окончательное меню и можно было открываться.

Все последнее время Адам, со своими поварами, отрабатывали блюда, которые должны были войти в меню нового предприятия. Русские дрожжевые блины и тонкие блинчики, выпекались всегда, поскольку входили в меню ресторана. Все остальное отрабатывалось в свободное время. Адам решил забрать в новое предприятие, Маленького Дядю и взял еще одного экваторианца, на обучение, на кухню. Его звали Наполеон. В Эквадоре было принято давать детям звучные имена. Ребята прозвали его Лоро, за характерную внешность и манеру говорить. Он был славный парень и не обижался на свое прозвище. Лоро означало, попугай. Оно звучало не обидно, он даже гордился этим.

- Адам, ты уже решил, как назвать новое предприятие.
- Может спросить у Нади? У неё здорово получается. Бэби, иди сюда. Мы с мамой думаем, как назвать наш новый ресторанчик. Ты же будешь туда приходить кушать?
- Дэди. А что я буду там кушать?
- Ну там яички, блины, блинчики и оладушки.
- Я люблю разные панкейки с яичками.
- Вот и ответ на наш вопрос. Панкейки. А лучше «ПАНКЕЙК'С ВОРЛД». Что по-русски означает, блинный мир. Ната, как тебе?
- По-английски звучит неплохо, а по-русски, смешно.
- Быть по сему. Мы же в Нью Йорке открываем, а не в Москве. Помоги мне с утра, поначалу. Я и Маленький Дядя, будем на кухне, а ты поможешь в зале. Я ещё возьму ещё человека, помогать на кухне. Агентство прислала парня по имени Вильям.
- А что делать с Надей. Оставить её одну дома?
- Она уже большая девочка. Посидит дома одна пару часов.

Наступил день «гранд опенинг»! Всё было готово и все ждали первого покупателя. Им оказался щуплый молодой парень в очках. Он долго рассматривал световую рекламу с меню:

«Мне панкейки, яйцо, овер изи, бекон и кофе».

На кухне возникла паника. Никто не знал, что это «яйцо овер изи».

- Простите. Как вы хотите яйцо? Мы не поняли.
- Я хочу «овер изи». Жарите сначала на одной стороне, потом переворачиваете аккуратно, чтоб не разбить желток и все.

Ната пробила покупателю заказ и отправила к стенду самообслуживания, с кофе, молоком, сливками и сахаром.

Пока тот наливал себе кофе в бумажный стаканчик, на кухне

жарили уже третье яйцо. Наконец все получилось и в зал, торжественно, на подносе была выдана горка американских панкейков, с кусочком сливочного масла, поджаренными кусочками бекона и яйцом, где белок был прожарен, а желток ещё жидким. Следующий заказ яйца, «овер нард», вообще не представлял проблемы. Адам вылил яйцо на гридл, дал схватиться белку, перевернул его и проткнул яйцо широкой лопаткой. Народ шел и всем подавай яйца. «Скрамблд», Адам по наитию, просто перемешал на гридле. Получилась такая полужидка кашица.

«Сани сайд» - это даже дураку понятно. Просто яичница-глазунья. Был еще один вредный тип, которому понадобилось «почт эг», но это было просто. Адам дома делал это для Нади, которая полюбила яйца «Бенедикт». Адам, раскрутил ложкой кипящую воду, с небольшой частью уксуса и осторожно разбил яйцо. Через минуту белок окружил желток, и осторожно вытащенный из воды, продолжал оставаться густым, но не вареным. Адам со страхом ожидал еще какие-нибудь варианты на тему яйца, но они вроде исчерпывались уже перечисленными. Адама ругали все.

- Как ты мог открывать завтрак, не зная какие варианты яиц есть?

Он не спорил, понимая свою вину. Он сам себя ругал за глупость. Кто мог знать, что американцы такие привередливые? В России яйца делали «всмятку» и глазунью. А тут черт те что. Слава богу, что все обошлось. «овер изи» это та же «всмятку», но не вареная, а жаренная. Хорошо, что я купил «гридл». Он просто спас нас.

На нем можно было делать одновременно все. И быстро.

Завтрак закончился и можно было перевести дух и поесть самим. Напряжение спало и Адам готовил всем завтрак, по заказу! Ланч оказался очень слабеньким. Люди забегали, смотрели меню и уходили. Явно требовалось что-то, что едят на ланч.

- Все ребята! Народ не заставишь. Начнем делать гамбургеры.

Адам приобрел небольшую фритюрницу для жареной картошки и тепловую лампу, для хранения в горячем состоянии. Гамбургеры жарили на гридле. Адам добавил в меню салат и дело пошло веселее. Это не шло ни в какое сравнение с ланчем в соседнем заведении, «жареная курица», но принесло стабильный доход.

В целом, Адам был разочарован результатами эксперимента. Не этого он хотел, но понял только сейчас. Это оказался достаточно трудоемкий и мало управляемый процесс. Всё зависело от повара. Стоило ему сделать небольшую ошибку, и весь результат шел насмарку. Процесс нельзя было автоматизировать, или поставить на поток. Все слишком индивидуально и не стабильно.

Все эти соображения, Адам выкладывал Нате.

- Понимаешь, почему это мне не нравится? Я хочу все готовить в определенном месте, а затем полуфабрикаты развозить по предприятиям. На месте, не нужны талантливые повара, а просто есть инструкция, как разогреть или выпечь блюдо. Конечно все можно испортить или сжечь, но это надо постараться. Есть инструкция: поставил в печь при определенной температуре, выставил время и все. Звонок прозвенел, вынимай из печи и перенеси на тепловой стол. Дальше отпускай по порциям. За все отвечает фабрика. Или как здесь называют «комиссари китчен». Кухня, где всё готовят. Стабильный вес, стабильное качество и внешний вид.

- И что ты собираешься теперь делать с этим?

- Продам! Да и дело с концом. Идея неплохая, но не для меня.

Они разговаривали стоя за стойкой бара и не видели, как напряженно их подслушивал Саша Птица.

- Извините, Адам. Я нечаянно услышал, что вы собираетесь продать «ПАНКЕЙК ВОРЛД». А сколько вы хотите за него?

- Я только думаю над этим. А у тебя есть деньги купить?

- Вы знаете мою жену Ирен. Она марокканка, но жила в Израиле. У неё есть богатый друг, адвокат, тоже из Израиля. Они как-то говорили о том, чтоб купить мне небольшой бизнес, и он готов дать нам денег в долг. А какую сумму вы хотите за бизнес?

- Я не думал всерьез. Ну где-то, на сегодня, тысяч 35-40.

- Я поговорю сегодня с Ирен, и потом вам расскажу.

Судя по всему, Ирен эта идея понравилась. Она пообщалась со своим другом, и они все вместе пришли посмотреть, что это за предприятие и сколько оно торгует. Говорили они на иврите, но судя по всему, им понравилось.

- Адам. Ирен и ее другу всё понравилось, но они просят понизить сумму до 30 тысяч. Адвокат готов, мне дать денег в рассрочку.

- Чего-то я не догоняю! С какой стати, ему давать тебе деньги?

Ты ему никто, и звать никак. 30 тысяч, не сумасшедшие деньги, тем более для адвоката, но никто такими суммами не бросается.

- Он очень богат. Делает это не для меня, а для Ирен. А потом я видел, что он нюхал «кок». У него на работе.

- Так что? Ты его шантажируешь?

- Нет. Но я думаю, он хочет меня задобрить.

- Саша. Вся эта история не очень хорошо пахнет. Правда, это не мое дело. Он хочет дать тебе денег, пусть даёт. Но как ты будешь работать? Ты не повар и, честно говоря, с ленцой. А там надо пахать. Вставать очень рано. Основной бизнес – это завтрак.

- Адам. Я это понимаю. Я здесь на Брайтоне познакомился с одним парнем. Мы работали вместе, в ресторане «Националь», официантами. Он, как и вы из Питера. Очень толковый, но без денег. Я его возьму напарником. Он потом со мной рассчитается.

- Ну хорошо. Приведи его. Посмотрим, что он может.

Компаньон Саши оказался высоким, среднего возраста человеком, со спокойными манерами и достаточно дружелюбным.

- Здравствуйте, Адам. Я Миша Швед. Я о вас слышал еще в Питере. Я работал директором столовой Ленинского района. Мы организовали первое совместное предприятие с финнами. Это была доставка пиццы. Но к сожалению дело не пошло и его закрыли. А я давно собирался уехать из России. Готов работать.

В целом, он производил приятное впечатление и действительно стал учиться работать на кухне, не стесняясь спрашивать.

- Саша. Мне твой компаньон нравится. Он учится работать на кухне, и я думаю вы справитесь. Возьмете еще одного парня на доставку и, если не будете портачить, дело у вас пойдет.

- Хорошо Адам. Я скажу Ирен, чтоб она и её друг подготовили договор о продаже, если вы согласны отдать за 30 тысяч?

- Хорошо. Я согласен. Пусть они пишут договор. Я должен вас представить лендлорду. Он должен вас утвердить и выписать новый договор на аренду помещения. Но это до оформления купли-продажи. Вам нужно будет переоформить лицензию на себя.

Подписывать договор, было предложено в офисе адвоката Ирен. Офис располагался на одном из последних этажей Эмпайр Стейт Билдинг. Сам адрес предполагал престижность фирмы. Адам никогда не был там, даже на экскурсии. Снаружи, это огромное здание, представлялось величественным и монументальным, но в офисной его части, оказалось обычным и холодным. К назначенному времени собрались все заинтересованные лица. Адвокат и Ирен ждали внутри, а Адам, Саша Птица и Миша Швед, приехали на метро. Договор был готов. Адам внимательно его прочитал и подписал все три экземпляра. Саша проделал ту же процедуру, впрочем, не читая. Все происходило быстро и четко. Саша подписал долговые обязательства на сумму в 30 тысяч долларов, и Адаму был выдан чек на означенную сумму, выписанный на имя фирмы владельца. Все пожали друг другу руки и на этом ритуал был закончен. Было непонятно зачем здесь присутствовал Миша Швед, поскольку ни в одном документе, его имя не фигурировало. Подразумевалось, что он является партнером, и ответственным за взятые в долг деньги, но вероятно считалось, что это касается самих партнеров.

В «ПАНКЕЙК ВОРЛД» отрабатывал последнюю смену Маленький Дядя. Ната облегченно покинула рабочее место, и новоиспеченные владельцы вступили в свои законные права.

- Саша и Миша! Я вас ещё раз поздравляю с приобретением бизнеса. Давайте я доработаю сегодня до конца. Я обнулю кассу, посчитаю оставшийся товар. Вы можете купить его по номиналу, или я могу его вывезти. Депозиты лендлорду и компании Кон Эдисон, внесите в течении недели. Подходите к 16:00. Все посчитаем, и я вам передам ключи.

Передача предприятия прошла без проблем, и счастливые владельцы попросили отсрочку на неделю, за выплату товара.

Адам покидал предприятие со смешанным чувством. С одной стороны, он испытывал сожаление и о потерянном времени, и о несбывшихся надеждах. С другой было облегчение от того, что не надо спозаранку бежать на работу и думать, что ещё можно сделать, чтоб увеличить оборот. Это не было шагом назад. Любая попытка что-то делать, всегда несет результат. Даже негативный - это результат. Значит этого делать не надо. Адам еще не знал, что он нашел путь, который подвинет его на ступеньку вверх, той лестницы, к вершине которой он стремился.

Адам поначалу, скорее по привычке, чем из чувства долга, заезжал в «ПАНКЕЙК ВОРЛД». Ему не хотелось, чтоб предприятие, попавшее в неопытные руки, не погибло с самого начала. Миша Швед всегда был на месте и достаточно быстро освоился в роли менеджера и работника. Саша Птица освоился в роли хозяина. Он опаздывал на работу, покрикивал на подчиненных и снимал деньги с кассы, снисходительно объясняя это, необходимостью. Было понятно, что все это ненадолго.

Во время одного их таких посещений, Адам увидел новое лицо. Вильяма нигде не было видно, и Миша Швед ввел его в курс дела.

- Познакомьтесь, Адам. Это мой друг из России. Татарин.

- Насколько я знаю, татарин - это не имя, а национальность.

- Да, конечно. Но это его кличка. Я его знаю очень давно. Его все так называли, и он сам так себя называет.

- Это его личное дело. Я предпочел бы имя. А где Вильям? Заболел?

- Нет. Я его к вам отправил обратно. Татарин его заменил. Он и доставку делает, на кухне работает, все убирает и моет.

- Понятно. А где Саша Птица?

- А он еще не приходил сегодня. Он обычно приходит попозже.

Адам ожидал чего-то такого, но то, что хозяин не приходит на работу в основное время бизнеса, даже для Птицы было чересчур.

Татарин, несмотря на внешнюю резкость и угрюмость, работал быстро, уверенно, выполняя все команды Миши, беспрекословно.

Адам решил поговорить с Сашей Птицей и попытаться его образумить, но понимал всю бесполезность этого намерения.

Развязка наступила быстрее, чем можно было ожидать. Миша появился в ресторане через пару недель. Он был расстроен.

- Что случилось? На тебе лица нет!

- Да меня Птица уволил.

- Как это, уволил? Вы же вроде равноправные партнеры.

- Это всё было на словах. Все бумаги были на его имя. Он мне так и сказал. Здесь все деньги мои. Я здесь хозяин и ты мне не нужен

- Вот гад. Он тебя попросту кинул. Зарплату хоть дал?

- Он снимал попросту столько денег, что ни на зарплату, ни на бизнес денег не хватало. Татарин хотел его покалечить.

- И где он теперь? Я видел, что он и работал, и спал там.

- Он вернулся в Россию. Это я виноват, что позвал его в Америку.

- Мне реально жаль. Ты парень неплохой. Что будешь делать?

- Ещё не знаю. Мне предложили торговать на Волл Стрит, с тележки жареной рыбой. Может туда пойду.

- Не переживай. Шарик круглый. Всё возвращается.

Адам хотел подъехать и поговорить с Сашей Птицей обо всём произошедшем, но то сам появился в ресторане.

- Адам, привет. Мне пришлось расстаться со Шведом.

- Я в курсе. Поделись, что произошло. Он парень вроде неплохой.

- Все деньги достал я. А он привез какого-то «татарина» и тот стал выступать. Каждую неделю дай зарплату. А где её взять. Если работы мало, а расходы постоянно есть. Я говорю, потерпи. А он...

- Я понимаю. Но работникам, нет никакого дела, что в бизнесе денег нет. Хозяин обязан платить каждую неделю. Или закрывать бизнес. Можно уволить работника и всё делать самому, но такой бизнес обречен. Мне говорили, что ты снимал деньги с кассы. Это самое плохое, что можно делать в бизнесе.

- Ирен говорит, я тебе купила бизнес, ты должен приносить деньги домой. Хватит жить за мой счет.

- Это понятно. Но ей тоже можно объяснить, что ты только начал бизнес, и требуется время стать на ноги. А что ты будешь делать?

- Приехали мои родственники из Москвы. Саша и Маша. Родственник, и то далекий, Саша. Он такой трудолюбивый парень. Всю жизнь шоферил. Он несчастный парень. Пока он был в рейсе, у него погибла вся семья. Жена и ребенок. В доме взорвался телевизор и сгорело всё. Он здорово запил. Ему повезло. Познакомился с Машей, такая твердая баба. Взяла его в оборот. Она татарка. Запретила ему пить и привезла сюда. Хотели еще бабушку взять. Я говорю: «Сели б все в один самолет. Оплакал бы и все».

- А ты добрый парень! Не очень жалуешь родню.

- А чем я могу им помочь в Америке? Вот поставил в «ПАНКЕЙК», работать. Машка она шустрая, всему может научиться.

- А как у неё с английским? Она стоит на кассе?

- Когда я там, я принимаю заказы. Но она тоже шустрит. Её понимают. Показывают пальцами в меню, как в китайском ресторане. Никаких проблем.

Адам заехал и познакомился с Сашиной родней. Маша оказалась высокая, дородная женщина с шустрыми манерами. Саша, номер два, типичный работяга. Послушный и спокойный.

Маша жаловалась на Сашу, хозяина: «Приходит вечером и забирает все деньги. Иногда и на размен не оставляет.»

Адам уехал с тяжелым чувством, что весь этот бизнес обречён.

Ресторан работал в прежнем режиме и требовал постоянного внимания. Многие посетители стали постоянными костюмерам и при заказе просили оставить столик или у окна, или под «крышей», имея ввиду разукрашенный колпак. Вильям оказался очень толковым работником. Всё схватывал на лету и вскоре мог делать всё самостоятельно.

ГЛАВА X

РОССИЙСКИЕ ГАСТРОЛЁРЫ

Все началось с того же Саши Птицы. Он появился утром.

- Адам. Есть серьёзный разговор. Мне позвонил старый приятель из Москвы. Он приезжает в Нью Йорк для закупки партии автомобилей. Он хочет, чтоб я его встретил и помог все протолкнуть.

- Это что-то из области фантастики. Что это значит, партию? У него много денег? Тогда почему он не сидит в тюрьме?

- Адам, ты просто не понимаешь. В России все переменилось. Там крутится много «бабок». Особенно в Москве. Питер - это бедный, блокадный город. В Москве всегда были большие деньги. А сейчас, там много бандитов, много богатых и вообще жизнь абсолютно переменилась. Жизнь стала другая и люди другие.

- Я, конечно слышал о гласности и перестройке, но не понимаю, как может кто-то приехать, закупить машины, перевезти их в Россию. Ты как это представляешь? Какую сумму они могут потратить?

- Он сказал, что хочет купить машин на миллион долларов.

- По мне, это бред сивой кобылы. Откуда у твоего приятеля миллион. Он, привезет его в трусах? Ты представляешь эту сумму? Или он привезет бриллианты? Чушь все это, собачья.

- Адам, просто ты давно не был в России. Я приехал недавно. И я видел, как там все изменилось.

- Ну хорошо. Допустим ты прав. А мне ты зачем все это говоришь?

- Я тебе предлагаю поучаствовать в этом деле. Можно неплохо заработать. Ты лучше меня здесь в Америке, разбираешься. Потом у тебя есть ресторан. Есть хорошая машина. Я знаю этих людей. Им нужны понты. Если они узнают, что у меня есть только небольшая лавчонка, со мной никто иметь дело не будет.

- Какая разница, что у тебя есть? Им нужна твоя помощь.

- Я их знаю. Они презирают всех, кто ниже их стоит.

- Допустим. Что я буду с этого иметь? И что я должен для этого делать? Ты знаешь, у меня много свободного времени нет.

- Паша, мой приятель, сказал, можно поиметь 2-2,5 % от суммы.

- Не густо. Тем более нас двое. Что надо делать?

- Паша хочет приехать через неделю. С ним едет еще какой-то парень. Их надо поселить в какой-нибудь приличной гостинице и найти дилера, который торгует машинами. Их надо встретить, в аэропорту и пока они будут здесь, возить и развлекать.

- Все, кроме развлекать, я думаю не проблема. Я должен работать по вечерам. Ладно, я подумаю, и тебе перезвоню.

Адам рассказал об этом разговоре, Нате.

- Я думаю, этот твой Птица, говорит правду. Я часто разговариваю с папой. Он говорит тоже самое. В Москве появилось очень много богатых людей и очень много бандитов. Папа опять ходил в ОВИР и подал заявление на выезд. Говорит, сейчас всех выпускают.

- Вот как. Если он приедет, мы снимем ему квартиру, и он сможет помочь нам с Надей. Он уже в возрасте. Что еще ему делать?

- Мой папа, естественно захочет быть с нами, но наша квартира маленькая. В Манхеттене квартиры дорогие. Что нам делать?

- Пусть он сначала приедет, а потом будем думать. Что касается Птицы, я конечно не верю ни в какие миллионы, но, если даже есть сто тысяч, тоже неплохо.

С Сашей он встретился утром, и они обсудили что нужно делать.

- В свое время я крутил баранку лимузина. Я хорошо знаю Стива, сына хозяина компании лимузинов «Гейнс». К нему можно обратится, я уверен, он наверняка нам поможет.

Адам нашел сохранившийся телефон и позвонил.

- Стив. Привет! Это Адам. Не знаю, помнишь ли ты меня?

- Конечно помню, Адам. Как дела? Чем занимаешься?

- Все хорошо. У меня небольшой бизнес. Есть дело.

- Приезжай обсудим. Мы переехали в Бронкс. Пиши адрес.

- Все Саша. Поехали. Стив нас ждет.

Они нашли «Гейнс» очень быстро, едва переехав из Манхеттена в Бронкс. Лимузинная компания занимала большую территорию на берегу реки. Большое двухэтажное офисное здание. Площадка для парковки лимузинов, примыкала к большому зданию с ремонтными зонами.

Адам и Саша поднялись на второй этаж. Его занимало множество офисов, в которых работали люди. На ресепшен их отправили в конец зала, где находился офис Стива.

- Привет. Проходите, садитесь. Кофе?

- Нет. Спасибо, Стив. Мы вот по какому делу. Из России приезжают друзья Саши. Они хотят купить партию автомобилей. Я подумал, что ты, возможно заинтересуешься этим.

- Дело интересное, но у меня сейчас мало времени, сейчас позвоню своему другу, Марчелло Гамбино, у него в Нью Джерси, есть «Форд дилершип».

- Стив. А что такое дилершип?

- Он дилер. Торгует автомобилями. Есть большая площадка для продаж, ремонтная зона и лицензия от производителя. Всё это и есть дилершип.

- Понятно. Извини я тебя перебил.

- Нет проблем. Я уверен, он сможет вам помочь. Вот адрес.

Пока вы едете, я ему позвоню. Скажете, от меня.

Они попрощались со Стивом и отправились в Нью Джерси по указанному, в записке адресу. Через полчаса они подъехали к стеклянному зданию, на фронтоне которого, красовалась большая надпись, ФОРД. На обнесенной, цветными флажками площадке, стояло множество машин, с яркой рекламой цен.

- Похоже мы попали по адресу. Единственное, чего я не понимаю, это почему Стив нас отправил сюда. У него есть лицензия дилера. Но он, почему-то не захотел? Я думаю он нам не поверил.

- Знаешь, Адам. Мне он вообще не понравился. Какой-то чванный.

- Ладно. Бог с ним. Давай вот что! Обговорим с этим дилером наш «кат». Много не надо, но 2,5% от суммы, будет в самый раз. Мы приносим сделку и наши комиссионные, вполне законная сделка.

- Давай ты, Адам говори, а я поддержу.

- Хелло! Мы к мистеру Марчелло Гамбино. Ему звонили.

- В конце коридора. Первая дверь направо.

- Мистер Гамбино? Мы от Стива из компании «Гейнс».

Из-за широкого, полированного каменного стола поднялся высокий холеный мужчина, итальянской внешности. Он был одет в крахмальную хлопковую рубашку, с золотыми запонками и тщательно завязанный галстук. На запястье сияли дорогие часы.

- Прошу садиться, господа! Стив мне звонил. Он также сказал, что вы ждете гостей из Москвы, которые хотят купить партию машин. Я все правильно понял?

- Абсолютно, мистер Гамбино. Мы пока не знаем точно, о каком количестве идет речь, но это явно не одна и не две.

- Прекрасно! Называйте меня просто Марчелло, а вы, простите...

- Я Адам. Мой напарник, Саша. Очень приятно познакомиться.

- Взаимно. Когда приезжают ваши друзья?

- Они приезжают на следующей неделе. Мы вам позвоним.

- Прекрасно. Что-нибудь ещё я могу для вас сделать?

- Да. У нас к вам просьба. Как вы понимаете, дружба - это хорошо, но нельзя забывать про бизнес. Мы хотели бы получить небольшие комиссионные за сделку.

- Я вас прекрасно понимаю. О какой сумме идет речь?

- Мы думаем, что 2,5% от суммы сделки, разумная компенсация.

- Считайте, что мы договорились. Надеюсь услышать вас в самое ближайшее время. Был рад нашей встрече.

На улице, компаньоны оживленно обсуждали результаты встречи.

- Адам. Ну ты молоток! Я боялся, что он нас выгонит.

- Ты чего, Птица. Кто прогонит курицу, принесшую золотые яйца?

- Ты сам говорил, что Стив из «Гейнс» не поверил.

- Я думаю, да. Но что терял Марчелло? Если всё это, пустая болтовня, то его обещание ни о чем. А вдруг сделка состоится? Он просто накинет наши проценты на стоимость и все дела.

- Адам. Нам надо забронировать номер в отеле, где-нибудь здесь, поблизости. Здесь явно дешевле, чем в Манхеттене. И им будет проще объяснить, почему гостиница в Нью Джерси.

- А если это все динамо, и никто не приедет?

- Я уверен, что приедут. Если нет, поделим убытки.

Они остановились в близлежащем городке и забронировали двухместный номер, в шикарной внешне, гостинице.

Наступил день приезда, заокеанских визитеров. Адам и Саша, приехали в Джей Эф Кей и влились в толпу встречающих, пассажиров самолета из Москвы. Открылись двери и показались первые пассажиры. Толпа зашевелилась. Люди приветственно махали цветами, флажками и транспарантами с фамилиями пассажиров. Их становилось все больше, и Саша напряженно всматривался, боясь пропустить гостей из России.

- Птица. Ты вообще дружка своего помнишь?

- Я не могу сказать, что мы очень дружили, но думаю вспомню, когда увижу. А вот он! Видишь, здоровый такой лоб, с сумкой? Это Пашка. А рядом, небольшого роста, чернявый парень. Я его не знаю. Видишь? Он выше еще меня, с широкими плечами.

Адам стал рассматривать, приближающуюся пару. Тот, который Паша, действительно напоминал героя русской сказки, про Добрыню Никитича. Высоченного роста, в плечах косая сажень. Просторная рубаха едва прикрывала могучую грудь. Второй, напротив, небольшой, худой и вертлявый. Высокий увидел Сашу и приветливо помахал рукой.

- Птица, привет! Молодец что встретил. Познакомься – это Петр.

- Привет, привет ребята, на американской земле. С прибытием! Знакомьтесь. Это Адам. Он давно в Америке. Будет нам помогать.

- Ну раз все познакомились, пошли на стоянку. Там моя машина.
- Адам. А ты давно в Америке живешь? Это был вертлявый. – Вы ребята, понимаете, что оговорённые 2,5%, так и остаются.
- Мы с Адамом так и говорили. - Вмешался Саша. – Мы и не претендуем на больший процент. Адам здесь всё «рассекает».
- Хорошо. Лучше сразу разобраться, чем потом будут непонятки.
Паша молчал. Теперь сразу было понятно, кто здесь старший.
По дороге в гостиницу, Петр вводил ребят в курс дела.
- Я, представляю здесь серьезную команду. Мне поручено купить и отправить в Россию, партию машин. На это выделено один миллион долларов. Мы должны эти машины отобрать и отправить. Паша здесь потому, что он специалист по автомобилям и знает, что нам требуется. Ваша задача, помочь нам прокрутить сделку.
Надеюсь все это понятно и проблем не будет.
- Все понятно. Паша мне по телефону все это объяснил. Мы договорились с прямым дилером Форда, и завтра с утра поедем на встречу. Сейчас, мы отвезем вас в гостиницу, недалеко от дилера. Вы отдохнете с дороги, а завтра с утра, мы за вами приедем и все вместе поедем смотреть машины. Добро?
- Да. Отдохнуть не помешает. Летели долго.
В гостинице, все вместе прошли в номер. Гостиница внутри оказалась весьма комфортабельной, и гости отправились спать.
- Ну, теперь ты веришь, Адам. Все без «балды». Серьезно!
- Знаешь, Птица! Я поверю, когда увижу «бабки».
На следующий день, компаньоны нашли гостей, завтракающих в ресторане. От чашки кофе никто не отказался.
- Дилеру мы уже звонили, он нас ждет.
- Очень хорошо. Мы с Пашей в самолете, ещё раз обсудили список машин, которые мы хотим купить. Мы знаем, что мы хотим.
- Прекрасно. Вы говорите, а мы с Птицей будем переводить.
Здание дилершипа и площадка с множеством машин, произвело на гостей очень благоприятное впечатление.
- Прямой фордовский дилер, то что нам надо.
- Пошли внутрь, и познакомитесь с ним лично.
- Хелло! Мы к мистеру Гамбино. Мы созванивались.
- Прошу, проходите. Вас ждут.
Вся кавалькада отправилась вслед за ресепшенисткой и ввалилась в кабинет хозяина дилершипа.
- Прошу, прошу господа! Добро пожаловать в Америку, и в мой офис, соответственно. Могу я предложить что-нибудь?

Адам добросовестно переводил, в течении всего разговора. Иногда что-то, вставлял Саша Птица.

- Итак господа. Он вас приветствует и поздравляет с прибытием. Его зовут мистер Марчелло Гамбино. Можно просто Марчелло. Кто-нибудь хочет кофе, чай или воду? Никто?

- Марчелло. Кофе для меня, пожалуйста. Остальные пока воздержатся. У наших гостей есть список автомобилей, которые они хотят приобрести и отправить в Россию.

- Это облегчает нашу задачу. Могу я взглянуть на этот лист?

- К сожалению, он написан по-русски, так-что я буду переводить. Насколько я понимаю, они хотят потратить в районе миллиона долларов. Марки автомобилей и конкретное количество, мы и будем сегодня обсуждать. Нет возражений? Я должен перевести.

- Господа! Ладно-ладно. Друзья. Я рассказал ему, о вашем желании потратить «лимон» баксов и вы знаете, чего хотите. Если я ничего не напутал, высказывайте свои пожелания, а я переведу.

- Паша отвечает за отбор машин, пусть он и выбирает.

- Адам. Попроси его показать нам каталоги, и мы будем выбирать.

- Я понял! Они хотят посмотреть каталоги. Вот, пожалуйста. Все перед вами. Выбирайте, какие автомобили вам нравятся.

Каталогов было множество, и между гостями разгорелся спор, какие модели, более подходящие для России. Спор шел, какая модель круче: «Линкольн таун кар» или «Линкольн континенталь».

- Ребята! «Линкольн таун кар» не так давно вышел, и он круче.

- Ты Адам, не знаешь. «Таун кары» в Москве есть, а «Континенталей» нет. Поэтому они будут котироваться круче. Все. Берем их.

- Марчелло. Они решили брать линкольны «Континенталь».

- Хорошо. А сколько машин, они хотят взять?

Между Пашей и Петром вновь разгорелся спор.

- Вы ребята, точно, как Павел и Петр.

- И что? В чем прикол?

- Они были основателями христианской церкви, и оба пострадали за это. Так сколько машин будете брать? Их же надо заказывать.

- Всё, берём 20 машин. С этими машинами завязали.

- Марчелло. Они хотят 20 Линкольнов Континенталь, и я думаю, нам надо сделать перерыв. Ребята хотят курить, а потом кофе.

Во время перерыва, все бродили по площадке с выставленными машинами и обсуждали достоинства моделей. Было понятно, что Паша действительно разбирается в машинах.

- У меня в Москве большой гараж и мы ремонтируем иномарки. И мне придется эти все машины ремонтировать.

После перерыва, спор разгорелся снова, на этот раз по поводу джипов. Какую модель и сколько брать?

- Господа. Я вам могу предложить хорошую сделку на эти машины. На них не распространяется налог США, поскольку они находятся на территории порта. Их нельзя ввозить в страну, не заплатив налог. Вы сможете сэкономить очень приличную сумму. Петр остановил спор и жестко рубанул ладонью по столу.

- Всё. Меня это устраивает. Мы возьмём 15 автомобилей.

- За эти деньги, я тоже хочу купить джип. Петр не возражаешь?

- А мне то что! Ты платишь и нет проблем. Спроси Марчелло.

- Саша. Ты не можешь купить эту машину по той цене. За ввоз в страну надо заплатить налог.

- А я и не хочу ввозить машину в страну. Я хочу отправить её в Москву. Петр, я потом всё объясню, хорошо?

Петру, явно льстило отношение Саши Птицы, как старшему в команде, и он милостиво кивнул головой.

За разговорами и спорами, незаметно пролетел день.

- Друзья мои! Я должен закрыть офис и отпустить своих людей. Да и нам всем не помешает немного отдохнуть. Давайте встретимся завтра утром, и я вам покажу еще несколько интересных моделей.

На том и порешили. Адам помчался на работу, тревожась за своих ребят.

Следующий день, начался также, как и предыдущий. Все собрались в офисе Марчелло, и снова просматривали каталоги и сравнивали достоинства и недостатки моделей.

- Друзья, пойдемте в зал, и я вам покажу некоторые новые модели и не только фордовские. Идите за мной.

Все высыпали в зал, где сотрудники дилершипа, с любопытством, рассматривали заморских покупателях, со всех сторон.

- Вот посмотрите модель «Гранд Маркиз». Модель этого года. Суперсовременная и я уверен, что в России таких ещё нет.

Марчелло открыл широченную дверь, и восхищенным зрителям, показалось, что они смотрят на кабину самолета. Зрелище было потрясающее. Павел не смог сдержать восхищения.

- Вот это красота! Я таких ещё не видел, в России точно нет.

- Мне тоже нравится. Возьмем для Стрижа. Он точно «заторчит».

- Друзья! Я хочу ещё показать вам одну модель. Тоже новую, этого года. Уверен, что в России их тоже пока нет, «Кроун Виктория»! Автомобиль представительского класса, со всеми опциями.

Эта модель тоже понравилась гостям, и они заказали две штуки.

- Марчелло, давайте вернемся к вам в офис. Надо посчитать

общую сумму и добавить стоимость доставки в Москву. Нам также надо заказать еще две машины. Для меня и для Павла. Это не должны быть новые, но очень хорошие.

- Петр. Ты забыл, что мне надо ещё специальную машину, с крюком, чтоб таскать аварийные машины.

- Я знаю, что вам нужно, господа. Пошли в офис, там всё обсудим.

Марчелло вызвал бухгалтера и поручил подготовить полный отчет. Там добавятся ещё два автомобиля и тоу-трак. Позвоните нашим друзьям в порту и попросите посчитать «СИФ» Москва.

- Я весь в внимание. Начните вы, Петр. Какой автомобиль вы хотите?

- Мне понравился «Континенталь»! Я такой и хочу. Не новый, но в отличном состоянии. Спортивный руль, кожаные сиденья. Вообще все опции.

- Прекрасно. Доверьтесь мне. Я всё вам подберу. Для вас, Павел, какую машину хотите вы?

- Адам, переведи. Мне тоже не нужна машина новая, но я хочу высокий и мощный автомобиль, с большими колесами.

- Я понял, что вам надо. У меня есть форд «Бронко». Это даже не легковой автомобиль, а как легкий трак. Вам понравится.

- Адам, спроси какие там колёса?

- Он говорит огромные, как у грузового автомобиля.

- То, что надо. А что насчет машины с крюком, перевозить аварийные автомобили?

- Мы здесь называем это «тоу трак». Вот смотрите на картинке.

- Да-да. Это мне и нужно.

- Я понимаю да-да! У меня есть «тоу трак». Что-то ещё, господа?

- Нет, всё. Сколько нужно денег? И когда машины будут в Москве?

- Дайте мне два дня. Я должен сделать заказы, выяснить окончательную стоимость машин и стоимость доставки. Мы подготовим вам детальный отчет. Большое спасибо за заказ. Было приятно иметь с вами дело. Предлагаю выпить по рюмке коньяка. Спрыснуть нашу сделку. Нет возражений? Возражений не было. Марчелло достал из бара бутылку с бокалами, и все, кроме Адама, стоя, выпили за удачное начало.

- Мне жаль, что я не могу к вам присоединиться, я за рулем.

Прощание вышло бурным и очень дружелюбным.

- Господа! Мы не прощаемся. Я вас жду через два дня.

На улице все поздравляли друг друга с окончанием удачных переговоров и хорошим выбором машин.

- Ребята давайте подождем праздновать, пока не появятся деньги и тогда уже отметим по полной программе, – предложил Адам.

- Про деньги, ты это хорошо напомнил. К нам, в гостиницу, приезжал один штымп из Бруклина. Он должен нам немного денег и привез чек на 15 тысяч. Ты, Адам дай нам из этих денег, трешку, остальные пойдут в счет твоих процентов со сделки.

- В принципе могу. Но мой банк в Манхеттене, недалеко от моего ресторана. Я могу чек положить в банк, а когда он очистится, смогу снять трешку и дать вам. На это уйдет дня три-четыре.

- Нет. Нам нужны деньги сейчас. Купить подарки, сувениры.

Ты дай нам, пока из своих, а потом заберешь всё.

- Ну хорошо. Поехали в Манхеттен. А как вы обратно попадете в Нью Джерси? Я работаю и не смогу вас отвезти.

- Я переночую у Птицы, а ты возьми к себе Петра. Договорились?

- Хорошо. Но мне надо переговорить с женой.

Они заехали в банк. Адам положил чек, на свой счет и снял 3 тысячи долларов. Саша Птица уехал с Петром, а Адам с Павлом поехали на работу в ресторан.

- Паша. Ты походи, погуляй неподалёку. Посмотри Манхеттен. Часика через 2-3 подгребай в ресторан. Я на кухне. У меня очень много работы. Я не смогу уделять тебе внимания. А когда закончим, пойдем ко мне ночевать. Жену я предупрежу.

- Хорошо, Адам. Ты особо не заморачивайся насчёт меня. Эти двое спелись, ну точно два педика. Я знаю и одного, и другого.

Павел появился через два часа на кухне.

- Паша, извини. Народу очень много. Даже некуда тебя посадить.

- Я понимаю. Не извиняйся. Пойду еще погуляю.

Стало немного посвободней и Адам отправил Нату с Павлом домой. Когда он пришёл, в доме уже все спали.

Наутро Адам отвез Павла в Нью Джерси.

- Извини. Но ты сам видел, что творится. Работы невпроворот.

- Адам. Это ты меня извини. Это те два урода виноваты. Но я с ними разберусь. Давай, жду тебя завтра.

День прошёл как обычно. С утра, Адам заехал в банк, где его ждало неприятное известие. Чек, который он положил накануне был «баунст». Это означало, что чек не был обеспечен деньгами на счете, с которого был выписан. Это было неприятно и банк ещё наложил штраф на счёт Адама, в 25 долларов.

Всё это Адам выложил при встрече с Петром, которого он забирал вместе с Птицей, прежде чем ехать в Нью Джерси.

- Мало того, что я попал на трёшку баксов, которые отдал вам.

Меня ещё банк оштрафовал на 25 баксов. Это вообще плохо для репутации, когда кладёшь необеспеченные чеки.

- Не волнуйся, Адам! Ты всё получишь, и с процентами. Сейчас приедем в гостиницу, я этому уроду позвоню. Мало ему не покажется.

Я наложу на него штраф, 2 штуки баксов и чтоб вечером принес, на цирлах.

- Только наличными. Я не буду больше брать чеков.

В гостинице, Петр по телефону устроил разнос обманщику, пообещав прислать из Москвы человечка, для решения проблем.

- Принесёт вечером, в зубах. Он знает, чем рискует.

Марчелло ждал дорогих гостей и встречал у входа.

- Прошу, прошу! Проходите в мой кабинет. Присаживайтесь, всё для вас готово. Счет на 46 автомобилей, общая стоимость, включая доставку, составила 987.000 долларов. Проверьте, всё ли правильно записано и мы ничего не упустили?

- Адам. Спроси у него, доставка машин в Москву включена?

- Господа. В счёте указано всё. Это – СИФ!

- Марчелло. Что такое СИФ?

- Карго, иншуранс, фрейт. Груз, страховка, транспортировка. Доставка от двери, до двери. Доставка груза в порт, погрузка в контейнеры, доставка на борт судна, перевоз до порта на Балтике, отгрузка на 18-ти колесные траки и доставка на таможенный склад в Москве. Дальше отпуск производит таможня, согласно накладным. Кто получатель груза? Мы должны указать в накладных.

- На мою машину, выпишите отдельно. Петр Янин. Я сам получу. На Сашу Птицу отдельно. Как твоя фамилия?

- Птицын.

- Ну вот. Теперь ясно. Все остальные машины будет получать Павел Дымов. Он за них отвечает. Счет мы забираем и вернемся с чеком. Но скорее всего, это будет завтра.

Все вышли на улицу и распрощались. Кто радостно, а кто с надеждой, смешанной с опасением,

- Едем в гостиницу. Надо звонить человеку, у которого» бабки».

- Пётр кому-то долго звонил, затем писал адрес.

- Адам. Посмотри адрес. Знаешь где это?

- Похоже, где-то в районе Верразано бридж.

- А мне сказали, что это в Бруклине.

- Ну и правильно. Это мост, который соединяет Бруклин и Стейтен Айленд, а оттуда можно проехать в Нью Джерси.

- Тогда поехали. «Бабки» там.

Верразано бридж вызвал у гостей бешеный восторг. Двухуровневый мост, как будто висел в воздухе, на натянутых канатах и множество машин и грузовых траках, издали казались муравьями, ползущими по гигантской радуге.

Переехав мост, автомобиль выписал петлю, следуя развязке и они попали на улицы Бруклина. Ориентируясь на адрес, написанный на клочке бумажки, они довольно быстро нашли нужный дом. На втором этаже, обычного дома, Пётр нажал кнопку звонка и дверь отворил, полноватый среднего роста человек, в домашних тапочках и халате. Адам решил, что они не туда попали. Непохоже, что человек, в таком затрапезном виде, владеет миллионном долларов. Тот, не смущаясь, пригласил всех войти.

Квартира была небольшая и в ней жила целая семья.

- Извините, у нас немного тесновато. Проходите на кухню. Садитесь, я ещё принесу стул.

- Не надо ничего приносить. Вам звонили?

- Да. Я всё знаю. Вы привезли счёт?

- Конечно. Здесь счёт на 987 тысяч баксов!

- Хорошо. Я сейчас принесу.

Он ушёл и вернулся с большой чековой книжкой, больше похожей на бухгалтерские книги. Он раскрыл это на обеденном столе, покрытом клеёнкой, и стал старательно писать, аккуратно выписывая цифры и буквы. Адаму казалось, что всё происходит в кино. За столом сидит Корейко или Гобсек и скрипит старым пером. Наконец он дописал, аккуратно оторвал чек и потряс им.

- Наши нефтяники, наши благодетели!

Чек перешёл в руки Петра, а тот передал это Адаму.

- Проверь, Адам. Всё путём?

Адам просмотрел чек. Сумма цифр 987.000, повторялась прописью. Это производило впечатление.

- Да. Всё правильно.

Все распрощались. Бухгалтер или распорядитель кредитов, уже не выглядел доморощенным скрягой, а скорее могущественным казначеем, неведомой тайной секты.

По дороге в Нью Джерси, все находились в состоянии некоторой эйфории. Получение, вот так запросто, такой большой суммы, вселило чувство уверенности, что всё будет просто и легко.

- Я бы не праздновал заранее. Пока, это чек. Вот когда он пройдет через банк и деньги зачислят на счёт, тогда и будем веселиться. А что с моими «бабками»? Я их получу?

Павел был не в курсе произошедшего. Ему рассказали про чек.

- Это же чистейшее кидалово. Надо козла наказать.

- Я из гостиницы, ему ещё раз позвоню. Принесёт наличку на «цирлах».

- Пётр. Его надо штрафануть за подлянку.

- Само собой. Набросим пару косарей.

В дилершипе их ждали с нетерпением. Марчелло осмотрел чек со всех сторон, и вызвал бухгалтера. Тот взглянув на чек, приложил его к губам и выбежал из кабинета.

- Марчелло. Ребята спрашивают, как долго всё это займёт, прежде чем машины придут в Москву?

- Должен обналичится чек, сами понимаете никто здесь не двинется, пока не увидят деньги. Я всё заказал. Как только я переведу всем проплаты, всё придет в движение. Я думаю за месяц весь заказ будет собран. Контейнеровоз идет в Европу где-то месяц. Затем перегружается на большие траки, и они везут до Москвы. Я могу подготовить всю партию к отправке, или отправлять по частям, по мере готовности. Кое-что у меня уже есть. Решайте.

- Ребята говорят, что лучше всего, отправить всё вместе.

- Хорошо. Надо расчитывать на 2,5-3 месяца. Предлагаю тост, за то, чтоб всё прошло успешно и в срок.

Расставание вышло трогательным и дружеским. Адам отвез всех в гостиницу и поехал на работу. Птица решил остаться с Петром, с которым он теперь не расставался. Договорились, что завтра Адам повозит их по магазинам.

- Сам понимаешь. Все ждут сувениров и подарков.

На следующее утро, Адама ждало приятное известие.

- Привет! Получи свои «бабки» и ещё штуку сверху.

- Неужели принес «бабки, этот нехороший человек»?

- А то! Очень извинялся и вилял хвостом. Надеялся, что мы его не оштрафуем. Но за подлянку надо платить. Штраф мы поделили. Нам нужно купить детям подарки и посмотреть Брайтон. В России много говорят об этом Брайтоне.

- Давайте тогда и начнем с Брайтон Бич, а там, недалеко, есть огромный магазин «Тойс ар ас» для детей.

Так и порешили. По дороге новые друзья попросили Адама рассказать об известной, не только в России, «малой Одессе».

- В первый мой день, на этой благословенной земле, меня привезли на Брайтон Бич авеню. Здесь была, если можно так назвать, гостиница. Обыкновенная дыра, куда селили приехавших из России иммигрантов. Это было пять лет назад. Тогда Брайтон был совсем другой. Заплеванный, замурзанный. На улицах валялся мусор.

Зрелище было неприглядное. Туда, ехали в основном, выходцы из Одессы. Они хотели «морэ». Там прекрасный океанский пляж. Над частью пляжа, вдоль всего побережья построено то, что здесь называют «бродвок». Это, построенный на сваях, с деревянным покрытием, променад. Он тянется через весь Брайтон Бич и дальше по Кони Айленду.

Это такой полуостров, похожий на язык, высунутый в океан. Когда-то там был парк аттракционов, но сейчас всё пришло в запустение. На Кони Айленде построили социальное жильё для малоимущих. Понятно, что это рассадник криминала и наркоты. Там тоже живут бывшие россияне, в основном пожилые и неимущие. Их там грабят, время от времени, но это практически во всех «прожектах». На Кони Айленде построено много шикарных высотных зданий, с сумасшедшим видом на океан. Его называют «Трамп Виладж», вероятно это строил известный миллиардер Дональд Трамп. Он владелец казино-отелей в Атлантик Сити и самого престижного в Манхеттене - отеля «Плаза». Я работал в итальянском ресторане, на вест 56й стрит. Там на углу 5-ой авеню и ист 56-ой стрит, Трамп возвёл громадное здание «Трамп Тауэр», квартиры там стоят баснословных денег. Ну, да бог с ним. Что касается Брайтона, то туда селилось всё больше выходцев из Одессы. Естественно появились русские магазины, рестораны и всякие бизнесы. Одесситы выдавили с Брайтона афроамериканцев, латинос и сами занялись рэкетом и остальным набором криминальной деятельности. Люди хотели покупать продукты, к которым они привыкли и ели всю жизнь. Появились компании, которые солили, коптили, вялили и консервировали всё что можно. Из России везли любую продукцию. От шпрот в масле до гречки. Чёрная икра и мороженая осетрина, попадала не всегда праведным путём. В магазинах можно было купить практически всё. Я поначалу покупал русские продукты в Нью Джерси, в компании «Разин». Она находилась в городке, где селились иммигранты первой волны, то есть бежавшие от большевиков. Потом накатила вторая волна, после Второй мировой войны. В основном это были русские.

Третья волна, наша, практически вся, еврейская. «Разин» торговал с Россией, но его быстро потеснили. Иммигранты построили большие цеха для производства продуктов питания. Построили кондитерские цеха и стали делать конфеты, различные торты и пирожные. Кто-то построил пельменный цех и снабжал всех пельменями и варениками. Один из бизнесменов построил в Чикаго производство кисломолочной продукции и развозил по всей стране. Брайтон Бич разрастался и захватывал все больше улиц, где жили и работали бывшие россияне. Но все они иногда приезжают на Брайтон Бич. Покупаться, позагорать или просто походить по русским магазинам. Купить что-то ностальгическое. Многие любят посещать русские рестораны, где жутко громко играет музыка, столы ломятся от кошмарного количества жратвы и где можно оторваться на всю катушку.

- Вот мы и приехали. Брайтон Бич авеню! Я вас высажу у самого большого продуктового магазина Брайтона, «Националь». Этот магазин и одноимённый ресторан, принадлежит, естественно одес-ской семье. По слухам, брату и двум сёстрам. Кликуха брата «гном», связанна с его небольшим ростом. Говорят, он жутко трудолюбивый. Сёстры подарили ему на день рождения торт, с фигурой строителя. Мне о них рассказывал хозяин фирмы «Разин». Первый раз они приехали к нему, всей роднёй. У них был маленький магазинчик. Они попросили кредит в три тысячи долларов, а в залог, все поснимали с себя кольца, браслеты. Что у кого было. Теперь это одна из ведущих компаний Брайтона. Что мне нравиться в одесситах, так эта сплочён-ность. Родня вся вместе. У нас этого, к сожалению, нет. Всё, приеха-ли. Вы походите по магазину, а я поеду искать парковку. Это здесь проблема. Найти парковку, большая удача.

Когда Адам подошёл к магазину, его все ждали на улице.

- А ты не мог запарковать здесь, на улице. Тут стоят столбики, куда народ бросает монеты и там показывает время.

- Во-первых нет свободных мест. Ждать пока кто-то отъедет, нельзя. Есть транспортная полиция, за двойную парковку могут легко выписать штрафную квитанцию, а это не дёшево.

Пока Адам говорил, к магазину подлетела новёхонькая «вольво» и встала во втором ряду. Откуда не возьмись, появился в униформе транспортный полицейский. Он сделал жест рукой, запрещающий остановку во втором ряду. Из машины вышла нарядная дама. Поли-цейский, стал ей что-то втолковывать по-английски.

- Да я только на минуточку. Посмотрите за моей машинкой! - Она мило улыбнулась, и сделала полицейскому воздушный поцелуй.

Вокруг моментально собралась толпа, рыдая от смеха.

Полицейский, красный как рак, выписывал штрафную квитан-цию.

- Да шо такое? Може дамочке потреба по надобности. Враз кви-танцию писать. Не, так не гоже!

Дама выпорхнула из магазина, сделала милый жест блюстителю порядка и не обращая внимания на квитанцию на ветровом стекле, укатила под одобрительные возгласы толпы.

- Ребята. Вам понравился магазин «Интернационал»?
- Очень круто. У нас, сейчас много чего везут в Москву, со всего света, но цены крутые. Конечно, здесь выбор сумасшедший и ценник нормалек. Паше понравились соленья, но не в кайф.
- Павел. Это почему? Тебе нельзя соленья?
- Да он закодировался. А без бухла, вся эта закусь ни к чему.
- Паша. Да ты вроде у дилера приложился?
- Нет. Только вид делал. Я жене слово дал. Она и заставила меня закодироваться. Я пил не слабо. Мог выпить пару бутылок водки запросто. А бывало и покруче. Ну жена и взбунтовалась.
- А сейчас не бывает желания выпить?
- Пить нет. Вот иногда снится капустка солёненькая или огурчики. Хочется похрустеть.

Они погуляли по Брайтон Бич авеню и зашли поесть в пельменную. Народу было много и пришлось постоять в очереди. Обеденный зал был небольшой. Работали две официантки и за кассой, судя по властным манерам, стояла хозяйка. Несмотря на название, в большом меню предлагалось и мясо, и рыба. Ребята заказали пельмени и вареники с картошкой. Обслуживали долго и вся эта еда, явно нуждалась в улучшении.

Выйдя на улицу, с полными желудками, но явно не в улучшенном настроении, решили прогуляться по знаменитому брайтоновскому «бродвоку». Он был очень широкий, со столиками, выставленными из прилегающих ресторанов. Народу было видимо невидимо. Множество народа сидело за столиками, укрываясь от солнца, под большими пляжными зонтами. Молодёжь гоняла на велосипедах и роликовых коньках. Расфуфыренные дамы с кавалерами, чинно прогуливались под ручку, сверкая бриллиантами и золотыми украшениями. Большой океанский пляж был забит купающимся и загорающим народом.

Брайтон жил своей привычной жизнью.

- А чего они все так разоделись? И цацки понавешали!
- Паша, ты не понимаешь. Сюда, Одесса, не просто ходит гулять. Здесь люди показывают свой статус. Чем можно похвастаться. Мне говорили, что вечером, можно увидеть дам в мехах!
- Адам. Ты прикалываешься. Какая дура попрется в мехах? Жарко ведь.
- За что купил, за то продаю. Но глядя на этих людей, поверю. Хотите ещё погулять по Брайтону, или поедем в детский магазин?
- Нет, всё. Едем покупать детям подарки.

Съехав с шоссе, Адам стал искать свободное место, на огромном паркинге, сплошь уставленным машинами. Увидев отъезжающий автомобиль, Адам поспешил занять, освобождающееся место. Внезапно, прямо в него, ткнулся велосипедист. Он удержался в седле, упершись ногами на землю.

Сделав извиняющийся жест, он покатил по своим делам.

- Вот урод. Была бы скорость побольше, мало б не показалась.

- Ну Адам! Ты даёшь! В Москве, если б такое случилось, этот велосипедист, получил бы по полной и был бы должен за всю масть.

- Пётр прав. За такое столкновение, с него могли получить квартиру. А то, что он огрёб бы, вообще не обсуждается.

- Да вы что, ребята! Было же видно, что он не нарочно.

- В Москве, это значения не имеет. Попал – виноват! Вы, тут в Америке, очень добренькие. В России, всё наоборот.

- Не хотел бы я быть в Москве за рулём. Ладно, пошли в магазин. Смотрите, не потеряйтесь.

«Тойс ар ас» произвел на приезжих ошеломляющее впечатление. Громадное здание, сверху донизу, набито детскими игрушками. Множество народа ходило, смотрело, играло с любыми игрушками. Мамы толкали перед собой коляски с малышами. Дети постарше, толкали магазинные тележки, носились по всему огромному залу, то и дело возвращались к родителям с разными игрушками.

- Мам, пап. А это можно купить?

- Ты уже купил две. Посмотри в своей тележке. Говорили про одну.

- Ну мам, пап. Это последнюю. Мне очень надо.

Чаще всего, родители не особенно сопротивлялись. Атмосфера всеобщего веселья и желания побаловать детей, витала в воздухе, и вся четверка принялась подбирать подарки для своих детей.

Адам, в бытность свою, водителем лимузина, однажды был арендован, работать на ежегодном празднике игрушек. Этот праздник проходил на площади, где пересекались Бродвей и Пятая авеню. На площадь выходило здание, которое называлось «Дом игрушек». Производители игрушек собирались со всего света. Длинная череда лимузинов, едва пробиралась сквозь громадную толпу народа. Было понятно, что этот сегмент индустрии, занимает достойное место в экономике.

- Знаете, ребята. Если ваша страна имеет такие магазины для детей, то она достойна всяческого уважения.

- Я с тобой, Паша, согласен на все 100%. Здесь любят детей.

Подарки были выбраны, оплачены и погружены в машину. В багажник и часть в салон.

- У нас таких игрушек пока нет. Дети сойдут с ума от счастья.

- Всё ребята! Завтра, я должен определить ребёнка в школу, пока жена мне не открутила голову, а послезавтра, рано утром, я отвезу вас в аэропорт.

- Спасибо, Адам. Ждём тебя послезавтра.

- Птица. Тебе надо ехать со мной. У тебя на работе проблема.

- Что случилось? Чего ты раньше молчал?

- Поехали, по дороге расскажу!

- Ну рассказывай, Адам. Что там стряслось?

- Да не дергайся. Всё нормально. Это я так сказал. Я при них не мог же говорить, что нам надо заехать к Марчелло. Помнишь?

- Ты думаешь, что деньги уже прошли?

Если чек фуфловый, то это уже известно. Будем надеяться, что все нормально. Иначе всё это, коту под хвост.

Марчелло уже ждал их, и известие было приятное.

- Всё хорошо, господа. Деньги прошли, завтра начинаю проплачивать всем. Готов и вам выписать чеки. Спасибо за бизнес, и надеюсь, это не в последний раз.

- Марчелло. Я хочу вместо чека, купить у вас машину.

- Саша. Выбирай любой автомобиль. Я для тебя сделаю хорошую скидку. Какого класса автомобиль, седан или что-то другое?

- Я хочу четырехдверный седан, не новый, но крутой.

- Саша. Я знаю, что тебе надо! Есть очень приличный «Ягуар». Кожаные сиденья, класса люкс. Все опции. Хочешь посмотреть? А для тебя, Адам? Хочешь поменять свою машину?

- Нет. Спасибо, Марчелло. Я возьму чек.

- Пошли, посмотрим «Ягуар», а тебе Адам, бухгалтер выпишет чек.

Птица, увидев автомобиль пришел в полный восторг. Это была машина его мечты. Он уже видел себя за рулём, «крутой тачки»!

- Все теперь увидят, кто такой Птица!

- Я знал, что тебе, Саша, эта машина понравится. Она стоит 15 тысяч, но я сделаю для тебя скидку, и тебе не придётся доплачивать. Мы сегодня сделаем полное ТО, техническое обслуживание, а завтра ты сможешь её забрать.

Каждый получил своё. Адам чек на 12,5 тысяч, а Птица документы на машину. Каждый был счастлив по-своему.

- Адам, довезёшь меня до дома? А то мне Ирен, башку отвернёт. Дома, я уже не знаю сколько не был. Завтра поеду за тачкой и заеду к ребятам. Пусть посмотрят на какой машине я езжу.

- Кстати, Птица! А что с проплатой за джип, который ты отправляешь в Россию?

- Мы с Петром договорились, что они проплатят в счет моих комиссионных. Так что, Марчелло всё уже получил.

На работе всё было спокойно и вечер прошёл как обычно. Дома, Адама ждало, давно ожидаемое известие. Отец Наты получил наконец разрешение на выезд из страны и через неделю прилетит в Нью Йорк. Для Наты, это было безусловно радостное известие, но она плакала оттого, что её мама не дожила до этого дня. Надо было решать вопрос жилья для папы.

- Нужно снять ему небольшую студию, но в Манхеттене всё очень дорого. Я думаю поискать что-нибудь за рекой, в Квинсе. Это очень близко к Манхеттену, где-нибудь в Астории, где живет Соня, но поприличнее соседи и дом. Что скажешь?

- Наверно, ты прав. Я не знаю, как он сейчас, и что захочет делать. У нас жить негде, и он и сам, я думаю не захочет.

- Ната. А если он захочет видеть вас с Надей, каждый день? Может снять квартиру побольше, тогда вы сможете оставаться там иногда ночевать. Но давай подождём пока он приедет.

- Я думаю, это правильно. Пусть папа сам скажет, чего он хочет.

-Что касается проблем, то Надя с сентября пойдёт в школу. Надеюсь ты не забыл? Ты обещал выяснить по поводу школы.

- Не только не забыл, а даже звонил. Есть две школы недалеко от нас. Одна «паблик», на 79-ой и Йорк авеню. Другая, частная. На 74й стрит и Йорк авеню. «Паблик», как понимаешь, школа государственная и туда идут дети всякие. В том числе и с «прожекта». Там могут быть такие детишки, что их и взрослые побаиваются. В частной школе обучение стоит 4 тысячи, я хочу завтра подъехать и, если все нормально, то запишу Надю.

В частной школе, Адама встретили радушно. Ему показали классы где учатся дети, столовую и другие помещения. Всё было идеально чисто и красиво. Адам записал Надю и получил список необходимых вещей, которые понадобятся ребёнку в школе.

- Ната, Надя, поздравляю! Бэби я записал тебя в хорошую школу.

- Дэди. Я не хочу школу. Я хочу дома, с маму.

- Ну уж нет. Я один раз уже сделал ошибку. Оставил тебя дома. Ты ни по-русски, ни по-английски толком не говоришь. Ты должна идти в школу, как все дети. Иначе тебя заберут от нас, и увезут в детский приют. А меня ещё посадят, за насилие над личностью.

- Адам. Перестань нести чушь. Она ещё маленькая и всего боится. Я с ней спокойно поговорю. Не пугай её.

- Я ещё самое главное не рассказал. Оказалось, что 4 тысячи, это за полгода и она идёт не в первый класс, а в «преп». Это значит, приготовишки. Может это и к лучшему. Школа действительно крутая, вот список что надо приготовить.

Поздно вечером позвонил Саша Птица.

- Привет, Адам. Ты можешь завтра заехать за мной?

- А что случилось? Ты же должен быть на новом «Ягуаре»?

- Завтра расскажу.

Адам выехал рано. Предупреждённый Саша, ждал на улице.

- Ну и где твой «Ягуар»? Попал в аварию?

- Если бы! Меня вчера отвезла Ирен. Всё в порядке. Машина стоит. Вымыта, аж блестит. Этот «Мурчало» даёт мне ключи.

- Твоя машина вся проверена. Катайся на здоровье.

- А почему «Мурчало»? Он что-то тебе подсунул?

- Вот именно, подсунул. Проехал я может 10 минут, как машина застучала, пошел дым, затем грохот. Я встал на шоссе. Вся дорога была в масле. Хорошо недалеко была бензоколонка. Я позвонил этому уроду, и меня так колотило, что я не мог толком говорить.

- Не волнуйся я сейчас пришлю за тобой тоу-трак. Всё сделаем.

- Я проторчал там два часа, а потом ещё у него в сервисе три. Там что-то с двигателем. Механик сказал, что надо всё перебирать. Гарантия на машину месяц. Представляешь, если бы я поездил месяц, а потом полетел мотор. На какие бабки я бы попал? Я сказал этому «Мурчало», что если он не сделает, то я разгонюсь на этом «ягуаре», и въеду в его стеклянный дилершип.

- Прямо так и сказал?

- Ну не сказал, так подумал. А если б я попал в аварию?

- Слава богу, ничего ужасного не произошло. Меня другое волнует. Если он тебя так легко кинул то, что может быть с машинами, которые мы отправляем в Россию?

- Ну с новыми машинами вряд ли будут проблемы.

- А с не новыми? Сделают нас крайними, и мы будем за всё отвечать. Тем более, что гарантия ни на какие машины не распространяется на территории России. Давай заедем в дилершип и всё оговорим. Нам проблемы не нужны.

Марчелло увидев Птицу, сделал соболезнующее лицо.

- Саша. Я очень извиняюсь! Ну кто мог знать. Но мы всё сделаем. Придется подождать несколько дней. Мы заказали некоторые детали, и как только получим, всё соберём.

- Марчелло. Я вот о чём хочу поговорить. Я и Птица несём ответственность за машины, купленные у вас. Это не значит, что мы их отбирали, но мы как бы вас рекомендовали. В Москве особо разбираться не будут. Все будем в ответе. Знаете, кто всё купил?

- Я всё понимаю. У нас в Москве есть сервисная мастерская. Если возникнут проблемы, мы все исправим. Что касается разборок, если до этого дойдет. Я из фамилии Гамбино. Слышали про таких. Я никаких дел там не имею. У меня свой бизнес. Я не гонюсь за большими деньгами. Кроме часов и золотых запонок, на мне ничего такого нет. Ну ещё стол сделан из полированного гранита, да рубашки я шью на заказ. А так всё, как у всех. Не переживайте. Всё будет в порядке и не надо волноваться.

- Хорошо, Марчелло. Дайте мне знать, когда машины повезут в порт. Я хочу проследить за погрузкой. Чтоб не было никаких проблем. Надеюсь мы поняли друг друга.

По дороге в гостиницу, Адам и Саша обменивались впечатлениями о проведенной встрече.

- Ты врубился, Птица, как он просто сказал, о своей принадлежности к мафии. Он не простой парень, как казался.

- А причём здесь мафия? Ты что-то путаешь, Адам.

- Фамилия Гамбино, одна из известных мафиозных семей в Нью Йорке, а сказал он это для того, чтоб не думали наезжать.

- Я через 3 дня лечу в Москву. Петр меня со всеми познакомит, и мы посмотрим кто круче.

- То, что ты едешь, это твоё дело, но «не гони кино». Сначала я прослежу за отправкой машин, а там посмотрим.

В гостинице их ждали. Павел и Пётр сложили вещи в багажник, и машина помчалась в сторону аэропорта. Птица и Пётр о чём-то шептались на заднем сиденье, Павел кипел от негодования, ерзал и оглядывался на заговорщиков.

- Смотри! – тихо шипел он. – Точно, два педика. Сейчас начнут целоваться. Мне противно на них смотреть.

- Противно не смотри. - Тоже тихо отвечал Адам. - Смотри вперёд.

После регистрации и отправки багажа, двое заговорщиков, вновь уединились и снова о чём-то шептались.

- Меня тошнит от этих уродов. Я с этим педиком разберусь.

- Паша, завязывай. Давай прощаться. Вас уже зовут на посадку. Я здесь прослежу за отправкой машин. Так-что не переживай.

- Я был рад с тобой познакомиться, Адам. Телефон у меня, твой есть. Я уверен, что мы ещё увидимся. Бывай здоров.

Гости отправились на посадку, время от времени оборачиваясь и махая руками.

- Я говорил тебе, Адам, что я хотел улететь вместе с ними, сегодня. Но не было билетов. Ничего. Улечу через три дня.

ГЛАВА XI

КОСТЮМЕРЫ

Костюмерами в Америке называли постоянных посетителей. Ну как например, пациентов у врачей или пассажиров на любом виде транспорта. Любой здравомыслящий бизнесмен, стремился к тому, чтобы костюмеры были постоянными. Адам и Ната старались узнавать своих костюмеров и запоминать привычки и предпочтения. Любой знак внимания был не лишним.

Работа занимала практически всё время. Адам не завёл новых друзей, а старые друзья или были далеко, или сами были заняты, строя свою карьеру в новой стране. Иногда кто-то звонил, жалуясь и сетуя на постоянную занятость и нехватку времени, чтобы посидеть за столом, как в былые времена. У всех были свои проблемы и дальше пустопорожних разговоров о работе и детях, говорить было не о чем. Однажды, в разговоре, Нолик сказал, что подумывает о своём бизнесе и хочет подъехать и пообщаться.

- Нолик, ты знаешь где меня найти. Подъезжай часам к шести.

- Адам, привет. Не забыл, мы договаривались?

- Не забыл. Садись, есть пол часика свободных.

- Я понимаю, что ты занят. Про тебя пишут все газеты.

- Если б все газеты писали, мы с тобой сейчас бы не разговаривали. Но жаловаться грех. О чем ты хотел поговорить?

- Ты помнишь мою жену, Иру? Она очень любит и умеет хорошо готовить. Мы подумываем открыть небольшое кафе. Что скажешь?

- Иру я конечно помню. Что касается открытия кафе, то я знаю по себе, что это очень непростой бизнес. Главное - это хорошее место. Но это только начало. Нужны деньги на строительство, оснащение и масса других расходов. Необходимо составить смету, но всё равно, что-то вылезет неучтённое. Потом начинается самое главное. Меню и кто это всё будет делать? Качество, основной аргумент, если к тебе пришли. Люди должны прийти ещё и ещё раз. Тогда у тебя есть бизнес. Это тяжёлая работа.

- Адам. Ты знаешь, как вкусно Ира готовит! Она получила непло-

хую страховую компенсацию на прежней работе. Мы купили небольшой домик в Си Гейте. Это в конце Кони Айленд авеню.

- Да, я знаю. Это небольшое комьюнити, отгороженное забором, с
охраной. Но там живут в основном религиозные евреи.

- Ты прав, Адам. Первым, там купил небольшой домик, Алик.
Твой бывший партнер. Помнишь его?

- Такое не забудешь. Оказался жуткий жлоб и жадина.

- Да, ты мне рассказывал. Это я тебя с ним познакомил. Ты знаешь,
Адам. В иммиграции все люди меняются. Он был неплохой парень в
Питере, а здесь здорово изменился.

- Ладно, Нолик. Чего о нём говорить. Так что за дом ты купил?

- Домик небольшой. Сделал ремонт внутри, поменял все окна. Ты
же знаешь, я здесь работаю в строительной фирме, да и в России имел
отношение к строительству. Так что все сам делал.

- Ты молодец. Я тоже хотел свое жилье, но не дом, а квартиру. Ната
боится жить в отдельном доме. Когда мы жили в Квинсе, недалеко от
нас, в районе Рего Парк, строили три высотных дома. Они же предлагали финансирование, при небольшом первоначальном взносе. Я мог
тогда купить, но Ната не захотела там жить, потому-что там было
много выходцев из России. Я тоже не большой поклонник, наших
соотечественников. Теперь жалею.

- А что сейчас? Вроде бизнес неплохой, можешь себе позволить.

- Это всё так. Но сейчас нужен большой первоначальный взнос и
нужно выдернуть из бизнеса, серьёзную сумму. Я решил пока рас-
кручивать бизнес, а потом уж купить где-нибудь жильё.

Вскоре Адам узнал, что Нолик с Ирой открыли кафе «Белые
ночи», в районе Гринвич Виладж. Кто-то из постоянных костюмеров
Адама был там и, по его мнению, всё оставляло желать лучшего.
Знание того, как готовит Ира, это было ожидаемый результат.

Посреди ночи у Адама разболелись зубы. Он промучился до утра.
Принимал какое-то болеутоляющее и к утру боль утихла. Как все
люди, проведшие детство в после блокадном Ленинграде, Адам
мучился зубами. Все чистили зубы, абсолютно кошмарным зубным
порошком, больше напоминавшем, толченный мел. Отсутствие
овощей и фруктов, постоянные дожди и слякоть на улице. Отсутствие нормальной одежды и обуви, постоянное чувство голода, а
главное отсутствие профессиональной медицины, сказывалось на
здоровье населения. Зрелище человека с раздувшейся и перевязан-
ной щекой, было обыденным явлением. Все понимали, у человека,
флюс. Это означало заболевание дёсен, от воспаления которых,
распирало щеку. Адам навсегда запомнил одну ночь. Ему было тогда

9 лет. От зубной боли он лез на потолок. Мама завернула его в какую-то шаль и повезла через весь город на Невский, где работала единственная на весь город дежурная зубная поликлиника. Там была громадная очередь, стонущего от боли народа и две одуревшие от воющих пациентов врачихи, с ненавистью рвущие больные зубы. Когда подошла очередь Адама, мама усадила его в кресло, крепко держа его руку.

- Открой рот! Шире. Всё ясно. У него дупло в зубе и там открытый нерв. Поэтому и больно. Сейчас мы этот нерв удалим.

Она сунула в больной зуб длинную иголку, и несколько раз повернула. От боли, Адам потерял сознание и мешком сполз на пол. Мама суетилась вокруг него, стараясь втащить в кресло.

- Вишь какой нежный! Вот твой нерв. Всё. Видишь?

Врач победно размахивала иголкой, на которой болталась белая ниточка. Она была настолько упоена своей победой, что ей даже не приходила в голову мысль о каком-либо наркозе.

- Сейчас я положу ватку с лекарством, а потом запломбирую. Через три дня, сходишь в свою поликлинику, тебе там поставят постоянную пломбу. Будешь до свадьбы с нею жить.

До свадьбы дело не дошло. На третий день щеку разнесло и опухоль стала сдавливать горло. Мама, снова укутала его в теплую шаль и повезла, в промёрзшем трамвае, снова через весь город на Лесной проспект, где находилась педиатрическая больница.

На операционном столе, под местным наркозом, Адаму вскрыли опухоль под челюстью и стали выдавливать скопившийся гной. Боль была невыносимой и Адам орал не своим голосом.

- Гады, фашисты. Больно, отпустите.

Медперсонал привычно занимался своим делом, но выражение, «фашисты», их больно задело.

- Ишь ты, какие же мы фашисты? Это тот, кто тебе зуб чинил, занес инфекцию. А мы должны всё вычистить.

Через несколько дней, мама снова везла его в промороженном трамвае домой, а какая-то злобная тётка, требовала уступить ей место.

Страх перед зубными врачами, преследовал Адама всю жизнь. В шестнадцать лет, заработав первые приличные деньги, Адам отправился к частному зубному врачу. Это было похоже на детективную историю из романов про шпионов. Частная практика была под запретом, но всегда были те, кто готов был рискнуть. Ему дали адрес и имя человека, от которого он пришёл.

На звонок, дверь приоткрыл человек средних лет. Адам произнес пароль и был запущен внутрь небольшой отдельной квартирке. Его провели внутрь глухого помещения, больше напоминающего шкаф и усадили в зубоврачебное кресло. Человек ушёл, но вскоре вернулся, облачённый в белый халат. Протиснувшись между креслом и стеной, он осмотрел широко открытый рот. Картина ему явно понравилась.

- Голубчик. Вам нужно поставить четыре моста. Это большая работа. И это стоит денег. Надеюсь вы меня понимаете?

Адам понимал и покивал головой в знак согласия.

- Вы должны будете приходить несколько раз. Вы согласны? Я понимаю, что таки да. Это будет...Это будет...

Он прошептал на ухо сумму, от которой у Адама заныли разом все зубы, но делать было нечего, и он обречённо кивнул.

- Для каждого мостика, мы должны обточить по два соседних зуба. На них мы оденем короночки, соединенные мостами. Вы хотите металлические или...

Он замолчал, ожидая от Адама подсказку.

- А какие ещё бывают?

- Ну знаете. Бывают и другие. Но это очень, очень дорого.

- Нет. Очень дорого не надо. Делайте металлические.

Следующий месяц, Адам ходил на процедуры, страдая и мучаясь до и после посещения. Зная заранее, что за пытки его там ждут, он ни за чтоб не согласился. Но большая часть денег, была отдана, и надежда, что у него не будет зияющие дыры во рту, поддерживала его мужество. Южный народ выделялся золотыми вставками во рту. Страдания Адама были не напрасны. При улыбке, рот ощеривался, всеми четырьмя мостами.

На прощание, подпольный дантист, пообещал, что мосты простоят 15 лет. Он ошибся. Они продержались почти 20 лет, а затем сами мосты, по одному отломались, оставив дырки и коронки на соседних зубах. Пришла пора что-то делать.

- Ната. Что ты думаешь, если позвонить Игорю Джофре?

- С чего это, вдруг. Ты ж сам говорил, что вы уже не друзья.

- Так-то оно так, но он и в России был хорошим зубным врачом и преподавал в медицинском институте. Я уверен, что он сдал экзамены и у него своя практика. Он к этому стремился.

- Я понимаю, что тебе нужен зубной врач, но почему к нему?

- Я ужасно боюсь зубных врачей. Потом, мы же были друзьями. Я очень надеюсь, что он отнесётся ко мне с участием и даже может сделает, по старой дружбе, неплохую скидку.

- Я думаю ты строишь иллюзии, но если хочешь, попробуй.

Адам открыл «жёлтые страницы» и довольно быстро нашёл офис

доктора И. Джофре в районе Джексон Хайтс. Адам набрал указанный номер и трубку поднял Игорь.

- Привет, Игорь. Это Адам. Помнишь меня?

- Привет, Адам, конечно помню. Ты по делу или просто...

- Я в принципе по делу. Мои зубы требуют серьезного ремонта. Ты сможешь меня осмотреть и сказать, что надо делать и сколько может это всё стоить?

- Подожди, я посмотрю день и время, когда я смогу тебя принять. Среда, в 10 утра тебя устроит?

- Вполне. Значит договорились. Адрес у меня есть.

- Ната, я позвонил Джофре. Он ничуть не удивился. Словно так и надо. Был очень ровен и корректен. Я еду в среду утром.

- Я тебе, мое мнение сказала, а ты решай сам.

В среду, Адам поехал на машине, в район Джексон Хайтс. Он давно здесь не был, но никаких особых перемен не заметил. Разве что появилось множество вывесок на магазинах с товарами из Индии. На тихих улицах, также были заметны выходцы из этой страны. Мужчины с тюрбанами на головах и женщины в традиционных сари. Адам покружился возле нужного адреса, в поисках парковки. Машин было много, но как это обычно бывает, он увидел отъезжающий автомобиль и быстро встал на его место.

Адам нажал кнопку звонка и дверь ему открыл сам Игорь.

- Проходи Адам, я сейчас освобожусь.

Адам с любопытством осмотрелся. Это была небольшая квартира, переделанная под медицинский офис. Небольшая приёмная, два кабинета и подсобное помещение. Судя по всему, Игорь работал один. Из одного из кабинетов доносился звук, такой знакомый и такой пугающий. Память Адама, услужливо подкинула картинку из далёкого прошлого. Старая зубоврачебная машина, с жутким звуком и тупым сверлом, вгрызается в его зуб.

- Адам! Адам, ты что уснул?

- Извини. Я просто задумался. Мне проходить?

- Да. Проходи садись. Я сейчас провожу клиента.

Адам осмотрелся в кабинете и сел, а вернее прилег в новое удобное зубоврачебное кресло. Всё вокруг выглядело очень современно и профессионально.

- Привет, ещё раз. Давай я завяжу тебе салфетку и расскажи, что ты хочешь делать со своими зубами.

- Лет 20 назад, мне поставили четыре моста. Сами мосты, со временем отломались, но коронки на соседних зубах, остались. Начали опять болеть зубы. Толком и не поймешь какой. Впечатление, что вся челюсть болит. Я хочу подлечить зубы и поставить новые мосты. В Америке, как-то неловко, ходить с дырками во рту. Ты что сам скажешь?

- Давай я сделаю осмотр, а потом скажу, что я думаю.

Осмотр занял несколько минут, и похоже был неутешительный.

- Я тебе скажу мое мнение, а ты уже решай, что ты будешь делать. Зубы в очень плохом состоянии. Особенно нижняя челюсть. Коронки надо спиливать и смотреть что там под ними. Практически весь рот надо протезировать. Но и это не самая большая проблема. Есть кое-что похуже.

- Господи! А что ещё может быть хуже?

- Адам. У тебя очень запущенный пародонтоз. Это заболевание десен. Для ленинградцев, особенно переживших блокаду, это очень распространённое заболевание.

- И что можно с этим сделать? Оно проходит?

- Само оно пройдет, если вываляться все зубы, но это шутка. Лечить это можно, прооперировав всю челюсть. Верх и низ. Нужно вскрыть десна и всё вычистить. Затем ввести антибиотик и зашить. Когда это, месяца через три заживет, можно приступать к протезированию. Но толком я могу сказать, только после рентгена. Есть несколько зубов, которые шатаются. Их придется удалять.

- Мама родная. Я очень боюсь зубной боли и всё что с этим связанно. Сколько времени это займёт, и сколько может это стоить? Надеюсь, ты мне сделаешь какую-нибудь скидку?

- Что касается сроков, то надо рассчитывать на полгода, а по деньгам, я опять могу более определённо сказать после рентгена. Самое дорогое, это моя работа. Ты можешь пойти к дантисту хирургу, могу и я тебя прооперировать, но цена от этого мало изменится. Относительно протезирования, есть стандартные расценки и здесь тоже мало, что можно сэкономить.

- Ну хорошо. Я понимаю. Сколько это может всё стоить?

- Я думаю в районе 10 тысяч долларов, но опять после рентгена.

- А ты сможешь мне дать рассрочку платежа?

- Половину нужно внести сразу, а остальное частями, но всё должно быть погашено, до окончания работ. Ты, Адам подумай. Если решишь, позвони и мы назначим апоинтмент. Договорились?

Дома Адам передал весь этот разговор, Нате!

- Я так и знала. Вот он, твой дружок. Дело даже не в этих сумасшедших деньгах. Я понимаю, что тебе надо что-то делать со своими зубами, а в том, что он всегда притворялся твоим другом, а на самом деле, он обычный, скупой... фу, не хочу говорить.

- Я понимаю, что никакой дружбы там нет, но мне нужен хороший врач. Я верю, что он сделает всё что надо, и сделает хорошо.

Следующие полгода, Адам вспоминал как один большой кошмар и постоянные мучения от боли во рту. Операцию Игорь провел, предварительно одев Адаму маску с «веселящим газом». Боль пришла потом. Адам глотал болеутоляющее лекарство. Глотал жидкие каши, вместо еды, при этом работал на кухне, не позволяя себе расслабиться. В назначенные дни он ездил в офис к Игорю. Тот разрезал Адаму старые коронки на зубах, проверял как заживают раны на деснах и утешал тем, что все страдания не будут напрасными. Время шло, дёсны заживали, на оставшиеся зубы Игорь сделал, временный пластмассовый протез.

- Адам. Я предлагаю сделать съёмный протез, так будет лучше.

- Игорь. Ты можешь сделать мне стационарный протез? За все мои страданья я смогу иметь полноценную челюсть.

- Ну хорошо! Это будет металлический протез, а спереди порселановые зубы. Выглядеть будут как натуральные. Пришёл и день последний. Тяжелый протез был посажен на цемент и в зеркале Адам увидел свой, полный зубов, улыбающийся рот.

Адам рассчитался, и они разошлись, чтоб больше не встречаться.

За всё это время Адам не забывал, не только работать, но и следить за отправкой машин, на погрузку к шипшандеру. Это была компания в Нью Джерсийском порту, которая загружала контейнеры, ставила пломбу, готовила документы и отправляла готовые контейнеры на судно, контейнеровоз. Руководили этой компанией два весёлых итальянца. Адам познакомился с ними в первый день, когда привезли большую партию машин на отправку.

- Адам. Из всех машин, три вообще. Он помахал типичным итальянским жестом, всей ладонью сверху, вниз. – Тоу трак... из него повалил дым. Две других тоже. Он повторил этот жест. - Мы завели, чтоб заехать в контейнер. Мама мио. Стронцо.

Адам не стал выяснять, что означает это слово, но сказал, чтоб эти машины отвезли обратно Марчелло. Благо перевозчик автомобилей стоял там и ждал документы. Он же позвонил Марчелло и тот попросил Адама к телефону.

- Адам, мне сказали ты отправляешь машины обратно. Ты не можешь этого делать. Если есть какие-то проблемы мы там, в Москве, всё исправим. Я говорил тебе, что там, у меня есть сервис. Мы всё сделаем на месте.

- Марчелло. Мне моя задница дороже. Машины купили бандиты и я не хочу быть крайним. Сделай машины здесь, а потом отправляй.

Мне Саша Птица надоел со своим «ягуаром». Но он здесь, а там другие люди. Они не станут вникать.

Адам, переживал не на пустом месте. Птица вернулся в Нью Йорк и вид у него был, совсем не победителя.

- Что-то ты совсем не весёлый. Я думал ты вернёшься победителем. Но не похоже.

- Хорошо, что я ноги унёс. Не передать что там было.

- Ну рассказывай, Птица. Не тяни кота за одно место.

- Вообщем я попал на разборку. Динара, это сестра Стрижа, вела разборку. Пётр попался на «крысятничестве».

- Ты толком объясняй. Я этих всех дел не понимаю.

- Короче. Стриж, вор в законе. Но всем рулит его сестра, Динара. Пётр, что-то там приписывал в отчёте по поездке, то есть «крысятничал», ну хотел обокрасть своих.

- Это он зря. Я слышал, что за такие дела и на «перо», могут посадить. Он что, совсем тупой, или жадный.

- Я уже теперь и не знаю. Короче, Адам. Он стал тонуть, а с ним и я. Там и Павла спрашивали, так он подкинул дровишек. Говорил, как Пётр, на свою машину, добавлял разные прибамбасы. В общем, Петра из команды выгнали, документы на машину отобрали. Требовали и мои документы, но я сказал, что оставил в Нью Йорке. Эта Динара, страшнее Стрижа. Требовала всех кончить.

- Ну ты, Птица! Попал в вагон для некурящих. Джип отобрали, а могли и шею открутить.

- Про джип мы ещё посмотрим. Документы у меня были с собой. Я оставил там одному моему дружку. Он паренёк не слабый. Я ему обещал денег, если он сможет мою машину угнать.

- Машины буду через месяц, другой в Москве. Смотри сам, что делать.

- Надеюсь мой дружок не подведет.

Начинался сентябрь. Пора было собирать Надю в школу. В первый понедельник сентября, традиционно праздновался «день труда». Школа начиналась сразу после него. Наде купили всё что было перечислено в списке и она, в своей новой форме, выглядела торжественно и трогательно. В обычных школах обязательной формы не было, но частные и религиозные школы, предпочитали соблюдать консервативные традиции.

Адам подогнал машину к подъезду, где его ждали Ната и Надя. Обе были грустные и печальные.

- Бэби, садись в машину! Вы расстаётесь не навсегда, а на 3-4 часа. Никаких слёз не надо. Мы едем в школу.

Вокруг школы было множество машин. Ни о какой парковке, речи не было. Машины стояли как попало и вероятно, транспортная полиция, учитывая торжественность момента, не беспокоила и не выписывала штрафные квитанции.

Каждый класс собирался около своего учителя. Адам отвел Надю к группе «приготовишек». Все были взволнованы и старались не плакать. Глядя на всеобщую, чрезвычайно волнительную атмосферу, Адам сам старался сдерживать эмоции.

- Надя! Я буду тебя вот здесь ждать, когда ты выйдешь. Хорошо?

Она кивала, а слезинки катились по детскому лицу.

- Всем родителям спасибо! У вас есть расписание. Встречайте детей в назначенное время. Дети. С новым учебным годом всех вас! Входим в школу, каждый класс, за своим учителем.

Взбудораженные родители не расходились, а рассыпались на группки, обсуждая волнительное событие и знакомясь. В основном это были женщины. Большинство выглядели чрезвычайно обеспеченными, одетыми словно на светский раут и на шикарных автомобилях. Несколько дам были больше похожи на воспитательниц или нянек, на хозяйских машинах. Адам, чувствовал себя неуютно, среди этого праздного общества и поспешил ретироваться, вслед за еще одним мужчиной, доставившего свое чадо в школу. Адам вернулся домой.

- Ну расскажи, Адам. Как всё прошло. Надя очень плакала?

- Плакала, но не очень. Я ее должен забрать через три часа. Боюсь я сделал ошибку, отдав Надю в эту школу.

- Почему ты так говоришь? Там что-нибудь случилось?

- Ничего не случилось. Дети как дети, а вот родители. Эдакие расфуфыренные дамочки, с такими манерами... На мой «Бьюик электру», смотрели словно я приехал на чём-то неприличном. А это, между прочим очень даже, неплохая машина. Не новая, но в приличном состоянии.

- Адам. Может тебе это показалось?

- Не думаю. Я очень хорошо чувствую, когда тебя разглядывают эдак... снисходительно, с оттенком превосходства и удивления. Мне так на них наплевать, но их дети, «с младых ногтей» впитывают это чувство превосходства, богатых над всеми остальными. Надя может с этим столкнуться, а она ещё не готова. Она не умеет постоять за себя. Ей всему этому надо учиться.

- По-моему ты всё драматизируешь. Надя милая девочка и с ней все будут дружить. Я по себе это знаю.

- Ты росла в другой среде. Будем надеяться, что всё наладится.

Адам застал около школы, то же общество, которое встретил утром. То, что он не один из них, стало ещё яснее. Возможно то, что он был единственный мужчина в этой толпе праздных женщин, и это, вызывало естественное недоумение.

Надя была тихонькая, но не плакала.

- Бэби! Как было в школе?

- Хорошо, дэди.

- Дети тебя не обижали?

- Не обижали, дэди.

Адам понимал, что она пережила небольшой шок и лучше ее не трогать. Он отвез Надю домой и передал её, переживающей маме.

Неожиданно позвонил Вилли. Адам совсем забыл о нём.

- Привет, Адам. Совсем зазнался. Стал богатым и знаменитым.

- К сожалению, ни то, ни другое. Работаю, лечу зубы, вожу ребенка в школу. Обычная рутина. Суета, сует. Что у тебя?

- Если о бизнесе, то никак. Закрыл и теперь работаю поваром в ресторане, «Метрополитен Опера». А если о личной жизни, то женился и даже успел родить сына. Я его ждал 42 года.

- От души поздравляю. Ребёнок даёт смысл всему, зачем мы здесь. А кто счастливица мать? Русская?

- Нет. Она американка. Причём из англосаксов.

- Ну ты даешь! Где ты её откопал?

- Мы познакомились в Калифорнии. Я ездил навестить приятеля.

- Навестил? И жену привез оттуда.

- Вроде да. Но не всё так просто. Она была замужем.

- Так ты злодей! Разбил чужую семью. Надеюсь не приятеля?

- Да нет. Она сама так решила. А я не сопротивлялся.

- Есть избитая фраза. Всё что ни делается, всё к лучшему. Как Виктор? Слышал что-нибудь о нем?

- Он в Питере. Работает шефом. Обучает молодёжь поварскому искусству. Зарабатывает больше нашего и всем доволен.

- Что ж. Каждому своё. Что с ребятами, его племянниками?

- Они неплохо стоят. Вокруг них крутится много молодняка. Тусуются. Устраивают выставки-распродажи. Гуляют.

- Всё правильно. Гулять надо пока молоды. Какие у тебя планы?

- Какие планы, Адам? Я должен приносить домой 500 баксов в неделю. Это мои планы. Работа неплохая. Я работаю один. Приходит иногда корпоративный шеф-повар, проверяет. Делаю пару горячих блюд для ресторана. Будешь в Метрополитен Опере, загляни в ресторан.

- Вот, вот. Я что-то давно не был в опере. Звони, не пропадай.

Как всегда, Адам рассказал об этом разговоре Нате.

- Знаешь. Мне его даже как-то жалко стало. Бизнес потерял, правда приобрел жену и сына, но голос был грустный.

- Не знаю, Адам. Он сам во всём виноват. Ты не помнишь, как он гоношисто, выступал у нас дома. «Комсомольский секретарь», всё зачитывал права и обязанности. Из-за него вы потеряли бизнес. Ты уже всё забыл?

- Я, конечно, помню. Прошло много времени. Кто знает, что лучше было бы. Повар то он неплохой. Но организатор никакой. В Питере он был заместителем знаменитого повара Фатова в ресторане «Невский», а после его смерти, занял его место. А я был самым молодым директором ресторана. Мы слышали друг о друге, но познакомились здесь, в Штатах. Может мне взять его на работу? Я не могу всю жизнь стоять на кухне? Мне это осточертело. Я никуда не двигаюсь.

- Лыко-мочало. Ты опять за своё. Наша жизнь немного наладилась, есть работа. Спасибо тому доброму человеку, что написал про нас статью. Всё ведь с него пошло. У нас хорошая квартира. Ребёнок пошёл в школу. Кстати, Адам. Я хочу закончить высшее образование и найти приличную работу. Я не хочу больше сидеть дома. Я хороший художник, и я хочу рисовать. Мне нравится иллюстрировать книги, и я хочу этим заниматься.

- То, что ты талантливый художник, я говорил тебе всегда. Ты правда давно ничего не рисовала, но талант не пропьёшь. А где этому учат в Нью Йорке? Ты узнавала?

- Да я узнавала и даже послала документы.

- А чего ж ты от меня скрыла? Такие вещи в семье оговаривают.

- Я подумала, что ты будешь против, а я очень хочу чем-то ещё заниматься, кроме того, что быть хостес в ресторане.

- Если ты твёрдо решила, я тебе мешать не буду.

Адам постоянно думал о том, что делать дальше. Ресторан, была случайная идея, и появилась как способ вылезти из трясины, в которую его завело желание осуществить концепцию фаст-фуда, взяв за основу пиццу. Сама идея фаст-фуда, Адаму очень импонировала. Там был масштаб. Возможность управлять большим бизнесом и в случае удачи, финансовая независимость. Вопрос как этого добиться и на чём базироваться, был вопрос на «миллион долларов». Идеи постоянно возникали и отвергались, ввиду явной несостоятельности. Основная проблема, по размышлениям Адама, находилась в сфере финансирования. Любой проект, требовал значительных материальных средств, и уже в начальной стадии подразумевал естественный риск. Ната пошла учиться и это не на один год. Надина школа, тоже требовала немалых денег и постоянного внимания. Набрать первоначальный капитал на любое новое дело, можно было, получив кредит, либо копить. Последнее казалось самым унылым и бесперспективным.

Философские размышления Адама прервал телефон.

- Привет, Адам. Стив, компания «Гейнс». Как дела?

- Привет, Стив. Всё нормально. Работаю. Это главное.

- Ты не прибедняйся. Я слышал, твой ресторан, стал очень популярным и давно собираюсь его посетить. Я знаю, что и другие дела, тоже идут очень неплохо. Мне звонил Марчелло Гамбино и поблагодарил за рекомендацию. Машины уже отправлены. Неплохая сделка. Почти миллион долларов.

- Было дело. Я предлагал эту сделку тебе.

- Извини, Адам. Я тогда был очень занят. Если будут ещё сделки, я в твоем распоряжении. На днях заеду поужинать и пообщаться.

- Только позвони, Стив заранее. Народу очень много.

Стив, нравился Адаму. Он был первый, кто дал Адаму кредит на покупку лимузина, и он же помог избавиться от него, когда Адам решил уйти из лимузинного бизнеса. Он был симпатичный молодой американец и работал на своего отца, выходца из польских евреев. Тот создал империю лимузинов под названием «Гейнс». Мистер Гейнс старший, был очень элегантный, спортивный и уверенный в себе бизнесмен. Как говорят американцы «селф мэйд мэн». Человек, кто сам себя сделал. Адам видел его только издалека. Сын был похож на отца.

Стив позвонил и заказал столик на двоих.

- Адам, привет! Познакомься с моим другом доктором Даниэлем Мэйз. Он известный хирург и он слышал о твоём ресторане.

- Хелло, Адам. Один из моих пациентов, очень расхваливал ваш ресторан и, особенно, гречневую кашу.

- Спасибо ему на добром слове, а гречневая каша у нас действительно есть. Пойдёмте, я провожу к вашему столу.

- Адам. Посоветуй, что нам заказать. Я и Дени здесь впервые, и мы полагаемся на твой вкус. Но гречневая каша обязательно.

- Взгляните на меню, а я вернусь через пять минут.

Адам нырнул за занавеску на кухню. Все были готовы и только ждали команды. Он знал, что его «ихос» не подведут.

Он звал их «ихос», что означало сыновья. Он был их «папа»!

- Стив, мистер Мэйз. Что я могу вам предложить?

- Адам. Можешь звать меня Дени. Я хочу бефстроганов с гречневой кашей и на закуску блины с чёрной икрой.

- А мне, стейк мидиум рер с гречневой кашей и каким-нибудь соусом, блины с красной икрой. Дени, по бокалу красного вина?

Даниель согласно кивнул головой.

- Господа! Спасибо за заказ. Я вас ненадолго покину и лично прослежу за вашим заказом. Приятного аппетита!

Адам немного лукавил. Он не просто следил за заказом, а сам его делал. В зале появилась Ната, и он мог спокойно удалиться на кухню. Они с Натой договорились, что пока она учится, она будет помогать в ресторане 2-3 часа вечером, но Адам понимал, что рано или поздно, проблему замещения Наты, надо будет решать. Она казалась незаменимой. Большинство костюмеров хотели, что б она уделяла им внимание и Ната старалась никого не обделить вниманием. Она помнила всех и очень искренне и серьёзно относилась к каждому желанию гостей. Словом, она была звездой этого шоу, под названием русский ресторан «Пирог».

Её знали многие. Она знала почти всех. И называла многих по имени, как они записывались при заказе на столик. У Наты были свои любимчики и те в свою очередь относились к ней с обожанием. Один из таких любимчиков был сеньор Паоло Винченцо, модельер. Он дарил Нате безумные платья из своей коллекции, и она ходила в них на работу. Адам видел его только однажды. Это был необыкновенно толстый, с тяжёлой отдышкой итальянец, который любил очень много есть. Обычно он заказывал две порции блинов с чёрной икрой, две котлеты по-киевски и малину со взбитыми сливками на десерт. Эта неуёмная страсть к еде и огромный вес, свели его преждевременно в могилу. После него у Наты осталась большая коллекция его платьев, но она перестала их носить, соблюдая таким образом траур, по своему верному поклоннику.

Однажды в ресторане появились три удивительные фигуры, которые стали не на один год, почитаемые и всегда с почетом принимаемыми гостями. Двое мужчин, оба в длиннополых рясах, были служителями православной церкви. На головах они носили высокие черные клобуки.

Один был высокий, с густым басом, назвался отцом Никодимом, другой пониже, с великолепным крестом на золотой цепи, оказался директором Свято-Сергиевской гимназии, отец Сергий. Женщину они называли матушка Анна. Она не носила монашеской одежды. Одевалась скромно и с достоинством. Эти трое были очень дружны и всегда приходили вместе. Отец Никодим служил в Русской Православной церкви на Парк авеню и мечтал построить свечной заводик. Ната, да и Адам были в восторге от новых гостей. Им всё нравилось.

Особенно еда. В постные дни они заказывали винегрет и селёдочку, а когда можно отварную рыбку.

В скоромные дни ели салат «оливье» и матушка просила Адама, рассказать секрет горошка, в салате.

- Всё очень просто. Вы покупаете горошек в банке, он практически серый, а попробуйте купить замороженный. Будет ярко-зелёный.

Они облюбовали стол в первом, «некурящем» зале, и каждый входящий непременно натыкался на них, и всем это нравилось.

Они любили выпить водочки, посидеть за дружеской беседой и послушать русские романсы, которые ставил Адам.

Однажды отец Никодим, будучи в весёлом расположении духа, взял белую салфетку и стал изображать разбитного швейцара, распахивая дверь, для входящих и выходящих. Народ воспринимал это, как часть ресторанного шоу и даже пытался сунуть чаевые. Батюшка от них великодушно отказывался. Матушка урезонивала расшалившегося отца Никодима.

- Перестань, отец Никодим. Что люди подумают?

Отец Сергий, напротив был всегда ровен и полон достоинства.

Он происходил из благородного старинного рода, а когда случилась революция он переехал в Америку и принял монашество. Большой крест с камнями остался на память о предках.

Адам слышал рассказы о Свято-Сергиевской гимназии. Там учились дети тех, кто убежал от власти большевиков.

Адам принял на работу актера Сашу, сбежавшего или как, говорили американцы «дефектед» во время гастролей московского театра со спектаклем, «Юнона и Авось». Олег Табаков, сидевший за столом, который обслуживал Саша, громогласно объяснял своим спутникам:

- Ну вот Саша сбежал. Для того, чтоб быть официантом.

Это было неприятно слышать. Но были и другие встречи. Однажды, известный брайтоновский антрепренер Давид, позвонил и попросил оставить стол на 10 человек. Если можно отдельно.

- С нами будут Гафт, Ширвиндт и Державин.

Это были любимейшие актеры из той жизни. Адам и Ната оставили для них всю первую половину ресторана.

Встреча была очень приятная. Немного постаревшие, но по-прежнему улыбчивые и немного ироничные. Ресторан им чрезвычайно понравился и всем было весело. Гафт спрашивал:

- Как же я никогда не слышал про этот ресторан?

- Всё, Валя. Успокойся. Теперь ты знаешь.

- Я написал стихи. Как хорошо сидеть в ресторане у Наты, не за свои, чужие траты!

Адам старался не ударить лицом в грязь. Все блюда готовил лично. Ширвиндт закурил свою трубку и Адам, естественно не стал его останавливать, хотя курить трубку или сигару в помещении ресторана не разрешалось.

Адам спросил у стоявшего у окна Гафта, как сейчас в России.

- Я хотел бы съездить, посмотреть, что там происходит.

- Не советую сейчас, голубчик. У нас там не очень... бытово.

Прощанье вышло трогательным, со взаимными сожалениями.

Среди гостей ресторана, Адам особенно отмечал коллегу по профессии, владельца сети ресторанов «Dallas BBQ”. В просторечии называемым “Даллас Бар Би Кью.» Это были огромные рестораны, которые могли посадить одновременно до 500 человек. Меню было чрезвычайно лимитировано, а сервис упрощен до минимума. Основу составляла курица гриль, половина тушки, обильно смазанная острым и пряным соусом барбекю, или «кости», как называла это Надя. Это цельное свиное ребро барбекю, тоже приготовленное на гриле. На выбор к ним можно было заказать запеченную картошку или «френч фрайс». Было ещё несколько блюд, но основная масса посетителей заказывала именно это. Напитки подавали в огромных фужерах на толстых ногах и назывался такой бравый напиток, «техасский стиль». После одного такого бокала «блади Мери», что означало «кровавая Мери», хотелось веселиться.

Салат из капусты «коле слоу» и запеченные под острым соусом бобы, дополняли нехитрое меню. Можно было заказать пол ребра и четверть курицы, в одном флаконе. Присутствовало ещё два-три блюда, но не существенно. Десерта в меню не было.

Заказы столиков, настойчиво рекомендовались. Народу, ожидающего свободный столик, было множество. При входе было припаркованы не меньше дюжины велосипедов, для доставки еды и они постоянно отъезжали с новыми порциями для заказавших на дом. Большая часть посетителей были темнокожими. Это еда вероятно, импонировала им, напоминая ностальгическое прошлое. Счастливчиков, дождавшихся своей очереди, провожала к столу хостес. Столы сдвигались и раздвигались, в зависимости от величины компании. Всё было очень демократично. Вновь прибывшим раздавали меню, оно было напечатано на листе бумаги, который заменял салфетку на столе. Официант собирал заказ и исчезал на кухню. Если были заказаны напитки, помощник официанта ставил их на стол. Еду приносили на огромных овальных тарелках. Там же лежал кусок хлеба из кукурузной муки.

Бумажные салфетки, приборы, бутылки с кетчупом и соусом

барбекю ставились на стол. Порции были просто громадные. Недоеденное, запаковывалось и уносилось домой. Американцы с юмором называли это «доги бэг», упаковка для собаки.

Но все понимали, что, не только собаки принимали участие в этом пиршестве. Они воспринимали это, как само собой разумеющееся. За всё заплачено. Если человек переставал есть, то появившийся официант задавал стандартный вопрос:

- Сэр/ Мэм! Могу я предложить «доги бэг»?

Поскольку десерт отсутствовал, больше в ресторане делать было нечего и оставалось попросить чек.

Грег, так звали владельца «Dallas BBQ", приходил в ресторан со своей женой. С Адамом он познакомился в первый же день.

- Хелло, Адам. Меня зовут Грег. Моя супруга Милли. Я много о вас слышал и решил сам проверить, насколько это соответствует действительности. Я владелец «Dallas BBQ". Надеюсь вы слышали обо мне? Я говорю о ресторанах.

- Грег. Я не только слышал. Но я, и моя семья, ваши костюмеры. Моя дочь, обожает «рибс». Она называет их - «кости». Мы довольно часто посещаем ваш ресторан на ист 72 стрит. Я рад знакомству и надеюсь вам здесь понравиться!

- Знаете, Адам. У меня есть русские корни. Не ожидали от владельца ресторана, с таким техасским именем.

- Вы правы. Мы думали о типичном ковбое, открывшем подобное заведение. Но уж никак, не о потомке русских переселенцев. Мне вообще очень импонирует концепция ваших ресторанов. Это уже не фаст-фуд, но не ресторан, как мы привыкли. Все просто, добротно. Качественная еда и её много. Ничего лишнего. Простой сервис и очень быстрая оборачиваемость посадочных мест. Скажите, Грег. Вы специально не держите в меню десерт?

- У вас профессиональный глаз, Адам. Мои клиенты идут в мои рестораны, зная, что их там ждёт. Они хотят за свои деньги, много и вкусной еды. Быстро, просто и они не думают, как надо вести себя за столом. Они пачкают руки и лицо в барбекю соусе и им весело. Взрослые и дети, веселятся одинаково, а десерт - это для тех, кто хочет долго сидеть за столом, общаясь с друзьями. Там нет скатертей или красивой дорогой сервировки. Все очень просто.

- Мне это очень импонирует. Я фанат фаст-фуда, но вы, Грег, нашли свой, неповторимый концепт и это прекрасно работает. Они понимали друг друга. Грег и его супруга Милли, стали постоянными посетителями «Пирога», а Адам и его семья верными поклонниками «Dallas BBQ".

Одним из самых почитаемых костюмеров был без сомнения мистер Загат. Он приходил всегда с сыном, тинэйджером. Он представился Адаму во второе, а может третье посещение.

- Адам. Вам моя фамилия не о чём не говорит?

- Я видел на вашей кредитной карте, стоит фамилия Загат, но простите мою неосведомлённость, что-то очень знакомое, но я не могу вспомнить где я это слышал.

- Вы наверняка слышали о журнале «Загат сурвей»?

- Разумеется. Это один из престижнейших журналов в ресторанном мире. И не только ресторанном, вообще в мире еды. Какой я дурак. Вы мистер Загат! Стало быть, ...

- Вы абсолютно правы, Адам. Я владелец этого журнала.

- Вас же все рестораторы боятся, как огня. А я, дурак болтаю с вами попросту, вместо того чтоб следить за всеми.

- Вам нечего бояться Адам. Мой сын может подтвердить, что нам, у вас нравится. А он очень привередливый, как все тинэйджеры. Мы живём неподалёку отсюда, и когда я спрашиваю, где он хочет пообедать, он называет ваш ресторан.

- Я вам и вашему сыну искренне благодарен за лестное мнение. Вы всегда желанные гости.

- Я пришлю к вам свою группу. Они пообедают и выскажут своё мнение. Не волнуйтесь. У вас всё нормально.

Через несколько дней пришла группа из шести человек, которые представились сотрудниками журнала «Загат сурвей». Они заказали большое количество различных блюд. Все, всё перепробовали. Что-то записывали в блокнотах и переговаривались между собой. Адам старался понять, нравится им еда или нет, но они были очень ровны и профессиональны. В этом журнале были четыре основные показателя, по которым выставлялись баллы. Еда, сервис, интерьер и общая обстановка.

Журнал, созданный Тимом и Ниной Загат, тогда только набирал свою популярность в Нью Йорке, а со временем стал одним из мировых лидеров, создающих информацию. И не только о ресторанах, но и отелях, ночной жизни, шопинг, кино, театры, и многое другое. Журнал собирал и обобщал мнения множества людей, добровольно присылавших свои впечатления. Попасть на страницы журнала, да ещё получить высокие балы, было большой честью. Неблагоприятные отзывы, напротив могли свести на нет, все усилия по созданию хорошей репутации, и соответственно бизнеса. Выхода журнала ждали с нетерпением. Как владельцы различных бизнесов, так и те, кто этими бизнесами пользовался.

По уже сложившейся традиции, первым кто поздравил Адама, с блестящим ревю в «Загат сурвей», был Вилли.

- Ты скажи, Адам. Ну что у тебя, там такого есть. Твои баллы можно сравнить с таким рестораном как французский «Петросян». Ты был, когда- нибудь в этом ресторане?

- Я конечно, слышал о нём, но никогда не был. Он специализируется на продаже чёрной икры, сёмги и фуа гра. У них своя фабрика во Франции. Такие цены не для меня.

- А я там был на экскурсии. Это реально высокого класса заведение. Как «Загат», может тебя с ним сравнивать. Про «Рашен Ти Рум», я вообще не говорю. Твои оценки выше.

- В «РТР» я однажды заходил. Я поначалу работал в ресторане «Рома ди Нотте», на 54й и Лексингтон. Меня хозяин отправил на две недели работать в другой его ресторан, на 57 стрит, «Фонтана Ди Треви». Прямо напротив «РТР». Я должен был передать пакет для хозяйки. Вот я и зашёл туда. Всё блестит золотом. От дверей до самоваров. Аж в глазах рябит. Шик и блеск.

- Да, по-моему, очень претенциозно. Пошловато. Мне говорили, что еда там не очень. Виктор же там работал. Он говорил, что сырники делают на три дня. Это не класс. Дверь в дверь с Карнеги Холл. Это несомненно приносит дивиденды. Да ещё здание выкуплено. Адам. Ну как можешь ты с ними соревноваться? Туда вложены такие бабки, что нам и не снилось.

- Вилли, я с тобой согласен. Но рецензии писал не я. Я даже не хотел брать с них за обед, но они не согласились.

- Что ты хочешь сказать? Они тебя проверяли?

- Нет. Взяли с потолка и написали. Конечно приходили, проверяли. Сам Тим Загат, ходит обедать с сыном. Иногда с женой. Им всем нравится.

- Я должен приехать, посмотреть, что у тебя там такое.

- Ты уже грозился. Приезжай. Секретов нет.

Лестный отзыв в «Загат сурвей» принес свои дивиденды. Работы стало ещё больше.

ГЛАВА XII

СЕКОНД ХЕНД

Начало недели ознаменовалось приездом в Америку отца Наты. Ситуация в России изменилась и выезд стал доступен для тех, кто сидел многие годы в отказе, по самым различным причинам.

- Адам. Ты не забыл, что мой папа прибывает в воскресенье?
- Я не забыл. И даже нашёл ему апартамент в Астории. Небольшая студия, но я думаю, его это устроит. В греческой части и недалеко от сабвея и магазинов.
- Но первые дни он побудет у нас. Ему надо привыкнуть к Нью Йорку. Да и он сам захочет побыть со мной и Надей.
- Конечно. Если захотите, я смогу утром вас куда-нибудь возить. Поедем все вместе его встречать. Бэби, поедешь встречать гран-па? Он очень хочет тебя увидеть. Это твой дедушка.
- Дэди. Как я его буду звать?
- Просто гран-па.
- А ты сказал дедушка.
- Бэби! Гран-па - это по-английски, а дедушка по-русски. Поняла?
- Поняла. Я буду звать его гран-па. Он мамас дэди?
- Молодец. Так и есть. Он мамин папа.
- Адам. Не путай её. Папа в английском – это дедушка.
- Тут сам чёрт ногу сломит. Короче. Все зовём его - гран-па.
- Но ты зови его лучше по имени, Яков. А то у вас возраст, не на много разнится. Но я сначала у него спрошу.

В воскресенье всё семейство стояло с цветами в Джей Эф Кей и ждало, пока появятся пассажиры с самолета Аэрофлота. Двери открывались, пропуская очередную порцию счастливчиков. Раздавались крики, слёзы лились ручьем и вновь прибывшие попадали в объятия тех, кого они и не надеялись больше увидеть. Сцены были душераздирающие, с обмороками, счастливыми рыданиями, а подчас и горькими. Не все дожили до той минуты, когда можно было увидеть дорогие лица. Надя, как и многие, плакала, заново переживая смерть матери. Наконец, в дверях показался небольшого роста, немолодой человек, растерянно рассматривающий встречающую толпу. Он увидел Надю и тоже стал плакать. Они стояли, обнявшись и оба сотрясались в рыданиях, всё еще не веря, что нет с ними самого дорогого для них человека.

Надя подёргала мать за рукав.

- Ма. Это – гран-па?

- Да, котёнок. Это твой гран-па

Дедушка, никогда не видевший внучки, подхватил её на руки и прижав к груди, боялся её отпустить.

- Гран-па. Пусти, а то я не дышу.

- Папа. Ты извини, но она не очень хорошо говорит по-русски.

- А как же так? Её надо учить правильно разговаривать.

- Всё. Узнаю своего папу. Поехали домой. Поговорим по дороге.

Ната и дедушка, на заднем сиденье говорили о Москве, вспоминали маму, плакали и успокаивались. Надя вертелась на переднем сиденье и пыталась принять участие в разговоре.

- Гран-па. Ты будешь с нас жить? А где ты будешь спать?

- Бэби. Сиди не вертись. А то меня остановит «полис». Дома поговорим, и ты всё узнаешь. Гран-па пока будет у нас.

По дороге домой Надя стремилась рассказать гран-па, как она любит Нью Йорк и, что он тоже его полюбит.

- Всё, ребята. Вы дома. Устраивайтесь. Кормите гран-па, а я должен ехать на работу. Увидимся поздно вечером.

Через три дня Адам отвозил гран-па на снятую для него квартиру.

- Яков. Ты осваиваешься в Нью Йорке? Надя к тебе очень привязалась. Ната, само собой, очень радуется твоему приезду. Ты можешь приезжать к нам в любое время. Ната с Надей могут приезжать к тебе на выходные. Я помогу со всеми проблемами по устройству. Ты сможешь получать пособие по возрасту.

- Адам. Я совсем ещё не глубокий старик. Я хочу работать и буду её искать. По моей специальности, вряд ли я найду работу в Нью Йорке. Буду искать по всей стране. Где найду, туда и перееду.

- Я, грешным делом, подумал, что ты остался один в этом мире, и захочешь быть поближе к детям. Меня не считай, но Ната и Надя, это всё что у тебя есть. А ты планируешь куда-то уехать.

- Да, Адам. Эти две свечечки есть, но я хочу ещё жить.

Адам передал этот разговор Нате.

- Да я знаю. Так будет лучше для всех нас. Папа хочет начать жизнь сначала и я, не могу ему мешать.

- Я это не очень понимаю. Мне казалось, что он будет жить недалеко от вас и у Нади, будет ещё один член семьи, но видно не судьба.

Работа отнимала всё время Адама. Утром он вёз ребёнка в школу и забирал её оттуда. Привозил в ресторан и кормил, тем что она захочет. Надя обычно выбирала стейк и Адам готовил для неё мидиум рер, как она любила. Затем отвозил её к матери и снова мчался на работу. Ната готовилась к своим занятиям и осваивала компьютер. Это, вновь появившаяся техника, отнимала всё её время. Для Адама, это был тёмный лес, хотя где-то он отдавал себе отчёт, что за этим будущее. Наде компьютер очень нравился, и она просила маму научить её этим пользоваться. Надя знала буквы и даже понемногу могла читать. Все были заняты.

Адама не оставляли мысли заниматься чем-то ещё. Работая водителем, Адам часто попадал в самые странные районы большого Нью Йорка. Как-то, объезжая кошмарные пробки на абсолютно всех хайвэях, Адам заехал в районе Вильямсбург, на улицу, где не было жилых домов, а только склады и большие гаражи для грузового транспорта. Ворота в один из складов были открыты, внутри было множество запаркованных машин, и масса людей с большим пакетами грузили их в багажники. Там же стояли несколько больших морских контейнеров. Адам припарковал машину и направился к входу четырехэтажного здания, куда входило и выходило множество народа. Над входом висела большая вывеска с надписью: «Домси». Внутри оказался большой магазин товаров. Адам бродил по этажам, не вполне понимая, что это такое. Это были вещи, как мужские, так и женские. Они висели на бесчисленных вешалках, с этикетками разного цвета. Обувь стояла на полу или на полках. Вещи были для всех возрастов. Многие имели магазинные этикетки. Старые цены были зачёркнуты, а новые были значительно ниже. На каждом этаже были примерочные, в которых толпился народ, с большими стопками набранных вещей. Всё было немного странно. Цены на товары были явно низкие.

Адам спустился на первый этаж. Несколько кассиров, бойко пробивали отобранные горки товаров и паковали в большие пакеты с той же надписью: «Домси». Адам вышел на улицу и увидел высокие открытые ворота, куда тоже входили и выходили люди. Ворота вели в огромный каменный ангар, где человеческий муравейник, возился возле больших железных чанов с наваленными вещами. Большая надпись гласила, 1 кг $ 1. Здесь всё ясно. Секонд хенд. То есть вторые руки. Но в большом магазине всё было не совсем так. Много вещей новых, с этикетками. Другие тоже на вид, словно из химчистки.

Адам понял, что он наткнулся на один из складов «секонд хенд», о которых он раньше слышал. Тогда они жили в Нью Йорке всего второй год и Адам решил обрадовать Нату своим открытием. Они ездили туда несколько раз, каждый раз увозя большие пакеты.

- Адам. Знаешь, что мне там нравиться? Если что-то изнашивается или просто надоедает, я могу это, с легким сердцем выбросить. А когда за вещь заплачено $100 или $200, то выбрасывать жалко. Всё это было уже в прошлом и даже не вспоминалось. Про секонд хенд, Адаму напомнил его бухгалтер, Натан. Он рассказывал о том, что отправил в Россию большую партию, секонд хенд.

- Я купил свитера в Майами, не поверишь Адам, по 0.15 центов. Там же их погрузили на пароход и отправили в Россию. Я неплохо заработал на этом деле. В России сейчас всё такое просто летит.

- Ната. Помнишь «Домси»? Как мы там покупали вещи?

- Что ты хочешь сказать, Адам? Что мы опять должны экономить и нам пора снова ехать в «Домси», за одеждой?

- Нет. Я не к этому. Все говорят, что в России наступили тяжелые времена и там этот самый секонд хенд, продаётся как пирожки.

- Мой папа говорит тоже самое. А кому ты будешь продавать? Что продавать? По каким ценам и как доставлять?

- Умница. Это и есть основные вопросы. Но раз есть вопросы, то можно найти на них ответы. А идея очень интересная.

Адам крутил в голове идею и так, и эдак. Начинать надо со списка товаров и прейскуранта с ценами, а там думать, как и с кем. Он решил поехать в «Домси» и пообщаться с кем-нибудь, кто сможет ему помочь. Двигаясь в большой пробке, здесь это называли «трафик», по хайвэю в сторону Квинса, Адам отметил ещё одну большую вывеску, с рисунками одежды, похоже связанную с секонд хенд.

«Наверняка этот «Домси» не один. Их, наверное, полно. Надо посмотреть в «жёлтых страницах» и поездить по всем.

В «Домси» Адам подошёл к охраннику, и попросил связать его с кем-нибудь из начальства.

- Вы по какому вопросу хотите поговорить?

- Меня интересуют оптовые закупки.

Охранник связался с кем-то по рации, и затем провел Адама во внутренние помещения. В одном из кабинетов, к нему навстречу поднялся молодой подтянутый человек, небольшого роста.

- Прошу. Я Дэйв Домси. Чем могу быть полезен?

- Я Адам Гардов. Сейчас живу в Нью Йорке. Я из России. Меня интересуют возможности поставки такого товара в Россию.

- Это интересно. Мы не поставляем товар в Россию. Наши основные покупатели – это Африка, Центральная Америка и некоторые страны третьего мира. Какие товары тебя интересуют?

- Я хотел бы получить от тебя «прайс лист». С перечнем товаров по номенклатуре и цены. Возможно ты сможешь подсказать, с чем интереснее выйти на рынок?

- Разумеется мы можем тебе помочь. Я могу дать тебе перечень товаров и категории, по которым мы выставляем цены. Но всё зависит от количества. Цены, естественно без доставки. Ты видишь во дворе морские, сорокафутовые контейнеры? Мы отправляем товар в таких контейнерах. Мы тебе товар продадим. Разумеется, оплата при покупке. А дальше, уже все вопросы твои.

- Я тебя понял, Дэйв. Дай мне прайс лист. Я всё обдумаю и вернусь к тебе.

Дома Адам просмотрел предлагаемые товары и цены в прайс листе. Объемы покупаемых товаров, предписывали и соответствующие цены. Помимо объёмов на цены влияла категория товара. Самое дешёвое предложение, состояло в том, чтоб купить неразобранный товар по весу. Что там и какого качества, можно было выяснить, только оплатив, а затем вскрыть.

Всё, что нашёл, твоё. Дальше предлагалось разобранный по принадлежности товар. Например, джинсы мужские- категория А. Без видимых повреждений и пятен. Все пуговицы, работающая молния. Цена - $ 3.50. Категория Б. Незначительные повреждения. Возможно отсутствие нескольких пуговиц. Цена - $ 2.50. И так далее, до $ 1.25. Всё это предлагало химчистку или стирку и упаковку, но при этом цена повышалась в несколько раз.

Для Адама это было просто неинтересно. Он решил поехать в «Домси» и посмотреть, что можно реально выбрать, чтоб не связываться с чисткой или починкой вещей. Он созвонился с Дэйвом, и они договорились встретиться на следующий день.

- Дэйв. Ты понимаешь, я только ещё стараюсь войти в курс дела. У меня пока нет дистрибьютора в России. Я хочу найти такой товар, чтоб он был интересен россиянам. Не очень дорогой и необходимый сегодня. Я слышу, что там ситуация сегодня очень неустойчивая. Нет товаров, ни продовольственных, ни промтоварных. В тоже время народ там не простой и хлам покупать не будут. Мой бухгалтер отправил туда большую партию свитеров и неплохо на этом заработал. Россия холодная страна и я думаю о тёплых вещах. Но в приличном состоянии.

- Я тебя понял, Адам. Пойдем со мной в цех, где мы обрабатываем прибывший товар, и ты сможешь посмотреть весь ассортимент. Возможно мы найдём то, что ты ищешь.

Они прошли через торговый зал и вышли на улицу. Между входом и большим воротами, куда Адам заходил в прошлый раз, была ещё одна дверь. Адам шагнул вслед за Дэйвом вовнутрь и буквально оглох от грохота музыки и гвалта голосов. Это был громадных размеров цех, где одновременно работало превеликое множество народа. Размеры этого цеха поражали воображение.

В той части, где они сейчас находились, беспрерывно двигались три ленточных конвейера, по обе стороны которых, работало множество людей. В основном это были женщины. Мужчины выполняли в основном физическую работу. Между тремя конвейерами, мотался погрузчик. Большими вилами, он подхватывал очередной тюк товара, окольцованный широкими металлическими лентами. Поднимал и ставил этот тюк на металлическую площадку, перед одним из непрерывно двигающимся конвейером. На тюк бросался человек, большими ножницами для резки металла, перекусывал полосы и выталкивал содержимое на конвейер. Женщины выхватывали с ленты, тот вид товара, который ей предназначен и бросали в большие корзины-каталки на колесах. Молодые ребята откатывали полные и подгоняли пустые. Все работали быстро, слажено и непрерывно. Всё это действо, проходило под грохот огромных динамиков, извергающих музыку латино. Говорить, даже громко, было невозможно. К Дэйву подошёл, очевидно один из старших, и передал последнему золотое кольцо. За что и получил награду в $ 10. Всё что было в тюках, принадлежало хозяину, а за честность полагалась награда. Это был один громадный, слаженный механизм. Ритм сумасшедшей громкой музыки задавал темп. Все подпевали, пританцовывали и казались счастливыми. Разговаривать там было невозможно, и Дэйв жестом позвал Адама дальше. Продолжение этого громадного цеха, разнилось относительной менее шумной музыкой. Здесь она тоже естественно, была слышна, но не заглушала всё остальное.

- В этой части идет проверка, того что было разобрано при первичной разборке. Каждый проверяет свой товар и определяет его категорию. Если вещь в хорошем состоянии, но требуется стирка, то она идет в соответствующую корзину.

- Это, наверное, дорогое удовольствие? Чистить и стирать.

- Не дешёвое. Но у нас своя химчистка и прачечная. Вот в этой секции мы храним свитера. Они все разные. Мы их не сортируем.

Они зашли в большую палатку, где хранились свитеры. На полу лежали большие листы картона, а на них свитера. Они были уложены в снопы, высотой в человеческий рост. Их было реально много.

- Скажи, Дэйв. У вас есть меха?

- Да. Есть. Но особым спросом они не пользуются.

- Можно на них взглянуть?

Дэйв подозвал одного из работников и что-то ему сказал. Через несколько минут работник принёс большой куль и когда его развязали, внутри оказались различные меховые изделия. Адам, стараясь не показать своей заинтересованности, поковырялся в этой большой куче шуб и меховых жакетов.

- Почем вы их продаёте, Дэйв?

- У нас их не так уж и много. Если ты заберёшь всё, я отдам тебе по $ 3 за килограмм.

- Хорошо. Я подумаю. А что насчёт свитеров?

- Всё зависит от объёмов. Я думаю. Центов по 10 мы можем продать, но всё подряд. Без отбора.

- Хорошо! Спасибо, Дэйв, мне необходимо всё обдумать и, будем на связи. Я хочу позвонить в Россию.

По дороге на работу, Адам взвешивал все за и против. Мех - это конечно, здорово. В России он всегда был в цене. Вопрос, где его хранить и кому в России можно это продать?

Нужно помещение, куда товар можно привезти. Можно, конечно снять склад или небольшой магазин, но это ещё дополнительные расходы. А потом как отправлять? Арендовать 20-и футовый контейнер- это ещё $ 5 тысяч до Питера. Сколько товара надо отправить, чтоб ещё можно было заработать? А может продавать здесь? Недорого. Открыть магазин и продавать мех и свитеры?

Все эти вопросы Адам задавал себе, а затем и Нате.

- Адам. Зачем ты меня спрашиваешь? Откуда я знаю, как будут здесь покупать меха? В России, понятно это хороший товар.

- Ты знаешь. Я в «Домси», видел много кожи. Куртки, пальто и даже брюки. Но это вообще не моё. Я не понимаю, искусственное оно или натуральное? Кожа в России тоже пользуется спросом. Но мне нужен кто-то, кто в этом разбирается.

- Попроси Птицу. Он любит всё такое.

- Точно. Он недавно хвастался новой кожаной курткой и ремнём.

Прежде всего, Адам решил покопаться в жёлтых страницах. Там наверняка должны быть те, кто занимается секонд хенд. К его удивлению, прямо никакой информации не было. То, что такие компании существуют было понятно. Но они вероятно регистрировали имена, а не род деятельности и нужно было искать каким-то другим путём. Прежде всего, Адам поехал в компанию, вывеску которой он видел из своего автомобиля на Бруклин- Квинс Экспрессвэй. Адам съехал на ближайшем выходе от замеченной вывески и подъехал к большому кирпичному зданию. Войдя, он увидел несколько человек сидящих за столом и играющих в карты. Они все были в приличном возрасте и как оказалось, все итальянцы. Алонзо, хозяин этого заведения, узнав, что ищет Адам, отвёл его на второй этаж, полностью заваленном различной одеждой. Посередине, возвышалась огромная гора кожаных изделий. Алонзо оставил Адама одного, а сам вернулся к своим друзьям. Адам походил вокруг этой горы из кожи и не решился лезть на верх и ворошить это. Он спустился вниз.

- Алонзо. Я приеду в другой раз с помощником.
- Боно, боно! Ариведерчи

Это конечно, не «Домси «. Ему ничего не надо. Он играет в карты с друзьями. Такой маленький итальянский клуб. Адам ехал под хайвэ-ем, собираясь найти подъём, как вдруг заметил здание, которое привлекло его внимание. Что-то подсказывало ему, что это секонд хенд склад. Внутри он увидел длинную эстакаду и 40-а футовый контейнер, в который грузили знакомые тюки.

- Ты к кому? Мы не занимаемся розничной продажей. Только оптовой. Так что извини, но...
- Меня интересует оптовая продажа секонд хенд.
- Это меняет дело. Я хозяин и меня зовут Владек.
- Владек. Ты говоришь по-русски?
- Немного. Пан поляк?
- Нет, я из России.
- А, з России. Что пан желает? Как знал, что я знам русский?
- По акценту, а потом, мы же в Грин Поинт. Это польский район. Я иногда приезжал сюда за колбасой. Здесь очень многие говорят по-русски.
- Да. Так. Это польский район. Колбасы здесь хорошие. А что хотиш здесь?
- Я ищу товар для России. Я вижу вы грузите большой контейнер.
- Да. У меня партнёр в Польше. И мы занимаемся секонд хенд. Мы здесь не продаём, а всё везём в Польшу.
- Я понял, Владек. Извини за вторжение.
- Ничего. До видзенья!

Адам понял, что фирм, занимающихся секонд хенд, в Нью Йорке много. Ему нужны оптовые склады и, вероятно, их можно найти, поспрашивав в магазинах секонд хенд. Большой двухэтажный магазин, был недалеко от ресторана «Пирог», на второй авеню. На первом этаже многочисленные ряды вешалок с различной одеждой. Практически вся одежда новая, с фабричными этикетками. Второй этаж занимала различная мебель и светильники. Догадаться, что это магазин секонд хенд, было сложно. Но Адам уже научился различать разницу, по различным характерным признакам. Он нашёл директора и объяснил, что для закупки товара ищет оптовый склад. Адам отправился по указанному адресу. Это было в Астории, район Квинса, в самом его конце.

Это было большое строение, с примыкающей эстакадой. Внутри, Адам с трудом нашёл кабинет начальника. Им оказался полный весёлый итальянец Адриан. Узнав причину посещения, он развёл руками.

- Мы Нью Йоркское отделение корпорации «Goodwill.org.» У нас большая сеть своих магазинов по всей стране, и мы реализуем товар сами.

- Адриан. Поделись откуда берётся весь этот товар? У тебя кабинет обставлен великолепной мебелью. В магазине я видел, что большинство товара, просто новое. Как это происходит?

- Ты знаешь, что такое «донейшен»?

- Это когда отдают что-то бесплатно. То, что не надо. Для бедных.

- Ты правильно говоришь, Адам. Но не совсем. В Америке - это бизнес. Большой бизнес. Есть благотворительные организации, они не извлекают прибыли, но много людей работает. Они получают зарплату и всё, что положено работникам. У предприятия есть расходы. Аренда, свет, транспорт. Много всяких расходов. Кто должен за это платить? Предприятие должно быть самоокупаемым. Оно не извлекает прибыли, но должно платить за свое существование. Мы продаем дёшево, для тех, кто не может себе позволить купить дорогие вещи. Мы перераспределяем среди населения, блага богатых для тех, кто не очень богат.

- Я понял, Адриан. А какой смысл богатым, отдавать своё?

- Это Америка! Лучшая в мире страна. Богатые и, кстати, не очень богатые, отдают благотворительным организациям, церквям и прочим, кто завязан в этом благородном деле: вещи, мебель, машины и многое другое. Бывает, что производителю товара, иногда выгоднее подарить свой товар, чем продавать себе в убыток. Иногда люди завещают невероятные вещи.

- Завещать - это я понимаю. С собой, на тот свет ничего не унесёшь, но зачем отдавать просто так? Я этого не понимаю.

- Ты Адам, из России, как я понял. Там такого наверняка нет. Американское правительство разрешает списывать с налога, определенную часть «донейшен». Это выгодно для всех. И для богатых и для бедных. Государству это тоже выгодно.

- А государству то с какой стати? Оно не дополучило налогов.

- Зато люди не ропщут. Это умная политика. Все всё понимают. И знают. Даже подсказывают, как уйти от налогов. Это политика.

- Это я понял. Но всё равно, что-то разрешается списать с налогов, но разве это не убыточно, просто отдать.

- Богатые, как правило не дураки. Глупый не может быть богатым по определению. Даже если он получил богатство по наследству, он его потеряет. В бизнесе считают всё. Богатый подарил партию товара или организовал какой-то фонд помощи другим, он получает дивиденды от того, что он такой хороший человек и с ним приятно и выгодно иметь дело. Понимаешь?

- Адриан. Ты открыл мне глаза. Я тебе очень благодарен за твое время. Я теперь могу представить насколько большой этот бизнес.

- Я рад, Адам был с тобой поболтать. Вот моя карточка. Ты ищешь мех для России. Я дам команду поискать, что-то сможем для тебя собрать. Позвони через неделю.

Как обычно, дома Адам пересказал Нате суть разговора.

- Представляешь, это же гигантский бизнес. Все, кто занят в нём, как-бы служащие. Они получают свою зарплату, всякие льготы и страховки. А те, кто руководит подобными бизнесами, живут очень даже неплохо. Видела бы ты мебель в кабинете этого Адриана. Музейные экспонаты. Старинные картины, зеркала, скульптуры. Если б я понимал это раньше, возможно вместо бизнеса, стоило строить карьеру в этом деле. И никакого риска. Обалдеть!

- Адам. Если тебе это так нравится, то никогда не поздно начать.

- Я об этом думал, пока ехал обратно, к сожалению, это не моё. Каждый должен делать то, что ему нравится и то, что он умеет. Для такого дела нужно иметь соответствующий характер. А жаль! Но, не моё. Заработать на этом какие-то деньги, было бы неплохо. Что скажешь если мы снимем небольшой магазин? Привезём в него товар. Меха, кожу, свитера. Словом, всё, что возможно отправить в Россию. Можно, наверное, и здесь продавать зимой шубы? Поставим туда продавца, а я буду искать дистрибьютора на нашей бывшей родине. Как тебе такой план?

- Мне кажется, надо сделать наоборот. Сначала найти кого-то в России, а потом строить магазин и покупать товар.

- Здравый смысл в этом есть. Что касается мехов, то насколько я понял их появляется не так уж и много. Поэтому я хотел бы скупить всё что есть сейчас в Нью Йорке, а потом, если дело пойдет поискать в Канаде. Мне говорил Дэйв из «Домси», что они свой товар покупают на аукционе в Канаде. Представляешь, раз в год проходят торги, и кто выигрывает, получает право выкупать товар в течение года, по установленной на торгах цене. Не могу даже представить о каких объёмах идёт речь. Искать дистрибьютора, не имея на руках ничего, пустая трата времени. Я хочу заработать на чём угодно и построить сеть фаст-фуда.

- Адам. Зачем ты меня спрашиваешь? Всё равно, ты сделаешь по-своему. Я хочу закончить учёбу и найти хорошую работу. Я уверена, что смогу делать красивые книги. Мне это нравится.

- Я тоже в тебе уверен. Но мне надо с кем-то говорить. Это наше семейное дело. Есть риски и есть шанс двигаться вперед. Кому, как не тебе, я могу всё рассказать и послушать совета.

Перед работой, Адам заехал в «Панкейк».

- Маша, привет! А где Птица? Я давно его не видел.

- Вчера был. Он как с Москвы вернулся, стал ещё хуже. Деньги все выгребает, не на что продукты купить. Про зарплату я не говорю.

- Твой Саша на кухне? Я тебя понимаю. Птица попал в Москве в оборот.

- Он говорил. Динара, женщина очень нервная.

- А ты её тоже знаешь?

- Да мы все, как говориться, с одного двора. А ты по делу, или так?

- Хотел посмотреть пустой магазин рядом с вами. Там, когда-то отец и сын держали обувной магазин.

- Я слышала от покупателей. Но там всё давно закрыто. А что ты хочешь, Адам. Опять какой-то новый бизнес? Возьмёшь нас на работу? Птица всё равно грозиться этот закрыть.

- Я пока думаю. С Птицей я поговорю. Скажи, я просил позвонить.

Звонок не заставил себя ждать.

- Привет, Адам. Птица. Мне сказали, ты заходил.

- Было дело. Ты можешь завтра с утра, съездить со мной.

- Могу конечно. А что за дело то?

- Завтра всё и расскажу. Я за тобой заеду, часов в 9.

Утром Адам отвёз Надю в школу и поехал за Птицей.

- Ну рассказывай. Куда едем и зачем?

- Понимаешь. Появилась у меня одна идейка. Слышал про секонд хенд? Вот я и думаю продавать это в Россию. Что скажешь?

- Вроде тема интересная. Я слышал кое-кто этим занимается.

- Понятное дело. Святое место пусто не бывает. Есть спрос, значит будет и предложение. Как сейчас в России? Я не про бандитов, а про обычных людей. Кстати, как твой джип?

- Мой дружок успел угнать его. Так что мне в Москву нельзя.

- Ты молодец. Не побоялся. Мы сейчас подъедем в одно место. Там человек продаёт кожу, секонд хенд. Ты в этом понимаешь?

- Адам. Я знаю, что сегодня модно и отличу кожу от подделки.

На складе Алонзо они застали ту же картину. Несколько пожилых итальянцев играли в карты. Адама там признали и отправили на второй этаж смотреть, сколько он хочет. Птица, при виде такой горы кожаных изделий, с волнением полез на неё.

- Нет это мало, а это уже не модно. Этот надо померить.

- Алё. Мы не приехали выбирать тебе куртку или пиджак. Выберешь потом, что захочешь. Сейчас ты должен выбрать, что можно продать там, в России.

- Ты знаешь, Адам. Это в принципе всё можно продать. Есть неплохие вещи, а есть что-то совсем уже не модное. Сейчас носят такие рукава, большие. Реглан, чтоб нависало так. Вот смотри.

- Ладно. Возьми что-нибудь и пошли. Мы потом приедем выбирать. Мне надо решить, куда это свозить и складировать.

По дороге домой, разговор зашел о «Панкейк».

- Птица. Скажи, что происходит с твоим бизнесом?

- Да я зря поставил туда, своих родичей. Они съедают всю прибыль. Брошу и дело с концом. А родичи пусть ищут себе другую работу или возвращаются в Москву.

- Это конечно, твоё дело. Но ты же занял много денег под бизнес. Как ты собираешься их отдавать?

- Никак. Я уже говорил Ирен. Я там работать не буду, а её адвокат если вякнет, то я знаю, как его успокоить.

- Хороший ты парень. Впрочем, когда ты выгнал своего партнёра, Мишу Шведа, бизнес был обречён. Если помнишь, я тебя предупреждал, там надо работать. Работать и развивать бизнес.

- Адам. Я попробовал. Не для меня это. Я люблю крутиться, бухать. Ходить по клубам и тусоваться. А работать целый день? Нет. Пусть другие пашут.

Они расстались, каждый при своём мнении.

Птица закрыл «Панкейк», и его родственники пришли к Адаму, просить какой-нибудь работы.

- Мне конечно, вас жаль, но я вряд ли смогу вам помочь. Во-первых, у вас еще не решённая проблема со статусом. Получите хоть временное разрешение на работу. Во-вторых, я хочу открыть магазин по продаже секонд хенд, но мне нужен там один человек. Это пока дело временное, и неизвестно, что из этого выйдет.

- Адам. Возьми хоть Машу на работу пока, а то даже за квартиру нечем платить. Птица нам ещё денег должен остался.

- Мне надо поговорить с бухгалтером. Может я могу заключить с ней договор, скажем на три месяца, на определённую сумму. Помощь в организации магазина-склада. А дальше зависит от вас. Вы подали документы на постоянное пребывание в стране?

- Подали. Но адвокату нужно платить, а денег нет.

- Трясите Птицу. Он вас вызывал, и он должен вам помочь.

Адам решил наконец арендовать помещение. Оно было абсолютно пустое. У двери стоял небольшой прилавок, оставшийся от бывших граждан Узбекистана. По слухам, они вернулись в Израиль. Адам решил оборудовать магазин большими вешалками. Самое простое решение он нашёл в фирме, которая занималась продажей оград и заборов. Длинные трубы, в наборе с замками, уголками и тройниками прекрасно вписались по всему периметру помещения. Оставалось привести товар, купить вешалки и кассовый аппарат. Бухгалтер зарегистрировал предприятие как «РА трейдинг со», что подразумевало Российско-Американская торговая компания. Звучало громко. Можно было завозить товар.

Адам купил весь мех, который был в «Домси». Пару больших мешков свитеров и три дюжины кожаных курток.

Адриан с «Дженерал Индастриал» тоже подобрал для Адама, меховых изделий. Весь магазин был заставлен большими чёрными пластиковыми мешками с товаром. Адам, вместе с Машей, принялся развешивать всё на вешалки. К вечеру магазин выглядел как один большой склад-базар меховых и кожаных изделий. На широком подоконнике уместились стопки со свитерами.

- Вроде ничего. Что скажешь, Маша?

- Даже очень ничего. В Москве уже бы стояла большая очередь. Адам, а можно я куплю себе какую-нибудь шубу?

- Сейчас мне пора бежать на работу, завтра мы всё перепишем, а потом выбирай, что захочешь.

Всё началось, со звонка Вилли.

- Адам. Мне вчера звонил из России Витя. Он теперь работает шефом в Смольном. Представляешь, поднялся.

- Круто. Он что, предлагает нам работу.

- До этого ещё не дошло. Он попросил встретить одного человечка.

- И кто же этот человечек. Надеюсь не мэр города, Собчак?

- Ну этот, не нашего уровня гость. Гораздо попроще, но тоже, чего-то там делает в Смольном. Какой-то комитет по бизнесу.

- Понял. Он нас будет обучать бизнесу.

- Адам. Кончай прикалываться. Витя просил его встретить и показать город. У него есть какие-то вопросы, ну вот как-то так.

- Понял. А я тут при чём?

- Ты говорил, что интересуешься бизнесом с Россией. Вот тебе живой человек оттуда. Надо полагать не без связей.

- Так ты хочешь, чтоб я его нянчил? Ты малый, не дурак.

- Адам, тебе нужны связи в России? Я тебе предлагаю просто по дружбе. Мне там ловить нечего. Тебе не понравится, повернулся и ушёл. Что ты теряешь?

- Время. Хотя с другой стороны, может ты и прав. Кто он, и как с ним связаться?

- Его зовут Вилен Рогов. Он приехал в составе группы и их поселили в какой-то отель, в мидтауне. Созвонись и договорись о встрече. Пиши телефон.

- Алло. Это Вилен. Привет, меня зовут Адам. Виктор, шеф из Смольного, позвонил нашему общему другу и попросил показать город. Я с утра могу пару часиков повозить тебя по Манхеттену.

- Привет, Адам. Запиши адрес отеля и скажи, когда приедешь?

- Хорошо. Я отвезу ребёнка в школу и подъеду. Ты в каком номере? Понял. До завтра.

В номере, Адама ждал полноватый лысеющий дядька, на вид далеко за 50. Номер был крошечный и слишком тесный для двоих.

- Вилен, если ты готов, я жду тебя в машине.

- Красивая машина. Что это за марка?

- Это Бьюик Ле Сейбер. Машина неплохая. Давай объедем весь Манхеттен, и я буду рассказывать по дороге.

У Вилена была большая видеокамера и он снимал всё подряд, сопровождая забавными комментариями.

- А вот сейчас мы въезжаем в сказку...

Адам молча вёл машину, стараясь не хихикать. Через два часа, Адам направил машину к тому месту, с которого он Вилена забрал. Вилен попытался сложить камеру, но она не закрывалась. Камера как-то странно собиралась и разбиралась. Вилен называл это: «сейчас я её ломаю...». Она с треском сгибалась в букву Г.

- Вилен, где ты взял эту камеру?

- Я вчера был на Бродвее, там такой большой магазин техники.

- Ясно. Это магазины для туристов. Там и не такое впаривают. Я завтра, в это же время подъеду, и мы сходим в этот магазин.

Адам перед работой, заехал в свой магазин. В магазине его ждали Саша и Маша. Список товара был составлен, оставалось сверить с наличием и определиться с ценой.

- Ребята. Я понимаю, что вам хочется работать вместе, но на сегодняшний день это нереально. Саша, ты же водитель. Даже дальнобойщик. Попробуй поискать что-то на Брайтоне. Вдруг повезёт. Спасибо что навели порядок в магазине. Маша, можешь выбрать себе шубу, какую хочешь.

- Я уже выбрала. Моих размеров не так уж и много. Американки явно худее меня. А сколько вот эта шуба стоит?

- Чернобурка? Я был уверен, что ты выберешь эту. Она твоя. За хорошую работу. Считай, что это премия. Теперь составим прейскурант. Все большие шубы, по $ 100. Меховые жакеты, по $ 50, а кожа по $ 25. Свитера, продаём по $ 5. Давайте пересчитаем, сколько чего есть в наличии. Список был внушительный.

- Адам. А ты не хочешь выбрать шубу для Наты? Есть одна, совершенно потрясающая. Это норка и она, наверняка сшита на заказ. Размер, я уверена на неё. Вот смотри, какая красота! У неё всё отстегивается. Воротник, рукава и даже низ. Получается жакет.

Шуба действительно была шикарная. Волею заказчицы или дизайнера, она при желании, превращалась в меховой жакет.

- Действительно классная шуба. Я её возьму, но с Натой никогда не угадаешь, понравится ей или нет.

Опасения Адама оправдались. Ната от шубы категорически отказалась и попросила никаких шуб ей не приносить.

- О господи! А чем шубы тебе не угодили? Мы, три года назад, купили нам по дублёнке. Помнишь? Ездили на фабрику, чтоб подешевле вышло. А теперь можешь выбрать любую шубу, на выбор и цена подходящая. Так почему бы нет?

- Потому, что у меня теперь есть Мурзик, и я не могу носить мех.

- Понятно. Но этот мех не кошачий. Если следовать твоей логике, тогда и туфли кожаные носить нельзя, и сумочка должна быть матерчатая. Да и пояс тоже нужен из другого материала.

- Я не хочу с тобой спорить, Адам. А шуба действительно хорошая. Я подарю её Вере, за то, что она забирает Мурзика, когда мы уезжаем куда-нибудь.

- Делай что хочешь. Шуба твоя.

Адам знал, что с Натой спорить бесполезно. Если она что-либо втемяшит себе в голову, переубедить её невозможно. Вероятно, она унаследовала это качество от своего отца. Он и Адам, поначалу спорили по разным поводам, но потом Адам отступился, понимая, что переубедить его невозможно. Яков, через какое-то время нашёл себе работу, где-то в штате Пенсильвания, и теперь только иногда звонил, доводя Нату до слёз. Надя от разговоров с гран-па, отказывалась, мотая головой.

Утром Адам поехал за Виленом.

- Привет, как спалось?

- Привет, Адам. Ты обещал помочь мне разобраться с продавцом моей кинокамеры. Она ни складывается, ни раскладывается.

- Ты помнишь какой это магазин? Их полным-полно на Бродвее. Они там ловят, таких как ты, туристов.

- Я помню. Это недалеко от нашего отеля. Дойдём до Бродвея, а магазин на другой стороне улицы.

Магазин они нашли действительно быстро. Восточного типа продавец, божился что видеокамера была в отличном состоянии, и он принять её не может.

- Знаете, я вам рекомендую поменять эту видеокамеру на более качественную. Иначе, прямо сейчас я позвоню в офис, где занимаются жалобами покупателей, на недобросовестных продавцов.

Инцидент был улажен. Счастливый Вилен, выбрал новую видеокамеру. Она, по совету Адама, была прямая, без ненужных излишеств. К взаимному удовольствию, они расстались, с подобревшим продавцом.

- Ты молодец, Адам. А то я уже хотел разбить камеру о его башку!

- Тогда тебе бы пришлось остаться в Америке.

- Это как? Почему?

- Да просто. За нанесение побоев, гражданину Америки.

- Это неплохо, остаться в Америке, но не таким образом.

- Слушай, Адам. Я давно искал такого человека как ты.

- Это зачем?

- Сейчас хорошее время, работать с Америкой. У нас многие возят разные вещи из Европы, а сейчас начали и из Америки. У меня с партнёрами есть три больших магазина в центре Питера. Мы торгуем продуктами. Я думаю, нам пора расширяться.

- Идея неплохая. Я тоже подумываю о бизнесе с Россией.

- Мы можем начать хоть сейчас. Почему бы тебе не приехать в Питер. Я тебя сведу с нужными людьми. У меня много контактов в городе. Я возглавляю комитет по бизнесу Петербурга и у меня есть кабинет в Смольном. Мы сможем поднять нужных людей.

- Предложение интересное. Надо подумать, как это сделать.

- А чего здесь думать? Бери билет и приезжай. Я всё организую. У тебя остался российский паспорт?

- Откуда? Когда я уезжал нас лишали гражданства. Ещё и заставляли платить 500 рублей за это.

- А ты разве не слышал, что сейчас есть решение, восстановить гражданство всем, кого лишали?

- Слышал, но как-то не поверил.

- Я тебе авторитетно говорю. Ты можешь вернуть гражданство,

вместе с паспортом. Приедешь как гражданин страны. У меня ещё есть две вещи, о которых я хочу тебя попросить.

- Валяй. Что это за вещи?

- Первое - это открыть счёт в американском банке.

- Я не могу тебе ничего ответить, по этому поводу. Мы можем заехать в мой банк и узнать. А что за вторая вещь?

- Я хочу поиграть в казино.

- В Америке есть два города, где разрешены азартные игры. На нашем побережье, Атлантик Сити. Это 2-3 часа езды от Нью Йорка. На другой стороне страны, Лас Вегас. Это очень далеко.

- А мы можем поехать в этот Атлантик Сити?

- В принципе возможно, но я работаю. Я не могу просто взять и уехать играть в казино, вот разве ночью?

- Ночью даже интересней. Я об этом очень мечтал.

- Ладно я подумаю. Мне надо выспаться, поскольку и туда и обратно надо вести машину в течении ночи. Что касается банка, можем поехать прямо сейчас. Паспорт с собой?

В банке, к удивлению Адама, вопрос решился просто.

- Мы можем открыть счёт вашему другу, но это будет на ваш сошиал секьюрити номер.

- То есть владельцем счёта буду я? А на чьё имя будет счёт?

- Там будет стоять его имя, но на ваш сошиал секьюрити. Вы тоже можете пользоваться этим счётом, как и он.

- Извините. Я должен ему всё это перевести, хотя и сам, до конца не всё понимаю.

Адам перевёл Вилену, всё о чём он говорил с клерком.

- Там будет моя фамилия и я смогу им пользоваться?

- Да, конечно. Иначе какой в этом смысл.

- Тогда меня всё устраивает. Я хочу положить $100.

Из банка вышел гордый обладатель счёта в американском банке, который рассматривал, пустую временную чековую книжку.

- Адам. А когда мы поедем в казино?

- Давай поедем послезавтра. На завтра у меня есть дела, а послезавтра я приеду за тобой, побудешь со мной на работе. После работы поедем в Атлантик Сити. Договорились?

- Хорошо, Адам. Я согласен.

На следующее утро, Адам отправился в Генеральное Консульство России, которое располагалось в районе 90-х на ист сайде. У входа в здание стояла многочисленная толпа.

- Скажите. А здесь какой порядок?

- Пока живая очередь, но у всех свои вопросы. Будете за мной.

Народ всё прибывал и собралась внушительная толпа. Люди, проходящие мимо, опасливо обходили странную толпу. Наконец дверь открылась и на крыльце возник, работник консулата. Он хмуро оглядел толпу.

- С Российскими документами, проходят в первую очередь.

Большая часть толпы, держа в руках документы, просочилась вперед.

- Остальные ждите вызова.

Хмурый сотрудник испарился.

- Молодой человек! Вы за мной были. А вы по какому вопросу?

- Я слышал, что сейчас можно восстановить гражданство.

- Да, точно. Один мой знакомый получил обратно свой паспорт и даже съездил домой, в Молдавию. Там у него дети живут. Я тоже хочу съездить в Киев, внуков посмотреть. А жена не может. Болеет. Всё за сына убивается. Думали вместе уехать, а его жена ни в какую. Сын деток очень любит, вот и остался.

- Ну и дурак! - Вмешалась полная тётка. - Теперь небось локти кусает, жёнушка неумная его. Все ехали из-за детей.

- Женщина. Вы не правы. У неё родители больные, да ещё они украинцы. Всё это очень непросто.

- Да что вы такое говорите! - Вмешалась молодая женщина. - Здесь таких историй, много томов можно написать. Смешанные браки, несогласие родителей. Детям отказали, а родители уехали, или наоборот. А потом лавочка захлопнулась. Кто успел, тот уехал.

Толпа загудела. У каждого была своя, наболевшая история. Дверь снова открылась и появился тот же хмурый клерк.

- Проходят первые пять человек.

- Скажите! А всех сегодня примут?

- Прием в консульстве до 12:30.

Тяжёлая дверь захлопнулась. Толпа возбуждённо загудела, подсчитывая свои шансы, пройти через заветную дверь.

Адам стоял в следующей пятерке и надеялся на удачу.

Он был запущен в таинственный храм консульства, где подразумевалось не говорить громко, вопросов не задавать, а чётко отвечать, когда к тебе обращаются. Всем раздали анкеты и все непутевые, принялись клянчить у своих, более собранных, возможность попользоваться ручкой, разумеется после них.

Адам подошёл к перегородке, где сидели барышни принимающие документы и вежливым, сладким голосом попросил ручку.

- Мы ручек не выдаём. Надо свои приносить.

Она гордо отвернулась и заговорила со своей товаркой.

Адам ретировался не солоно хлебавши.

Увидев его расстроенное лицо, одна из женщин сжалившись над ним, одолжила ему ручку. Адам благополучно заполнил все строчки с вопросами, приложив сохраненное свидетельство о рождении. Он сдал свою анкету, в окошечко, сидевшей за стеклом барышне. Та внимательно всё вычитала и вероятно решила сменить гнев на милость.

- Это хорошо, что у вас осталось свидетельство о рождении. Возможно это ускорит проверку. Приходите через месяц. Но нам нужны ваши фотографии. Здесь неподалёку, на Мэдисон стрит, есть фотография, куда все идут фотографироваться на заграничный паспорт. Идите сфотографируйтесь и принесите сюда. Вы как раз успеете до перерыва.

Ната от получения российского паспорта, решительно отказалась.

- Мне там делать нечего. Из-за них умерла моя мама. Не хочу. Ничего там не изменилось. Как был СССР, так и остался.

Утром Адам отвёз Надю в школу и поехал забирать Вилена.

- Привет. Готов проиграть состояние? После работы едем в Атлантик Сити. По дороге сможешь поспать, ну а я, может прикорну там, пока ты громишь казино.

- А ты что Адам, совсем не будешь играть?

- Я достаточно оставил там денег. Больше не хочу делать их богаче. Правда, иногда очень хочется, но я понимаю, что шансов меньше чем ноль. У меня есть товарищ, его кличка «царевич». Очень любил играть в «Блек Джек». Это американское «очко».

- Я знаю. У нас сейчас открылось много казино.

- Приобщаетесь значит к мировой культуре. Так вот. Этот самый «Царевич», в Атлантик Сити, играл всю ночь и выиграл $ 15 тысяч.

- Я бы убежал с такими бабками.

- О тоже решил уехать. Но не тут-то было. Ему предложили бесплатный номер в гостинице. Предлагали лимузин и «тёлку» в номер, а когда он отказался, стали требовать паспорт. Они, видите ли должны сообщить в налоговое управление о таком крупном выигрыше. Но он как-то от них сбежал.

- Вот молоток. И все бабки унёс?

- Да. Все деньги у него остались. Но через два дня он вернулся и всё проиграл до копейки. И ещё на свои попал.

- Вот дурак. Зачем он вернулся?

- Азарт. Это страшная зараза!

День пролетел быстро. Вилен пообедал и пошёл знакомиться с ист сайдом. Вечером Адам пристроил его на стуле за стойкой. Он всем мешал работать и пил одну рюмку за другой.

Адам с трудом усадил его, изрядно погрузневшего, в машину и они выехали по направлению к Атлантик Сити.

Вилен храпел на сиденье, а Адам следил за убегающей дорогой.

- Вилен, просыпайся. Мы приехали.

- А сколько сейчас времени. Ну я и накидался у тебя.

- Да уже половина третьего. А поддал ты неслабо. Я привез тебя в самое большое казино. Соберись и пошли.

- Адам. Мне надо немного похмелиться, а то я не соображаю.

- Там наливают бесплатно, но смотри. На старые дрожжи.

- Всё нормально. Грамм 100, и я как огурчик.

В огромном зале казино, было полно народу. За всеми столами сидели игроки. Стоял гул голосов и звон автоматов. Общая обстановка была весёлая и легкомысленная. Деньги невесомо порхали из рук в руки.

- Вилен. С чего ты хочешь начать? Можно с автоматов разогреться, можно попробовать «блек джек», или покер.

- Нет, я хочу играть в рулетку.

- Хозяин барин. На всех столах есть таблички. Там написано минимум ставки за этим столом. Начинается от $5 и далее по возрастающей. Я предлагаю начать с минимальной ставки.

С Виленом творилось что-то непонятное. Он был словно отключен и плохо воспринимал окружающее. Его бил нервный зуд и Адам воспринял это, как синдром похмелья.

- Вилен, давай подойдем к кассе, наменяем фишки, а потом спокойно выберем стол и закажем тебе опохмелиться. Едва фишки очутились у Вилена в руках, как он рванулся к ближайшему столу, на котором стояла табличка с цифрой $10.

- Нет, этот стол со ставкой $10. Давай поищем за $5.

Но Вилен уже не воспринимал внешние звуки, он следил за вращением шарика. Он бросил на стол $5 фишку.

- Сэр. Минимальная ставка за этим столом $10. Сэр! $10.

Владилен, зачарованно следил за вращением шарика.

- Ты не понимаешь? Здесь минимум ставки $10.

- Ставки больше не принимаются!

Шарик перестал жужжать и упал в одну из лунок. Крупье сгрёб лопаткой со стола, фишки проигравших и $5 Вилена, в том числе. Вилен, казалось был озадачен случившимся. Адам остановил проходившую мимо официантку, и попросил принести двойную водку без льда.

- Послушай, Вилен. Алло, ты меня слышишь? Нас обокрали!

- А. Что? О чём ты говоришь?

- Слушай меня внимательно. За этим столом играть не надо. Здесь высокая, для тебя ставка, $10. Просто посиди и посмотри. Я заказал тебе водку. Выпьешь и пойдём поищем стол попроще.

- Я понял Адам, я всё понял.

Действительность оказалась гораздо проще. Принесённую теплую водку, Вилен махнул как воду. Ни на какие слова или уговоры не реагировал. Он разбрасывал фишки по всему столу и, если вдруг выигрывал, торжествовал победу с триумфом. Через полчаса, всё было кончено. Все фишки перед ним растаяли. Вилен как-то обмяк, и протрезвел.

- Адам, я проиграл все деньги. $1000. Всё проиграл.

- Неудивительно, ты разбрасывал фишки как сеятель в поле.

- Я проиграл чужие деньги. Мне люди дали, чтоб я купил им что-то.

- Вот это плохо. Я пытался тебя удержать, но ты был невменяемый. Ты жутко азартный, Парамон.

- Почему Парамон?

- Не обращай внимания, это из какого-то фильма. Делать здесь больше нечего, поехали домой. Мне ещё ребёнка везти утром рано в школу.

На обратном пути, Вилен не переставал сокрушаться по поводу потерянных, чужих $1000.

- А зачем ты вообще играл на чужие деньги? Ты, что реально надеялся выиграть? Это же просто глупо. Казино всегда выигрывает. Бывают отдельные выигрыши, но конец у всех один.

Начинало светать, и они въехали в штат Нью Джерси.

На въезде Адама догнала полицейская машина и голос по громкоговорителю приказал остановиться. Адам прижался к обочине, полицейская машина встала позади. Адам опустил стекло. Полицейский подошел к машине и представился.

- Права, регистрационное удостоверение.

- Офицер. Я что-то нарушил?

- Ты проехал участок, где стоит ограничительный знак, 40 миль. Твоя скорость была 60 миль. Сидите в машине.

Полицейский вернулся к своей машине, с кем-то поговорил по рации, затем что-то писал.

- Адам. А что он от тебя хочет, и почему ты следишь за ним в зеркало? Тебя в чём-то подозревают?

- Нет, я не заметил знак и превысил скорость.

- И всё? Так дай ему денег.

- Я не хочу провести остаток ночи в полицейском участке, а потом предстать перед судьёй. А всё кончится тем, что я ещё получу срок, за попытку подкупа полицейского.

- Ничего себе у вас порядочки. У нас дал денег и поехал.

Полицейский подошёл к машине и вернул документы со штрафной квитанцией на сумму $ 60.

- Будьте внимательны на дороге и следите за знаками.

- Спасибо офицер.

- На сколько он тебя нагрел?

- На $ 60. Мог бы и больше выписать. Мне говорили за каждую милю, штраф $5.

- Ни хрена себе! $60, а ты ему ещё спасибо сказал.

- Проблема не эти $60. Это транспортное нарушение, за превышение скорости. Три таких нарушения за один год, и поднимается страховка на 20%, на три года. А это $ 2.000.

- Какой грабёж. Как же у вас ездить за рулём?

- Очень просто, не нарушай. Всё мы приехали. Давай, до завтра.

На следующий день, Вилен казалось отошёл от страданий, постигших его в казино и вспоминал о потере лишь изредка.

- Завтра наша группа уезжает. Ты решил что-нибудь с приездом в Питер? Я хочу всё подготовить к этому времени.

- Мне надо везти тебя в аэропорт?

- Нет. За нами приедет автобус. Но ты не ответил на мой вопрос.

- Я приеду. Думаю, где-то через месяц. Дай мне свой телефон. А ещё лучше, давай купим тебе факс. Они не так давно появились, но это очень удобная форма связи. Отправил, неважно, когда. А тот, кто получит, увидит распечатку.

- У нас они есть, но очень дорогие.

- Здесь ты можешь купить намного дешевле. Если хочешь, я тебя сейчас отвезу в одно место. Это оптовая продажа, но можно купить и один. Сэкономишь денег.

- Адам, ты же знаешь я проиграл чужие деньги. Но я что-нибудь придумаю. Скажу, что украли. Если хочешь, поедем, купим факс.

Адам отвёз Вилена в район 20-х улиц и Бродвея, где располагалось множество оптовых складов-магазинов и где можно купить всё. От косметики и украшений, до электроники и одежды. Оказалось, что у Вилена, ещё есть порох в пороховнице. Узнав цену, он пытался хватать всё подряд и Адаму, с трудом удавалось его удержать.

- Ты не знаешь, Адам. У нас всё в 2-3 раза дороже.

- Я понимаю. Но тебя не пустят в самолёт, со всем этим барахлом.

Адам завёз Вилена в гостиницу и помог ему, дотащить в номер коробку с факсом и множество пакетов.

Они попрощались, условившись о связи и скорой встрече.

Перед работой, Адам заехал в свой магазин. Маша сидела за стойкой и читала книгу.

- Ну что Мария, мёртвая тишина?

- Я бы так не сказала. Вот лист с перечнем, что продано. Деньги в кассе. Ещё приходил какой-то хачик. Сказал, что хочет поговорить с тобой. Просил телефон, но я сказала, что ты сам позвонишь. Телефон записан на листке с перечнем продаж.

- Да ты молодец. Неплохо поторговала. А где твой муж? И что значит, хачик?

- Мой Саша устроился на работу на Брайтоне. Водителем в кар-сервисе. А хачиками в Москве называют нацменов.

- Значит жизнь понемногу налаживается. А что хотел этот нацмен?

- Как я поняла он хочет купить, весь этот мех.

- Вот как! Он цены наши видел?

- Да, конечно. Но он хочет о ценах поговорить.

- Ну что ж. Поговорим. Я ему позвоню. Всё Маша, пока. Продолжай в том же духе.

Приехав на работу, Адам набрал, телефон хачика.

- Здравствуй, меня зовут Адам. Ты был у нас в магазине на первой авеню и оставил свой телефон.

- Здравствуй, дорогой Адам. Молодец, что позвонил. Я - Зураб. Можно Зури. Когда ты будешь в магазине? Хочу познакомиться, поговорить. Можно выпить чуть-чуть.

- Хорошо. Подъезжай завтра в 9:30. Я буду в магазине.

- Спасибо, дорогой. Завтра увидимся и познакомимся.

Судя по характерному тяжёлому акценту, Зураб был выходцем одной из южных республик.

Вечером позвонил Вилли.

- Привет, Адам, Вил. Хочу подъехать попозже. Есть разговор.

- Привет. Ты сменил имя на Вил? Подъезжай, я на месте.

- Да меня, здесь так все зовут. Я уже привык.

Вилли, или теперь уже Вил, появился к концу рабочего дня.

- А ты чего, как в воду опущенный? Случилось что?

- Да есть проблема. Давай, ты освободишься, и мы поговорим.

- Хорошо. Ты посиди, я всех ребят своих отпущу, и буду свободен.

Команда Адама, дружно переоделась и прощалась.

- Буено ноче, падре!

- Буено ноче, ихос!

- Ну, слава богу. Все разошлись. Рассказывай, что у тебя. Хочешь выпить? А то на тебе лица нет.

- Давай выпьем чего-нибудь, а то действительно не по себе.

Адам принес бутылку водки и разной закуски.

- Вот теперь можно говорить. Дай бог, не по последней. Ну, говори

- С чего начать? Ты знаешь, что я потерял бизнес.

- Ты уже терял один. Помнишь «Царевич»? Но это не конец света.

- Я потерял семью. Дейзи, мне часто говорила, что бизнес не должен влиять на семью. У них так не принято.

- Дейзи, как я понимаю, твоя жена. Может у англичан не принято, смешивать проблемы бизнеса, с отношениями в семье, но когда в бизнесе плохо, то это влияет на всё. Особенно у нас.

- Я ей много раз пытался это объяснить, но она говорит, что бизнес - это моё дело, а домой надо приносить деньги, а не проблемы, связанные с бизнесом.

- Поэтому надо жениться на своих. У них такой же как у нас менталитет. Хотя, деньги надо приносить домой по любому.

А что с сыном? Я знаю, что ты его очень любишь. Ты можешь к нему приходить? Гулять с ним?

- С этим всё нормально. Дейзи умная женщина. Она закончила Нью Йоркскую юридическую школу и работает в одной из крупнейших финансовых компаний «Лиман Бразерс». Слышал о них? Они занимают пару этажей в «Ворлд Трейд Центер».

- Круто. Наверное, неплохо там зарабатывает. Могла тебе помочь.

- У них так непринято. Мой бизнес, это мой бизнес. А её работа, не должна оплачивать долги моего бизнеса. Она имеет $ 130 тысяч годовых.

- Не слабо. Правда там наверняка налоги зашкаливают.

- Она должна платить 42% налогов в год, но что-то списывает, поскольку платит за школьные долги. Она, когда училась на адвоката, получала большие кредиты.

- Ну хорошо. Себя и сына она прокормит. Да и ты, как я понимаю, приносишь какие-то деньги. Это не трагедия. Понятно, плохо. Но жизнь продолжается. Ещё всё может измениться!

- Есть что-то ещё, похуже. И я даже не знаю, как жить дальше.

- О, господи! Это еще что произошло?

- У меня есть товарищ. Помнишь я тебе говорил, что ездил в Калифорнию? Его зовут Костя. У меня были большие проблемы в «Гласности», и я уговаривал Костю, войти со мной в бизнес. Он внес денег, а бизнес накрылся.

- Такое случается сплошь и рядом. Ты же его не насильно тащил. Он сам решил.

- Адам, ты не понимаешь. Я уговорил его продать дом. Он из-за меня потерял дом. Он ещё ничего не знает.

- Это плохо. Ты должен ему сказать.

- Я не могу. Костя ещё платит кредит за дом.

Адам молчал.

- Помоги мне, Адам! Я не могу ему сказать, позвони ему ты.

- Ну ты даёшь! Почему я? И что я ему скажу? А ты сам не хочешь попробовать?

- Я не могу. Я был у психотерапевта, он мне прописал лекарства, транквилизаторы. Если не они, я, наверное, уже бы покончил с собой. Я иногда совсем не соображаю. Помоги мне, Адам.

- Ну хорошо. Давай телефон. Не знаю, что я ему скажу.

- Алло! Это Костя? Меня зовут Адам. Я товарищ Вилли Фримена. Нет, нет. Ничего ужасного не случилось, и он жив. Просто он в таком состоянии, что не может говорить. У меня, плохая новость для тебя. Вилли потерял бизнес, а с ним и все деньги. К сожалению, и твои тоже. Что тебе теперь делать? Я не знаю. Наверное, пережить и начать всё с начала. Извини за плохую весть и удачи.

Адам положил трубку, и они сидели молча. Говорить было не о чем. Исправить уже ничего было нельзя.

- Спасибо, Адам. Самое страшное позади. Мне остаётся только работать и платить деньги Косте и давать на сына. С работы я ушёл и куда идти не знаю.

- Послушай, Вил. Я могу взять тебя на работу. Будешь работать на кухне. Я вскоре собираюсь съездить на недельку в Россию. Останешься шефом за меня. Пересидишь какое-то время, отойдёшь. А дальше посмотрим. У меня много планов связанных и с Россией и здесь. Пока я смогу тебе платить $500, в неделю. А дальше, как карта ляжет. Что скажешь?

- Я тебе очень признателен. Я даже не знаю, чтоб я делал сейчас. Дай мне один день, я побуду с сыном. А потом выйду на работу.

- Вот и хорошо. Давай на посошок, и держи хвост пистолетом.

Ната, узнав новость, только сокрушённо покачала головой.

- Это твоё дело, но, по-моему, это пустое занятие.

- Ты не права. Он очень изменился. Сейчас это другой человек. Мне тоже не нравилась его гоношливость. Я помню, что из-за него мы потеряли бизнес, но теперь всё поменялось. Мне нужен шеф. Я не хочу и не могу всё время сидеть на кухне. Мне хочется создать какой-то серьёзный бизнес, а у меня связаны руки. Скоро ты закончишь учёбу и уйдёшь работать в какую-нибудь компанию. Это всё надо разруливать. Царевич был в Питере хорошим шефом. Я уверен, при надлежащем контроле, он будет делать то, что я ему поручу.

- Всё это так. Я хочу заниматься тем, что я люблю. Я не смогу помогать тебе в бизнесе. Надеюсь, твой Царевич, не окажется пустым местом. Решать всё равно тебе.

То, что Вилли сможет заменить Адама, на время поездки в Россию, разрешало серьёзную проблему. Адам был уверен, что тот сможет вести кухню, хотя бы на какое-то время. Оставался открытым вопрос, кто возьмёт на себя роль дистрибьютора в России. Это должен быть человек, которому можно было доверять. При этом он должен обладать деловыми качествами. Всё чаще Адам вспоминал своего лучшего друга Стёпу, с которым они были не разлей вода. Стёпа работал заместителем директора 2-ой базы Ленснабнарпита. Это была одна из баз, которые снабжали предприятия общественного питания большого города. В сферу обслуживания этой базы, входило обслуживание столовой при Смольном. Понятно, что туда поступали продукты, которые вряд ли можно было увидеть на прилавках обычных торговых точек. Адам познакомился со Степаном, будучи директором одного из городских ресторанов. Простое знакомство переросло в хорошую мужскую дружбу, хотя было трудно представить, более разных людей. Степан, был высокий, под 2 метра, с голубыми глазами и небольшой головой. Адам при встрече подумал, что тот может играть Петра 1, без грима. Позже, Адам узнал, что тот, потомок немцев из Поволжья, попавших в Сталинскую мясорубку. Его настоящее имя было, Стефан.

Адам, потомок извечно гонимой расы, с большими темными печальными глазами и считал немцев исчадием ада. Ко всем парадоксам, Стефан был женат на еврейке. Лиля была типичным представителем своей расы. Она дымила как паровоз, материлась и рассказывала всякие истории про воровство, которое происходило в вверенной ей столовой. Адам часто хотел спросить, что их связывает, но всегда боялся их обидеть.

Стефан был единственный человек, который провожал Адама в аэропорту «Пулково», когда Адам покидал навсегда Родину. Они были искренне привязаны друг к другу. Ездили за грибами в запретную зону, выпивали частенько, когда Адам приезжал на базу за продуктами. Ходили друг к другу в гости.

Когда Адам купил свою первую квартиру в районе Купчино, он вечером заезжал за Стефаном на базу, и они ехали ремонтировать новую квартиру. Стефан был мастер на все руки и всё делал тщательно и с немецкой аккуратностью. Он научил Адама всему, чему обычно отцы учат сыновей. Квартира самого Стефана, была отделана, с удивительным вкусом и предъявляла великолепие сантехники, невиданное по тем временам. От него, Адам впервые услышал слово дизайнер. Тот мог часами конструировать различные приспособления и украшения для интерьера. Адаму было проще просверлить 10 дырок, выбрать ту что подходит, а остальные замазать. Но несмотря на такую кажущуюся разность они называли друг друга забавными именами. Один был Адамаша, а другой Стефаша. У них с Лилей не было детей, зато была собака, эрдельтерьер, по кличке, Кеша. Они Кешу обожали, и он платил собачьей преданностью. На день Кешиного рождения, Стефаша выкладывал дорожку, во всю прихожую, из сарделек, столь любимых Кешей. Вообще, тот был очень дружелюбный и воспитанный пёс

Был ещё, наверное, один человек, которому Адам смог бы доверить бизнес в России. Это был муж, двоюродной сестры Иры, Фима. Помимо просто хороших семейных отношений, они работали вместе, до отъезда Адама из России. Но они, скорее всего, тоже эмигрировали. Не так давно, они неожиданно появились у Адама в ресторане. Это был один из очень оживлённых моментов, после очередной статьи. Адам сидел в зале за столом, отдыхая от ланча и ожидая напряжённый динер. Адам их поначалу даже не признал.

- Ира, Фима! Вы как сюда попали? Как вы меня нашли?

- Нас привезла сюда Соня, твоя сестра. Помнишь её?

- А вы что? Теперь в Америке? А чего Соня с вами не зашла?

- Нет, мы просто приехали как туристы. Остановились у Сони. Но она не захотела заходить. Вы что, рассорились?

- Ну не то чтобы рассорились. Так, разошлись во взглядах. Ребята, а вы почему меня не предупредили? Если бы вы позвонили, мы бы договорились о времени. А сейчас у меня есть 15 минут, и я должен идти работать. Как ваши дела, как дети?

- У нас все нормально. Дети уехали в Израиль, и мы хотим ехать к ним. Ира всё время плачет. Скучает по детям.

- Ну это понятно. Сейчас, я слышал, проблем с выездом нет. Это в наше время, я едва успел выскочить. Окно захлопнулось и все думали, что навсегда. Но Советский Союз, оказался на удивление непрочным. А нам казалось, что это монолитная скала.

- Сейчас многие едут, в основном, в Израиль.

- Да, я слышал. А наша эмиграция, ехала в большинстве в Штаты. Ребята. Я очень извиняюсь, но меня ждут на кухне. Б-г даст, ещё доведётся свидеться. Удачи всем нам!

Они уходили, явно обиженные. Они не знали, что здесь другие правила жизни и даже с близкими надо договариваться о встрече. Иначе можно упереться в закрытую дверь. Собственно, выбора у Адама не было. Оставался один Стефаша.

Адам пробовал позвонить, по домашнему телефону.

Грубый голос, раздражённо ответил, что такие здесь не живут.

Адам набрал рабочий телефон Стефана. Там сначала долго молчали, а потом ответили, что такой человек, там давно не работает. Адам послал факс Вилену, с фамилией, именем, отчеством и примерным годом рождения, с просьбой узнать что-нибудь о этом человеке. Вскоре пришёл ответ. Проживает по адресу улица Фрунзе, дом 14, квартира 8 и номер телефона.

- Алло, алло! Вас слушают.

- Стефаша, привет! Это Адам.

- Адамаша, пропащая душа. Ты где? Как ты меня нашёл?

- Я в Нью Йорке. Собираюсь навестить Россию.

- Ты приезжаешь насовсем или погостить?

- Скорее это деловая поездка. Как ты, как Лиля?

- Как может себя чувствовать пожилой мужчина? Лиля в порядке. Работает.

- Какой ты пожилой? Тебе 56, если я правильно помню?

- Это так. Для России – это серьёзный возраст.

- Ну ты даёшь. А помнишь, как ты разгружал вагоны с товаром. Это был твой конек. Приходили вагоны, и вся база знала, Стефан на вагонах. Ты был как гранитный монумент. Могучий и здоровый.

- Укатали сивке, крутую холку. Я уже не тот.

- Кончай прибедняться. У меня, на тебя большие надежды. Хочу в России затеять небольшой бизнес. Мне нужен представитель и ты, естественно, мой первый кандидат.

- Адамаша. Для тебя, я сделаю что смогу, а о чём идёт речь?

- Ты слышал что-нибудь про секонд хенд?

- Да, слышал. У нас какие-то студенты этим занимаются. Чистят, гладят, упаковывают в пакеты с этикетками и продают за новое.

- Но это чистое жульничество. Я хочу привезти изделия из меха и кожи. Шубы, жакеты, куртки. И продавать дёшево. Как секонд хенд. Желательно оптом. В цене есть место для всех. Что скажешь?

- Я думаю, хорошая идея. Мех и кожа всегда здесь в цене. А что я должен делать, Адамаша?

- Для начала принять товар и где-то его складировать. По возможности найти контакты, кто захочет купить оптом. Магазины, меховые ателье, торговые люди и так далее. Прибыль поделим, за минусом расходов. Как тебе моя идея?

- Адамаша. Я всё для тебя сделаю. Мне и денег не надо.

- А вот это глупость. Мы с тобой друзья, но это бизнес. И в бизнесе всегда должен быть интерес. Я приеду, и мы всё оговорим. Попробуй узнать что-нибудь. Я позвоню на следующей неделе, и мы всё решим. Лиле привет. Да, и Кеше тоже.

- Адамаша. Кеши уже с нами нет.

- Прости, я не знал.

- Ничего. Это уже давно случилось.

- Очень жаль. Он же у вас прожил много лет.

- Да. 16 лет. Ничего не попишешь. Ладно, Адамаша. До связи.

В магазине, Адам с Машей, проверили наличие товара.

- Ты неплохо поторговала, но у меня есть, не очень хорошая для тебя новость. Я собираюсь магазин закрыть, а весь товар отправить в Россию. Мне, наверное, придётся ещё товар прикупить. Я тебя предупреждал, что это всё временно.

- Да. Я помню. Очень жаль. Адам, приходил этот хачик. Говорил, вы договаривались. Сказал придёт попозже.

- О чёрт! Я про него забыл. А вот он.

- Привет! Меня зовут Зури.

- Привет. А меня все зовут Адам.

- Да, мне ваша женщина сказала.

- Так чем, я могу быть тебе полезен, Зури?

- Мне очень нравится твоя идея. Продавать меха секонд хенд. Вообще эта тема, очень сильная. Но в России её очень попортили. Можно было продавать за новый товар и нажить хорошие деньги.

- Это всё понятно. От меня, что ты хочешь?

- Если я заберу у тебя весь товар, почём ты мне шубы продашь?

- А сам то ты, почём бы хотел купить?

- Я думаю, по $25 за штучку, было бы всем хорошо.

- У меня другие планы, Зури. Но допустим, я передумаю. Как говорят американцы, покажи, какого цвета твои деньги.

- Ты дай мне кредит, Адам. Я, расплачусь с тобой зеленью.

- Кредит говоришь. А если не отдашь? Мне что, с пистолетом за тобой бегать по всему Нью Йорку?

- Если не отдам, можешь меня поймать, поставить на 4 кости и отыметь, как последнего петуха.

- Фу! А мне это зачем? Ничего у нас Зури не получится. Я говорил, у меня другие планы.

Зури ушёл, и было видно, как он огорчен.

- Маша. Как ты говорила, хачик? Он и есть хачик. Хитро мудрый.

- А зачем ты вообще ему что-то предлагал? Грязный такой тип.

- Всё. Забыли про него. Работаем ещё неделю. Я привезу большие коробки надо будет всё разобрать и упаковать. Я подвезу ещё мех, если найду. Составим опись и мне надо будет подготовить накладную для таможни.

Для Адама вопрос был решён. Оставалось ещё раз переговорить со Стефаном, и договориться об упаковке в тюки. Он съездил в «Домси», забрал остатки меха, какой был, договорился об упаковке в тюки, перевязанные металлическими лентами. За каждую упаковку, придётся уплатить по $20.

В ресторане Адама ждал Царевич.

- Привет. Пойдём, я тебя познакомлю с коллективом.

- Ихос. Минутку внимания. Знакомьтесь. Это Вил. Мой старый товарищ. Я вам говорил, что я уезжаю В Россию, на 7-10 дней. Вил будет меня подменять. Он опытный шеф, и работал шефом в России. У нас есть свои особенности. Вил постоит со мной и посмотрит, как мы работаем. Вы пока перезнакомьтесь, а я пойду сделаю звонок по телефону.

Адам намеренно оставил Царевича с ребятами наедине, посмотреть, как он адаптируется в коллективе. Про себя он по-прежнему, называл его Царевичем и тот как будто не возражал.

- Ну как прошло знакомство с моими ихос?

- Вроде всё нормально. Они ребята дружелюбные.

- Ты прав. Они простые и весёлые пацаны. Они мною вышколены. Ты знаешь, что такое ресторан, когда идёт работа. Это как на войне. Ошибки не прощаются. Ты ошибся, выбился из темпа, всё пропало. Можно погубить весь динер. Они все уже давно профессиональные повара. Все знают, что и как им делать. Я им не подсказываю и не подгоняю. Они понимают, что любая ошибка, последняя. Я уволил много народу. Эти отобранные. Как гвардия. Моя правая рука, Луис. За ним идет Вильям. Но они все повара, обученные мною. Начнется работа, увидишь. Поначалу, просто стой со мной. Это всем неудобно, но другого способа нет. Сейчас все занимаются заготовкой. Мы с тобой разберём филе миньон. Ты когда-нибудь сам разбирал?

- Разбирать не приходилось. В России приходило замороженное, в брикетах, а здесь я с этим не работал.

- Давай, я возьму один и ты возьми. Просто делай как я.

- Адам. Ты очень быстро это делаешь. Не возражаешь если я сделаю всё потихоньку. Я разбираю филейку первый раз, и хочу сам посмотреть, как и что.

- Нет возражений. Когда закончишь, я покажу как мы делим на порции. А я разберу ещё одно филе.

Адам заметил, что Царевич, был какой-то заторможенный. Возможно он здесь впервые и поэтому всё делает медленно. Главное уметь, а скорость придёт.

- Луис. Все закончили заготовку?

- Да, папа. Обед тоже готов.

- Чем кормишь сегодня?

- Ароз кон полло, папа.

- Я мог не спрашивать.

- Знаешь, Вил, тебе придётся привыкать к этому меню. Это их любимое блюдо. Что-то вроде плова, они добавляют шафран и кукурузные зёрна. Довольно вкусно.

Во время обеда, Вил, лениво ковырял вилкой и меланхолично жевал. Взгляд его, был устремлён в никуда.

- Вил. Тебе не нравится еда или ты о чём-то задумался?

- Не обращай на меня внимания. Еда вкусная. Просто мой врач, выписывает мне транквилизаторы. Я без них пока не могу обойтись.

- Я тебя понял. Пока я здесь, проблем нет. Но когда я уеду, на тебе будет лежать вся ответственность. Тогда как?

- Не бойся, Адам. Мне нужно какое-то время. Я отойду.

Но Адам переживал и высказал свои опасения Нате.

- Я тебе говорила. Твой Царевич впал в другую крайность. То он петушился и гоношился, изображая комсомольского секретаря, а теперь весь в страданиях и горестях.

- Ты несправедлива. Человека бросила жена. Он подставил близкого товарища, который ему доверился. Вся жизнь коту под хвост. Он хотел наложить на себя руки. Он спасается таблетками. Но я не доверю ему бизнес, пока не буду уверен, что он может с ним справиться. Да и мои ребята ему помогут. Пока меня не будет, ты пожалуйста, приходи вечером. В конце работы забирай кассу. В пятницу всем выдашь зарплату в конвертах. Я напишу кому, сколько. Тебе придётся повозить Надю в школу пока я не приеду.

- Адам, ты твёрдо решил ехать. Может лучше не надо?

- О чём ты говоришь? Я уже вложил в эту идею кучу бабок. Да глупо было бы не попробовать. Может этот Вилен, что-нибудь нароет интересного? Да мало ли, что я там увижу. Нет всё решено. Я должен получить скоро российский паспорт. Как только получу, сразу возьму билет в Питер. А где гран-па? Его не слышно.

- Он уехал жить и работать в Пенсильванию.

- Как говорят американцы, но каментс. Живёт, работает.

Комментировать, действительно было нечего.   Адам позвонил в Питер.

- Стефаша, привет. Как дела.

- Адамаша. Я рад тебя слышать. После нашего, последнего разговора, я ожил. Позвонил своему старому приятелю, ты его должен помнить. Мурза, он заведует комиссионкой в Апраксином дворе. А жена, Дильнара, в комиссионке на Невском.

- Да, я их помню. А эта, Дильнара, устроила мне оптику, когда я уезжал. Круто ребята стоят.

- Да, неплохо. Мурза торгует коврами. У него много деловых людей. Он обещал помочь со сбытом мехов.

- Стефаша. Отличная новость. Я готовлю тебе отправку товара. Но я, наверняка, приеду раньше, чем прибудет товар. Тогда всё и обговорим. До скорой встречи.

Адам и Маша упаковали весь товар в пластиковые мешки и уложили в большие коробки. Адам погрузил всё в большой фургон и привёз это в «Домси»! В отдельном помещении, стояла мощная упаковочная машина. Рабочий укладывал тюки на толстые листы картона, агрегат прессовал тюки и стягивал их широкими металлическими лентами. Оставалось отвезти груз шипшандеру.

В Нью Джерсийском офисе, его встретили как старого знакомого.

- Адам, привет! Ты опять привёз нам автомобили для России?

- На этот раз другой товар. Вот лист с описью. Что касается машин, то я думаю мы ещё не раз их отправим. Мне нужен маленький контейнер в Петербург. Здесь координаты грузополучателя. Надеюсь всё будет, как всегда о кей?

- Можешь не сомневаться. Скажи своему водителю, пусть подгонит машину к контейнеру, и наши ребята всё перегрузят. Пошли в офис оформлять документы, выпишешь чек, и мы отправим твой контейнер ближайшим контейнеровозом.

- Люблю работать с итальянцами. Всегда весело и по делу.

- Ты Адам, хоть и русский, но парень что надо.

Все распрощались, хлопая друг друга по плечам.

Время шло можно было ехать получать российский паспорт.

У дверей российского консульства, как обычно стояла толпа народа. Всё шло по заведённому распорядку. Сначала пропустили всех, кто имел на руках российские документы, а затем запускали народ пятёрками. Когда подошла очередь Адама, он прошёл внутрь и был допущен к заветному окошку.

- Я за получением паспорта.

- Фамилия, имя, отчество?

- Гардов Адам Борисович.

- На основании решения Российской Федерации, ваше граждан-
ское состояние восстановлено и вам выдаётся, загранпаспорт на
ваше имя. Поскольку по российским законам вы обязаны быть
прописаны, мы поставили штамп прописки, по адресу консульства
Российской федерации в Нью Йорке. Распишитесь здесь и здесь, о
том, что вы ознакомлены с указом и вам выдан паспорт гражданина
Российской Федерации. Поздравляю!

Адам вышел, с полным ощущением, что он побывал на каком-то
спектакле из его далекого детства. Он вспомнил, как без всякой
помпезности, а скорее буднично, он сдавал свой паспорт и квитан-
цию из сбербанка на 500 рублей, за лишение гражданства. Казалось,
что это происходило невообразимо давно и не с ним.

Он держал в руках новый российский паспорт и не испытывал
никаких чувств. Он приехал на работу и похвастался своим новым
паспортом перед Царевичем.

- Я думаю, тебе тоже надо получить российский паспорт. Жить
там я не собираюсь, но возможно затеем какой-нибудь бизнес там. Я
съезжу на разведку, а там посмотрим.

- Поезжай, посмотри. Почему нет? Я тебя не подведу.

Адам поднимался по трапу самолета, испытывая смешанные
чувства. Он летел в город, в котором родился и вырос. Там прошла
большая часть его жизни. Там остались немногочисленные друзья.
Все его встречи и расставания происходили в этом городе. Это нельзя
забыть или просто выкинуть из памяти. Было трудное, голодное, но
всё равно весёлое детство. Там остались могилы близких ему людей.
Мамы, ушедшей в 41 год после инфаркта. Она растила двоих детей,
одна, в после блокадном Ленинграде, и её сердце не выдержало этих
жестоких испытаний. Там осталась могила его сына, от первого,
бестолкового брака. Жестокая страна призвала его в армию и хотя
Адам пытался помочь ему, учиться в вузе, где есть военная кафедра,
но он хотел быть подводником. Романтика юного сердца, толкала его
на поиски приключений. Он их нашёл.

Страна, в лице вышестоящего командира, послала их, глупых
юнцов, тушить пожар в атомном отсеке подводной лодки. Он умирал
тяжело, схватив огромную дозу радиации.

Много обид и несправедливостей, пережил Адам в этой стране.
Он уезжал из нее, ничуть не сожалея о своём поступке, а теперь,
возвращаясь туда по собственной воле, он вновь перебирал свою
прошлую жизнь и на что-то надеялся, сам не понимая на что...

ГЛАВА XIII

РОССИЯ. САНКТ ПЕТЕРБУРГ

Самолёт приземлился в аэропорту «Пулково», города-героя Ленинград, а ныне, вновь носящего свое прежнее, гордое имя - Санкт Петербург. Аэроплан долго и уныло рулил по пустынному полю и наконец остановился невдалеке от небольшого строения, вокзала для приема иностранных пассажиров. К самолёту подкатили трап. Пассажиры спустились на землю, и под настороженным взглядом пограничников, потянулись жидкой цепочкой к зданию аэровокзала. Внутри всё выглядело ещё более затрапезно и провинциально. Строгий, нудный паспортный контроль осуществляли две дамы в униформе, за которыми наблюдали и проверяли старшие по званию. Получив паспорт Адама, они понимающе переглянулись и после проверки, дама шлепнула печать. Адам прошел в комнату, где на полу лежала груда чемоданов и народ, с волнением пытался отыскать свой. Адам тоже порылся в этой куче, и не найдя перешёл в другую комнату, также заполненную валявшимися на полу чемоданами. Всё это было такое отсталое, неустроенное, словно в стране третьего мира, с её примитивным образом жизни. Найдя свой чемодан, Адам облегчённо выдохнул и направился к стойке таможенников, где каждый чемодан подвергался обыску. Дальше, за открытой дверью, стояла толпа встречающих и Вилен стоял во главе этой группы. Он помахал Адаму рукой. Таможенник перерыл Адамов чемодан и не найдя ничего интересного, просто пихнул его в сторону Адама. Тот сложил всё как попало и пошёл прочь.

- Добро пожаловать в Петербург!

- Спасибо, Вилен. Но таможенники, по-моему, не очень радовались

- У них работа такая. Да с тебя, им нечего было поиметь.

- А если бы нашли чего-то неразрешённого?

- Отвели бы в специальную комнату и развели бы на бабки. Сейчас всё имеет свою цену. Все хотят получить всё что можно.

- Это касается только таможни или во всём обществе?

- Сейчас все зарабатывают там, где работают. Продают всё, что можно и нельзя продать. Везде и всюду стоят люди и что-то продают. Вещи, тряпки, пустые бутылки. Всё что есть дома, или нашли, а чаще украли на работе. Да всё что попало.

- Что-то похожее было после войны. За Балтийским вокзалом, на Митрофаньевском шоссе, была барахолка. Людей было море. На газетках, прямо на земле, лежали ржавые кривые гвозди, всякий хлам и солдатское шмотьё. Ворья и хулиганья полным-полно.

- Сейчас этого добра тоже хватает.

За разговором они подошли к машине.

- Как тебе моя «ласточка»?

- Это «Волга», 24-я? Красивая, беленькая!

- Почти новая. Давай положим чемодан в багажник. Садись рядом.

Адаму, избалованному американскими машинами, новёхонькая «Волга», казалась ужасно старомодной. К тому же всё пропахло запахом бензина. Вилену, разумеется, он выразил полный восторг и одобрение. Автомобиль двигался по Московскому проспекту, среди немногочисленных машин. В основном это были грузовики с деревянными бортами, везущие всякие конструкции или металл. Они нещадно дымили и было понятно, что срок их службы давно истек. Много было военных машин, выкрашенных в однотонную темно-зеленую краску.

- Куда мы едем, Вилен?

- Я отвезу тебя на квартиру, это на Миллионной. Там отдохнёшь.

- А где эта Миллионная и чья это квартира?

- Миллионная, это бывшая Халтурина. Сейчас многим улицам вернули старые названия, так же, как и городу. Собчак, это наш мэр, наводит в городе порядок. А квартира, брата моей жены. Он бизнесмен и неплохо стоит. Он нас там ждёт. Сегодня ты отдохни, а завтра займёмся делами. У тебя какие планы?

- Мне нужно встретиться с одним моим старым другом, потом провести вечер с родственниками, и я хочу съездить в Минск.

- В Минск поедем вместе. У меня там живёт родственница. А ты что хочешь делать в Минске?

- У меня в Нью Йорке есть давний приятель. Он сейчас остался работать за меня. Его брат живёт в Минске, а его сын, он майор, крутится там по всяким делам. Короче деловой. Я вообще хочу найти какие-то контакты с деловыми людьми. Я не приехал просто так погулять. Я хочу замутить какой-то бизнес здесь.

- Ты приехал по правильному адресу. Я всё жизнь привык сводить людей и с ними работать. Я говорил, что работаю с бизнесменами и, что у меня есть в Смольном кабинет. Мы туда потом съездим. Моя подпись стоит сегодня $200.

- А что, у каждой подписи есть своя такса?

- Конечно. А как ты думал?

- Я не знаю. Я думал, за это могут дать срок?

- Всё делается один на один. Но делают все. Мы даём людям возможность заработать денег. Это должно как-то оплачиваться. В России так. Если ты это не поймёшь, так и будешь всю жизнь работать директором «Пирога».

- Я не работаю директором. Это мой бизнес.

- Какая разница? Ты привязан к нему. А можно заработать гораздо проще.

Они дискутировали на эту тему, пока не подъехали к большому четырехэтажному зданию, на Миллионной улице. Эта улица начиналась от моста, ведущего к зданию Эрмитажа. Все дома вокруг выглядели крайне запущенными. Вероятно, их не ремонтировали очень много лет. По обшарпанной лестнице, с выбитыми окнами, они поднялись на третий этаж, и Вилен позвонил в большую железную дверь. Её открыл высокий светловолосый улыбающийся человек.

- А я вас уже заждался. Я Леонид, а вы как я понимаю, Адам.

- Да, всё правильно. Вы Вилена свояк, если я не путаюсь.

- Проходите. Все правильно и эта квартира ваша, на время пребывания в Питере. Сколько вы здесь пробудете?

- Я приехал на десять дней и надеюсь не последний раз.

- Леонид. Кончай баланду травить. Человек с дороги. Устал, хочет отдохнуть и перекусить.

- Вилен. У меня всё уже готово. Адам, несите чемодан в комнату. Давайте я вам всё покажу, а потом к столу.

Это была двухкомнатная квартира, с большими окнами и очень высокими потолками. Было видно, что в ней никто постоянно не жил, эдакое холостяцкое жильё.

- Здесь есть всё что нужно. Бельё в шкафу. Есть ванная. Туалет. Немножко неуютно, я здесь только иногда приезжаю с дамами. В спальне есть телефон. Так что, все хорошо.

- Неплохо. Я тоже бы не возражал, против такой квартиры.

- Пошли на кухню, отметим ваш приезд.

На столе стояла бутылка водки, два вида колбасы, разного цвета большие перцы и солёные огурцы.

- Садитесь, гости дорогие. Чем богаты, тем и рады.

- Ты Лёня, мог бы и побогаче стол накрыть.

- Да брось ты Вилен. Человек и так старался. Всё просто, по-мужски. Давай Леонид, наливай. Будем уже на ты. Не против?

- Вот это по-нашему. Давайте, по первой, с приездом Адам!

Они выпили и по первой, и по второй. От третьей Вилен отказался, и они прикончили бутылку без него.

- Нет, я больше не пью. Мне ещё домой надо доехать. Давай Лёня, я тебя подкину. Адам отдыхай, завтра я приеду за тобой с утра пораньше.

Они распрощались. Адам получил ключ от квартиры, с наказом никому не открывать. Ключ бы длинный, цилиндрической формы с прорезями с двух сторон.

- Ты просто вставляешь его в замок и нажимаешь до самого конца.

- Этот ключ, больше напоминает острую отвёртку или инструмент для самообороны. Его и в карман не сунешь, порвётся.

- Сейчас в Питере, неплохо иметь что-то, так, на всякий случай.

Адам захлопнул дверь и остался один, в большой, неуютной и неухоженной квартире. Какое-то ощущение неясной тревоги не покидало его. Ерунда всё это. Я просто отвык от России. Есть телефон и нужно позвонить Стефаше и Ире с Фимой.

- Стефаша. Привет, Адам. Я в Питере. Нет, сегодня уже поздно, а завтра вечером жди в гости. Нет возражений? Ну вот и чудно. Я ещё буду тебе звонить. Привет Лиле. Пока, пока.

- Ира. Узнаёшь? Да. Это я. Нет, я уже в Питере. Меня встретил один мой товарищ и поселил в квартире на Миллионной. Конечно, обязательно приеду. Скорее всего послезавтра вечером. Вы всё там же живёте? Я позвоню, когда буду выезжать. А где Фима? Продаёт машину. Как я понимаю, готовитесь к отъезду. И правильно делаете. Передавай ему привет и до связи.

Делать было больше нечего. Было ещё светло и Адам решил прогуляться по городу. Он потренировался, как открывается и закрывается дверной замок и спустился по лестнице вниз. Было начало осени, но погода была сухая и тёплая. Адам направился в сторону Эрмитажа и вскоре вышел на огромную и пустынную Дворцовую площадь. Всё вокруг казалось унылым и пошарпанным. Даже статуи, поддерживающие здание Эрмитажа, требовали ремонта и ухода. К Адаму по площади бежала маленькая девочка, и подбежав вдруг упала на колени.

- Дяденька. Дайте денежку. Я очень голодная и мой братик тоже.

Адам выскреб что у него было в кармане и позорно бежал, не вынеся детских жалобных слёз. Он торопливо пересёк площадь, боясь, что девочка побежит за ним.

Нет, это ни в какие ворота не лезет. Понятно, что это была цыганка, но, когда ребёнок падает перед тобой на колени и просит подаяния, это выше моих сил. Что происходит с этой страной?

Он вышел на улицу Желябова, к зданию огромного универмага ДЛТ. Дом Ленинградской Торговли стоял в лесах и был закрыт. Адам прошёл вдоль него, направляясь к Невскому проспекту и наткнулся на длинную вереницу людей, стоявших вдоль улицы. Все они что-то продавали. Женщины держали различные вещи. Чаще это были вязанные дома варежки, носки или шапочки. Кто-то продавал пустые банки из-под кока-колы, пустые стеклянные банки и бутылки. Было видно, что они стояли давно и без всякой надежды продать. Адам вышел на Невский проспект. Народу было немного, а те что вольно разгуливали, на вид, внушали угрозу и явное желание кого-то задеть.

Адам решил вернуться в свою, временную квартиру и назавтра порасспросить Вилена, обо всём увиденном.

По давно заведённой привычке, принимать душ перед сном и поутру, прежде чем начать свой день, Адам залез в ванную и включив душ, с удовольствием плескался. Закончив мыться, он осознал, что вода не уходит. Он осторожно вылез наружу, обтерся и стал искать вантуз для прочистки ванной. Не обнаружив, сей чрезвычайно необходимый в доме инструмент, решил на завтра, первым делом его купить. Делать было нечего, за окном стало темнеть и Адам застелил постель и попытался уснуть. Его разбудил истошный вопль за окном. Разобрать что там происходит было невозможно, но крики и шум продолжались, с вариациями на небольшой перерыв, продолжались довольно долго. Всю эту беспокойную ночь, Адам ворочался в постели, проклиная всех и вся. Под утро он задремал, но был окончательно разбужен, шумом машин и криками людей на улице.

Вода в ванной по-прежнему не уходила и Адам чертыхаясь, плескался стоя на полу, забрызгав всю ванную комнату.

Зазвонил телефон. Это был Вилен, который выезжал за Адамом. В квартире делать было нечего и Адам спустился на улицу. Улица Миллионная, была пустынна и автомобиль Вилена, был единственным, потревожившим пустоту.

- Как спалось, на новом месте?

- Хреново. Какие-то твари орали и дрались пол ночи, а когда я наконец заснул загрохотали не то танки, не то большие самосвалы и всё. Сну конец. Ну это чёрт с ним. Приеду в Нью Йорк высплюсь. Смотри, во-первых, мне надо купить вантуз, потому что в ванной не уходит вода. Во-вторых, я должен попасть на два кладбища, посетить могилы матери и сына, а вечером я должен поехать к моему старому другу. На завтра, у меня вечер тоже забит, я должен посетить своих родичей. Всё остальное время, я в твоём распоряжении. Готов встречаться, когда угодно и с кем угодно.

- Ладно. Раз надо, значит надо. На какое кладбище тебе надо поехать? Или сначала поищем вантуз?

- Сын похоронен на Южном кладбище, а мать на еврейском.

- Тогда сначала поедем на Южное. Это далеко. За Пулково.

- Я никогда там не был. У меня записано, где он похоронен. Мои родственники поставили камень на могилу. Я ничего этого не знал, поскольку жил в Штатах. Моя родная сестра знала. Но не хотела мне ничего говорить. Наверное, молчала из хороших побуждений.

Они проехали через весь город и миновали аэропорт. Далеко за Пулковской обсерваторией, вправо отходила дорога. Они проехали мимо огромного кургана свалки, где наверху, казавшийся маленькой черепахой, ползал бульдозер, разравнивая кучи мусора. Запах стоял такой, что они закрыли окна.

Вскоре они доехали до кладбища, и Вилен подрулил к тёткам, продающим редким посетителям бумажные раскрашенные цветы. Адам вылез из машины, но желания купить это у него не было. Одна из тёток, увидев это предложила какие-то синенькие цветочки, на тоненьких стебельках.

- Родненький. Все искусственные берут. Они долго могут стоять.

- Нет, спасибо. Но я лучше возьму живые.

Они подъехали к опущенному шлагбауму, возле которого сидел мордатый парень, явно под градусом.

- Проезд на территорию кладбища, по спец пропускам или инвалидам войны.

Вилен показал ему какой-то пропуск и мордатый, взяв под козырёк, открыл шлагбаум.

Они покатили по грунтовой дороге кладбища.

- Как у тебя написано? Где искать то?

- Написано, третий яблоневый, ряд 5й и номер 18.

- Ну это уже проще. Смотри, вроде служащий. Спроси-ка.

- Извините, не подскажете, третий яблоневый?

- А вы так прямо и ехайте. Слева и будет.

- Ну вот. Мир не без добрых людей. А вот и третий твой. Я здесь подожду, а ты иди, ищи могилку.

Адам отсчитал ряд, а затем номер, но могила была явно не та. Он ещё раз сверился с бумажкой, и снова проделал всё с самого начала, но найти не смог.

- А вы какую могилку ищите?

Это был тот самый служащий, подсказавший дорогу. Адам показал бумажку с написанным именем и фамилией и написанные номера.

- Так вы неправильно ищите. Ряды надо считать от того, куда похоронены головой. Я вам помогу.

Они прошли вместе и действительно нашли могилу.

- Вы один побудете, а я здесь, неподалёку.

Адам стоял молча перед могилой, и слёзы не лились из его сухих глаз. Как это всё тупо и мерзко. Почему он, молодой и полный сил, лежит здесь. А я даже оплакать не могу. На фотографии закреплённой на камне, на Адама смотрел он сам, только моложе на много лет. Не должно быть так. Молодые должны хоронить стариков и иногда приходить к ним на могилу.

Будь проклята эта власть, убивающая детей, вот так, просто. Потому что бездарна и тупа, и ничего не умеющая создавать.

- Простите, что я вас отвлекаю. Мы можем могилку переделать, так что ещё 100 лет простоит. Сделаем низенькую оградку, зальём цементную стяжку. Хотите цветов посадим, или камешками белыми засыплем. А так она недолго простоит. Зарастёт и провалится. Подумайте, я здесь.

- Хорошо. Я согласен. Лучше, наверное, камешками. Подождите меня у дороги. Я попрощаюсь и приду.

«...Что тут скажешь сын! Тебе это всё равно. Ужасно то, что ничего нельзя изменить. Не знаю смогу ли я ещё прийти, когда-нибудь. Надеюсь, что смогу. Тебе уже всё равно, это мне надо. Прощай и прости, если можешь...»

На дорожке его ждал служащий кладбища. Адам заплатил запрошенную сумму.

- Вы не сомневайтесь. Всё сделаем в лучшем виде.

- Ну что Адам. Нашёл могилку сына?

- Да. Мне помог служка, который показал нам дорогу.

- Я его видел, когда он за тобой пошёл. Денег наверно хотел.

- Они обновляют могилы. Я с ним договорился. Они обновят могилку и всё поправят. Надеюсь не кинут?

- Нет, это их хлеб. Они же не знают, где ты. Вдруг придёшь проверить. Им репутация дороже. Теперь едем на еврейское кладбище?

- Да. Спасибо, Вилен за помощь.

Они подъехали к ограде еврейского кладбища. Вилен остался сидеть в машине, а Адам зашагал по дорожкам кладбища. Он давно здесь не был, но помнил, как найти могилу матери. Прямо от сторожки, по прямой, метров 100. Найти оказалось непросто. Вокруг всё заросло. Было заметно, что за многими могилами давно никто не ухаживает. Наконец, пройдя взад и вперед несколько раз, он вдруг наткнулся на могилу матери. Она умерла много лет назад, но Адам, тогда ещё мальчишка, помнил это ледяное январское утро и плачущих взрослых маминых братьев. Сам он плакать не мог, и только поздно ночью, осознав, что она больше никогда не придет, горько рыдал. Он всё это вспоминал стоя возле покосившейся оградки и развалившейся цементной урны. Адам положил цветы и отправился к сторожке.

- Здравствуйте. Я хочу заказать камешек на могилу и вообще привести всё в порядок. Напишите на камне фамилию и имя, даты рождения, и смерти. Запишите все данные.

- Не хотите написать от кого?

- Да нет. Хотя напишите. От детей.

Вилен спал, сидя в машине.

- Просыпайся. Самое главное зачем приехал, сделано. Я в твоём распоряжении. Ещё раз спасибо за помощь.

- Поедем, я тебя познакомлю с одним человеком, а по дороге можем купить вантуз.

- Да уж. Это мне просто необходимо будет сегодня.

Они долго петляли по разным улицам, и наконец выехали на Фонтанку. Река тянулась через весь город и соединялась с рекой Невой. Они двигались в потоке бортовых грузовиков и военных машин, нещадно дымящих чёрными выхлопами.

- Да откуда столько допотопной техники? Они же весь воздух отравляют. Дышать просто опасно.

- Сейчас много проблем с перевозками. Ничего не работает, вот и возят с места на место, кто что может.

Они проехали мимо здания цирка, миновали Михайловский замок и уперлись в Летний сад. Вилен свернул направо, пересёк мост через Фонтанку, вновь свернул на набережную реки и припарковался. Они стояли у здания, на фронтоне которого сияла большими буквами надпись, «Сибирь»!

- Это что за заведение, Вилен?

- Пойдем, увидишь. Это серьёзный ресторан, но не для всех.

- Что значит не для всех? Только блатные могут здесь погулять?

- Что-то вроде того. Это как закрытый клуб.

Они прошли внутрь большого, с накрытыми полностью столами, ресторанного зала. Он был абсолютно пуст, только придремавшая официантка, приветливо кивнула Вилену головой. Они прошли через весь зал и Вилен толкнул, прикрытую занавеской дверь.

Открылся большой уютный кабинет, со старинной резной мебелью, из-за массивного стола им навстречу поднялся человек. Он казался среднего возраста и достаточно ухоженный.

Они с Виленом обнялись и расцеловались, похлопывая друг друга, выражая радость от встречи. Такая радостная встреча, несколько удивила Адама. Впоследствии он убедился, что это сегодняшний, некий современный этикет, при встрече деловых людей.

- Прошу, господа. Присаживайтесь. Рад тебя видеть, Вилен.

- Взаимно, Игорёк. Знакомься, это наш бывший земляк, а теперь гражданин США, Адам.

- Очень приятно. Надолго к нам, или насовсем?

- Я приехал на 10 дней, повидать старых друзей и навестить старые могилы. На Питер посмотреть.

- Ты не прибедняйся, Адам. У него в Нью Йорке свой ресторан, и он хочет затеять бизнес в России. Может ты, Игорь что-нибудь подскажешь? Познакомишь с нужными людьми?

- Вилен. Ты же знаешь, чем я занимаюсь, если ему нужна охрана, я могу помочь. Если он живёт в «Астории», это наша гостиница. Мои люди её охраняют. Я всю жизнь был ментом и ловил фарцовщиков. Теперь руковожу частной охранной фирмой.

Со стороны кухни была ещё одна дверь. Оттуда послышался шум и в кабинет ввалилась небольшая группа, крепких, энергичных молодых людей.

- Шеф! Нас покормят перед работой?

- Вы что? У меня люди. Идите, идите. Я распоряжусь.

- Бравые у тебя молодцы. Все как на подбор.

- Ребята неплохие, вот вести себя не умеют. Чай, кофе или покрепче что-нибудь? Мы всё-таки в ресторане.

- Мне кофе с молоком, если можно.

- А тебе Вилен?

- Нет спасибо, Игорёк. Слушай, меня Адам возил в игорную столицу Америки. Как она называется?

- В Америке два игорных города. Мы были в Атлантик сити.

- Да, точно. Там столько народу играет, просто яблоку негде упасть. Наш народ любит попытать счастья. Не хочешь, здесь вместо ресторана, сделать место, где можно пошпилить?

- Нет. Не хочу. Это камерный ресторан. Он таким и останется. Вот если вам охрана понадобится, или что-то такое, милости прошу.

- Ладно, Игорёк. Будь здоров и до встречи.

Они распрощались и вернулись к машине.

- Как тебе Игорёк? Понравился?

- Для меня он мент. Был и остался. Он сказал, гонялся за фарцовщиками. А я был один из них. Так что мы по разные стороны баррикады. Но вид у него холёный. Барином стал.

- Адам. Ты просто не понимаешь. Он знает много нужных людей. Ладно, поедем купим тебе вантуз, и я отвезу тебя домой. Тебе пора уже в гости собираться. А завтра созвонимся.

Они заехали в какой-то хозяйственный магазин и Вилен сфотографировал Адама, с вантузом в руках.

- Фото американца в России. Это красота.

- Ну да. Больше показывать нечего. Ладно, Вилен. Спасибо ещё раз, завтра созвонимся.

Адам поднялся в квартиру и первым делом, принялся прочищать затор в ванне. После долгих усилий, вода, наконец, со всхлипом ушла, и можно было принять душ.

Посвежевший и отдохнувший Адам, ещё раз позвонил Стефаше и отправился к ближайшей станции метро.

Выйдя на станции метро «Парк Победы», Адам пошёл отыскивать адрес, согласно указаниям, полученным от Стефана. Достаточно быстро, найдя нужный адрес, Адам зашёл через железные ворота на территорию громадного двора, окружённого зданиями со всех сторон. Это были большие «сталинские» дома, а посредине двора, находилось большое бомбоубежище, поросшее травой. Основная часть его находилась под землей, а на выступающей горбом верхней части, носились местные мальчишки. Вероятно, зимой, это была идеальная горка, для катания на санках. Зрелище этой монументальной архитектуры, времен войны, увело Адама назад, в то время, когда он директорствовал в одном из Ленинградских ресторанов. Тема бомбоубежищ и вообще гражданской обороны, была в глазах ответственных чиновников, чрезвычайно важной. Адама, посылали на курсы, гражданской обороны, с отрывом от производства. По окончанию этих курсов, полагалось сдавать экзамены. Не сдавшие лишались работы, либо отправлялись на пересдачу.

Во дворе ресторана, стояла здоровенная походная кухня с трубой, с которой полагалось выезжать на учения. Эта чёртова кухня, прицеплялась к грузовому автомобилю, где в кузове сидели повара и находилась ещё сборно-разборная походная плита. Однажды, их по тревоге, вывезли в загородную зону на учения, в сопровождении большой колонны автомобилей и живой силы. Им придали ещё один грузовой автомобиль, с прицепленной цистерной. Злые языки утверждали, что в цистерне спирт. Проверить это было нельзя, но к концу учений, личный состав, от рядовых до офицеров, все были изрядно «под шафе». Всех разместили на опушке леса и пока солдаты ползали и атаковали условного противника, кухне приказали рубить дрова и разжечь полевую кухню и сборно-разборную плиту. Задача, приготовить гречневую кашу с тушёнкой, чай и нарезать порциями хлеб. Сколько было конфузов и проблем, едва не стоивших Адаму работы, вспоминать не хотелось. Когда возвращались обратно, грязные, в чёрных опаленных пятнах, умотанный в конец народ, поддатый и весёлый, горланил патриотические песни.

Адам стряхнул с себя, кошмарные воспоминания дней, минувших и найдя нужную парадную, поднялся, в небольшом жутко грохочущем железном лифте, на 6-ой этаж. Здесь уже не так пахло мочой, как это обычно на первых этажах зданий, и позвонил в дверной звонок. Дверь распахнулась и на пороге стоял всё тот же большой голубоглазый Стефан, здорово постаревший и даже казавшийся ниже ростом. Встреча вышла трогательной, и оттого даже немного неловкой.

- Входи, Адамаша! Сколько лет мы не виделись?

- Давненько, Стефаша. Чуть ли не 10 лет. В нашем возрасте это много.

- Я, грешным делом, думал, что не доживу. Проходи, раздевайся. Я дома один.

В Ленинградских домах стояли двойные двери, которые служили для утепления, а в тамбуре хранили различные соления и варенья.

- Стефаша, а Лиля где?

- Она скоро будет. Я тебе рассказывал, что мы приватизировали бывшую столовую на втором этаже «стекляшки». Помнишь, таких было много понастроенных, ТБЦ или торгово-бытовых центров, по всему городу. На первом этаже магазины или разные бытовые мастерские, а на втором этаже, столовые. По молодости, я работал кондитером на фабрике Крупской, там выпускали конфеты, торты, пирожные и разные кондитерские изделия. Я вспомнил молодость, и мы делаем это всё. Всем руководит Лиля, и мы неплохо торгуем.

- Молодца! Значит вы теперь бизнесмены. А почему вы переехали? У вас была шикарная отделанная двушка.

- У Лили умерла мать, и мы её и наше жильё обменяли на эти три большие комнаты, в «сталинском «доме. Высокие потолки, большая кухня и ванная. Да и метраж больше.

- Ясно. Но я бы с той квартиры не уехал. Это была игрушка.

Послышался шум, открываемого замка и в квартире появилась Лиля. Адам её в первый момент даже не узнал и хотел пошутить, мол кто эта пожилая тётка, но разумно воздержался.

- У нас американец, Адам? Привет! Ты нас узнаёшь?

- О чём ты говоришь? Да вы ребята, совсем не изменились!

- Ага. Рассказывай сказки. Я по твоей физиономии вижу.

- Лиля, ты всегда была через-чур прямолинейна.

- Так, а ты не неси херни. Да мы столько пережили за это время, что и говорить не хочется. Тебе Стефан не рассказывал?

- Да я только вошёл. О чём речь идёт?

- А вы ещё не ужинали? Пошли на кухню, за столом заодно и поговорим.

Стефан и Лиля быстро накрыли на стол. Было заметно, что Адама здесь ждали. На столе появилось большое блюдо с фаршированной рыбой, которую Лиля делала отменно. Она долго фаршировала рыбу, вырезая мясо из каждого кусочка, молола с луком фарш, и им всё начиняла. Рыба варилась всю ночь, а затем настаивалась в холодильнике. Это был коронный номер.

- На кой хрен, я столько возилась? Для этого американца?

- Лиля перестань. Ты же сама говорила: «Адам любит мою фаршированную рыбу», а теперь начинаешь. Не обращай внимания на то что говорит твоя жена. Мы же все её знаем. Она любит крепкое словечко. Давайте выпьем друзья мои, за нашу встречу и чтоб мы все были здоровы.

Наступила тишина, все ели фаршированную рыбу.

Адам намазал свой кусок тёртым хреном, откусил и почувствовал, как невольные слёзы навернулись на глаза.

- Вот это да! Я уже отвык от такого хрена. В Америке он слабый и продают его в праздники, смешанный с тертой свёклой. Он скорее сладкий, чем острый. А этот, чисто зверь. Там и горчица слабая.

- Адамаша. Я тебе дам с собой хрен и горчицу.

- Спасибо, Стефаша. Но американская таможня никакие продукты не пропускает. И растения тоже. Боятся инфекции. Вы ребята, обещали рассказать, что за события у вас произошли.

- Ты, Адам помнишь, что Стефан купил машину?

- Конечно помню. Это было перед моим отъездом. Мы со Стефашей поехали обкатывать её по Прибалтике.

- Точно. Адамаша, мы были в Эстонии и Латвии. Здорово покатались. Пили деревенское молоко и ели простоквашу.

- Вот после этого всё и началось. Его стали таскать в ОБХСС. Помнишь такую контору? Отдел борьбы с расхищениями социалистической собственности. Обвиняли во всяких махинациях при разгрузке вагонов.

- Вот уроды. Это была самая неблагодарная, чёрная работа. Но тебе, Стефаша, она нравилась. Что там можно было химичить?

- Они просто хотели отобрать мою машину. Вот хрен им. Я спрятал так, что они не нашли. Она и сегодня там стоит. Они прямо говорили, если я отдам машину, они меня отпустят.

- Ну не отдал ты им машину. И что дальше было?

- Его посадили в тюрьму «Кресты», и следствие тянулось полгода. Я туда бегала через день, а потом у него посыпались зубы.

- У меня всегда был пародонтоз, а от тамошнего питания, началось обострение и все зубы зашатались.

- А дальше то что?

- Дальше, дали ему два года и отправили на «химию».

- Степаша. Тебя сначала посадили в тюрьму, а потом отправили в лагерь, работать на каком-то химкомбинате. Я правильно понял?

- Да, Адамаша. Так всё и было.

- Это всё из-за какой-то долбаной машины. Почему ты её не отдал? Это же просто кусок металла! А она стоит 10 лет в каком-то гараже. Ты испортил себе жизнь из-за такого г....!

- Я не отдал тогда машину этим ублюдкам и сейчас не отдам.

- Степаша. Да она, наверное, уже сгнила в гараже.

- А я ему сколько раз говорила, отдай. Но он такой упёртый.

- Жалко, что меня здесь не было. Я бы его отмазал. У меня было много нужных «крюков». Был даже судья. Но поезд уже ушёл.

- Он вернулся после «химии», совсем больной. Это сейчас он немного отошёл и стал работать в нашем кондитерском цеху.

- Да, ребята. Всё так глупо. Но ничего изменить нельзя.

- Стефан сказал мне, что ты хочешь что-то продавать в России?

- Да. С разговорами я чуть не забыл. Я отправил, на твоё имя, Стефаша, партию мехов и кожи. Вот накладная на получение товара на Питерской таможне. Когда придёт, надо будет определиться по цене. Единственно, надо продавать, в долларах. Рубль сегодня слишком ненадёжен. Благо, сейчас можно менять валюту свободно. Я видел, везде есть обменники. Понятно, чем дороже продадим, тем больше заработаем. Высчитаем расходы по товару, а остаток поделим пополам. Я думаю неплохо заработаем. А дальше посмотрим. Мы сможем зарабатывать.

- Ладно, господа бизнесмены. Я пошла спать. Если остаёшься у нас ночевать, то я тебе постелю в комнате Стефана. Пока.

Друзья засиделись далеко за полночь. Бутылка была допита, и они начали новую. Вспоминали прошлое житьё-бытие и прежних знакомых и друзей. Они были очень близкими друзьями и радость от встречи, на которую никто не надеялся, согревала их.

- Адамаша, пойдём я покажу где ты будешь спать, а завтра поедем смотреть наш цех. Мы делаем вкусные пирожные.

Адам проснулся посреди ночи. Голова нещадно трещало от выпитого. Привычка пить помногу и при этом много есть, была давно забыта и организм реагировал изжогой и головной болью. Он пошёл на кухню, в надежде найти что-нибудь попить и нашёл там Стефана, ставившего чайник на газ.

- Адамаша. Ты чего так рано проснулся? Сейчас 4 часа.

- Да башка трещит. А тут ещё изжога. Что у вас есть от этого?

- Выпей ложечку соды питьевой. А потом попьём чаю, или рюмку водки.

- Нет, никаких рюмок. А ты чего встал ни свет, ни заря?

- Я после лагеря, не могу долго спать. Встаю, пью чай, только тихо. А то Лиля ругается. Часиков в 6 можно идти мыться. Она позже встаёт, и мы поедем на работу. Там и позавтракаем.

Они просидели пару часов за чаем, перешёптываясь, как заговорщики. Голова Адама прошла и в 6 часов он пошёл мыться. Вода была горячая, и после принятого душа, как в давно забытой молодости, он был готов к новым приключениям.

На кухне появилась сонная Лиля.

- Полуночники. Бубните здесь всю ночь. Я из-за вас не выспалась.

- Прости, Лиля. Это я виноват. Давно Стефашу не видел.

- Ладно. Пора на работу собираться. Ты что будешь делать?

- Поеду с вами. Поработаю у Стефаши учеником.

- Нам нужны бесплатные работники. Можешь приходить хоть каждый день. Ты, когда уезжаешь?

- Я приехал на 10 дней, но у меня много дел. А вот сегодня, я готов проработать, хоть весь день.

Цех оказался большой и занимал весь второй этаж ТБЦ.

Стояло множество различного оборудования, производственного и холодильного. Большие плиты и котлы.

- Да у вас здесь ребята, целый завод. Столько оборудования. Вы можете обслуживать бог знает сколько предприятий. Всё конечно старое и допотопное, но наверно всё работает?

- Да почти всё работает. Сейчас деталей не купить, а так Стефан всё может починить. Давайте завтракать и за работу.

Стефан сварил кофе и принёс из холодильника коробку с разными пирожными. Большая кружка кофе с молоком и пара пирожных привели Адама в рабочее состояние.

- Стефаша. Тебе бы в Америке цены не было. Мастер на все руки и ещё прекрасный кондитер. Почему бы вам с Лилей не уехать? Она еврейка, а ты немец. У вас проблем не будет.

- Нет, Адамаша. А квартира, бизнес. Всё коту под хвост?

- Стефаша. Ты, конечно мой лучший друг, но большой ... не будем говорить кто. Это такая же история, как с твоим автомобилем. Он стоит в гараже и ржавеет, а ты потратил два года жизни и здоровье. Я знаю, что тебя не переубедить, но очень жаль.

- Ладно, Адамаша. Давай замесим тесто и сварим глазурь.

Весь день они готовили разнообразные кондитерские изделия. Адам был счастлив. Он научился делать песочное и слоёное тесто. Взбивал воздушный крем и варил разные начинки из ягод и сахара. Сложнее было с украшением тортов. Стефан учил его выдавливать из кондитерского мешка, красиво и аккуратно, но Адам не обладал его терпением и умением.

- Зато смотри какое «алексанровское под помадкой», я сделал. Красота! А вкусное, обалдеть. Помнишь у меня, при ресторане было кондитерское производство? Там работали молодые девчонки, а руководящая была бой-баба. Бросала мешки с сахаром, а они по 50 кг. Так вот они делали трубочки слоёные с заварным кремом. Мы их продавали на улице, прямо с лотков сотнями, по 10 копеек. А пирожное стоило 22 копейки.

- Ты, Адамаша вспомнил допотопные времена. Теперь таких цен и в помине нет. Ты ещё вспомни газировку с сиропом за 3 копейки.

- Ты прав, Стефаша. Всё что стоило копейки, стало стоить рубли. Когда-то, я покупал валюту у иностранцев из расчёта 3 рубля за $1, а продавал морякам по 5 рублей. За это можно было схлопотать хороший срок. Теперь валюту продают в любом обменнике, но цены настолько нестабильные, что не знаешь, что лучше. Скоро придёт мой товар. Стефаша, продавай только за валюту. Ладно. Мне надо позвонить моей двоюродной сестре.

- Иди к Лиле в кабинет. Телефон там.

- Алло, Ира. Привет! Я у друзей и собираюсь к вам ехать. Говори адрес, я записываю.

- Ребята, я не прощаюсь. Надеюсь мы ещё увидимся. Я здесь ещё несколько дней. В любом случае, будем держать связь.

Адаму нужно было добраться до района, который назывался «Купчино». Когда-то Адам, заплатив какую-то мзду, смог купить свою первую кооперативную квартиру. Город начал расстраиваться и захватывал бывшие пригороды, которые превращались в районы города. Строили, как это водится в России, сначала дома, а уж потом думали об улицах и подъездах. Все новосёлы ходили в высоких резиновых сапогах, и добравшись сквозь грязь до заветного гнезда, дружно приспосабливали его под нормальное жильё. Разговоры вертелись вокруг импортного кафеля, сантехники и конечно, мебели. Всё это представляло невероятный дефицит и без нужных связей, даже за деньги достать было нереально. Слово достал, давно заменило слово купил. И никто не удивлялся, а даже проникался уважением, к тому, кто мог достать. Жены пилили своих беспомощных мужей.

- Почему ты такой бестолковый. Вон соседи, из квартиры под нами, там муж оторвал такой унитаз финский, а ты на что годишься? Даже обои не можешь достать, не то что унитаз.

Из всех квартир, доносились звуки молотков, дрелей, пил и прочих инструментов. Адам, под руководством Стефана, осваивал, новые для себя профессии строителя. Это был широкий спектр. От электрика и сантехника, до плиточника и столяра. Ремонт мог занять невообразимое количество времени и совершенству не было предела.

Воспоминания скрашивали длинную дорогу. На метро, а потом на автобусе, он наконец добрался до нужного адреса. Как и множество вокруг, это был большой 9-ти этажный блочный дом.

Дверь открыл Фима, поначалу даже не признавший Адама.

- Ты что ли? А я сначала подумал, что это за мужик?

- Я это. Значит буду богатым.

- Ты и так богатый. В Америке живешь.

- Фима. Кто это?

- Не бойся. Это свои. Твой муж меня не признал и не хотел пускать.

- Привет, братец! С моим мужем это бывает. Особенно сейчас, перед отъездом. У нас и в квартире ребята шарили.

- Какие ребята. О чём ты говоришь?

- Проходи. Видишь, как мы живём? На чемоданах. Всё, что можно продали. Машину, гараж, мебель и саму квартиру. Люди ждут пока мы её освободим. Ну ребятки, из известных органов, здесь и попроверяли. Всё перерыли, перевернули, но ничего не нашли.

- Прямо как в детективном кино. Чем дальше, тем страшнее. И когда вы едете? Билеты уже купили?

- Нет билеты ещё не купили, но у нас всё уже готово. Фима, помоги мне накрыть стол на кухне. У нас всё по-походному. Извини.

- Я рад что вас застал. Как дети устроились в Израиле?

- У них всё хорошо. Сынок служит в армии, доченька с мужем и внучкой устроились хорошо. Там уже много наших. Моя старшая сестра с семьёй уже там, а средняя с нашим папой, тоже готовы уехать. Так что скучно там не будет. Если хочешь их повидать, то можем завтра съездить. Они здесь, недалеко.

- Не знаю. Посмотрим. Твой папа, а мой дядя, ты знаешь, мы не очень дружны.

- Ерунда всё это. Когда это всё было?

- Это точно. Дела давно минувших дней. Ладно, давайте за встречу. Кто знает, увидимся ли ещё когда- нибудь?

Они сидели за столом, по обычаю и говорили о родных и знакомых, которых судьба разбросала в разные концы света. Вспоминали свадьбу Иры и Фимы. Собрались все родичи, некогда большая, иногда не совсем дружная семья. Пока было живо старшее поколение, встречались за большим столом, пережившие войну и разруху. Одни жили побогаче, другие победнее. Судьба свела их в этой имперской столице России. Они жили и приспосабливались как могли. Растили и учили детей, работали не покладая рук и жили как все. В стране, за глухим железным занавесом, без единой надежды, что когда-нибудь что-то изменится. Жили ради детей, давно поставив крест на своих судьбах. Живые хоронили мёртвых. Всё как у всех.

Как водится, засиделись допоздна. Адама уложили на диванчике, и все затихли, под питерский дождь. А утром, после завтрака, попрощались, сознавая что вряд ли когда-нибудь доведется ещё свидеться.

- Передавайте там, в Израиле, всем нашим привет.

- И ты своим, передавай привет, там в Америке.

Адам возвращался на метро и мысли его были весьма грустные. Когда-то было детство. Была мама и они ходили в гости к её братьям. Отца, как у большинства детей его детства, не было. У кого-то убили на войне, кто-то спился или ушёл в другую семью. Это было не исключение. Так жила вся страна. Голодная и запуганная. Сажали многих. Люди исчезали и не полагалось спрашивать, что случилось. Забрали, значит за дело. Их семью, как-то всё это миновало. Один из дедов, слушал вражеские голоса, и в основном голос Израиля. При детях не полагалось об этом говорить, страшась навлечь беду. Старшее поколение вымерло, один за другим. Первыми уехавшими из России, были Адам и его родная сестра Соня, а вот теперь потянулось и младшее поколение. В отличие от Адама и Сони, они выбрали Израиль. Каждый выбирает, то что ему лучше. А удастся ли встретиться, кто это может знать. Дороги разошлись. Так было всегда и, наверное, всегда так и будет.

Добравшись до дома, Адам позвонил Вилену и тот обещал вскоре заехать за ним.

- Пообщался с друзьями и родными?

- Да. Всё прошло на должном уровне. Пора и делом заняться.

- Сначала поедем пообщаемся с моими партнёрами. У нас есть три больших продуктовых магазина. Я им давно говорю, давайте сами что-то привезём из-за бугра. Зачем переплачивать перекупщикам. Но они или боятся, а может просто лень. Денежки капают потихоньку, и шевелиться они не хотят. Я про тебя им говорил. Ты ещё раз им объясни, что можно привезти товар из Америки. Это будет гораздо дешевле и можно наладить связи.

Они нашли партнёров Вилена в каком-то клубе, играющими на бильярде. Перед ними стояла початая бутылка водки с закуской, и они были уже навеселе.

- Оттягиваетесь бойцы? Не рановато ли? Вот Адам. Я вам про него много рассказывал. Он может организовать нам отправку контейнера с товаром, и мы неплохо на этом можем «погреться».

- А сколько может стоить контейнер с продуктами?

- Это зависит от продуктов.

- Что-то недорогое. Что уйдёт влёт.

- Я не могу сказать с потолка. Может 40-50 тысяч. Может больше.

- Чего? 50 тысяч долларов! Нет, это не для нас.

Говорить с ними было бессмысленно. Вилен ещё пытался их в чём-то убедить, но поняв наконец всё бессмысленность, попыток заставить их вложить деньги в бизнес, он отступил.

- Ты что, Вилен. Это огромные для нас деньги. Мы крутимся на кредитах. Такая сумма- это весь наш оборот.

На улице, Вилен всё ещё кипел.

- Я их вытащил из глубокой ... а теперь они с утра бухают за бильярдом. Забыли, кому они всем обязаны.

- Ты, зря на них наезжаешь. Они маленькие люди. 50 тысяч баксов, для них безумный капитал. А если что-то случится? Как тогда?

- А что может случиться? Груз страхуется. Правильно? Тебя я знаю и доверяю. А если что случится, я знаю где тебя искать.

- Хороший ты парень, Вилен. Лучше с тобой не связываться.

- Я же честно говорю. Мы друг друга понимаем.

- Ну хорошо. Что дальше?

- Подъедем здесь, не очень далеко. Есть один человечек.

Они подъехали к какому-то мрачному двору. Пройдя в ворота, они очутились в типичном Петербургском дворе, колодце. Шестиэтажные здания, замыкали квадрат пустынного двора, Всё было мрачно, серо и угрюмо. Вход в каждое жилое здание, охраняли заржавелые железные двери, но оказалось легко открываемые, при нажатии. По гулкой, заплёванной лестнице, с неизбывным запахом кошачьей и прочей мочи, они поднялись на последний этаж. Вилен постучал в заржавевшую железную дверь, и через какое-то время, оттуда высунулась испуганная физиономия.

- А, Вилен. Проходите.

Обитатель этого непрезентабельного жилья, распахнул дверь, и они зашли в обшарпанную, захламлённую квартиру. По впечатлению, нельзя было представить, что это за место. На квартиру оно было непохоже. Это больше напоминало старый, запущенный склад всякого хлама. Находящийся там человек, ещё не старый, с лисьей мордочкой, осклабил остренькие зубки.

- Давно не виделись, Вилен. Садитесь, куда хотите. Ты нашёл «Клепало». Я помню ты его искал.

- Его нашли. Напомнили про должок, а он вроде не при делах.

- Что будешь делать?

- Первое - это сожгут его машину. Потом, будут его ловить и каждый раз будут немножко «иметь», а я буду платить.

Вилен показал пальцами, типичный жест шелеста купюр. Адам с ужасом и отвращением поёжился, думая о том куда он попал. Разве можно с такими типами иметь дело? Они готовы абсолютно на всё. Надо потихоньку из этого выбираться.

- Это Адам, из Нью Йорка. Ты же таскаешь товар оттуда. Можно договориться о бизнесе, для совместной пользы.

- У меня там живёт дружок. Мы недавно провернули контейнер печенья. Продаём, но не так быстро.

- А откуда он отправляет контейнеры?

- Из Нью Джерси. Он договаривается о покупке и сам отправляет. Так что пока справляемся сами. Может потом как-нибудь.

Они распрощались и пошли к машине.

- Ну и мерзкий тип. А в каком дерьме живёт.

- Ты зря так говоришь, Адам. Он крутится. Делает бабки. Я говорил своим партнёрам, но они всего боятся. Ладно, давай подъедем в Смольный. Посмотришь, где я работаю.

Они подъехали к Смольному, и были остановлены жезлом дежурного милиционера. Вилен предъявил пропуск, постовой козырнул, и Вилен заехал на стоянку автомобилей.

- Ну пошли, посмотришь, как мы работаем. Я забыл спросить, у тебя паспорт с собой, а то не пропустят.

- Да с собой. Я боюсь его оставлять. Если украдут, я что должен здесь остаться? Нет, я не хочу.

Через высокие двери они вошли в здание Смольного. Вход во

внутреннее помещение, перегораживала вертушка и пост милиционера в форме. Народ проходил, предъявляя пропуска.

- Адам, давай паспорт и посиди здесь, на стуле.

Вилен отправился к стеклянному окошку, бюро пропусков, но вскоре вернулся обратно к Адаму.

- У тебя нет внутреннего российского паспорта?

- Откуда? Я этот только получил. А какая разница?

- Они хотят видеть прописку, а у тебя только печать консульства.

- Мне в консулате объяснили, что это и есть пока прописка.

Вилен вернулся к бюро пропусков и что там долго объяснял. Наконец пропуск был выписан, и они отправились предъявлять пропуск, бдительному дежурному милиционеру.

Тот внимательно всё осмотрел, сравнил фото на паспорте с физиономией и наконец милостиво козырнул.

Адам был впервые в этом святилище революции, а затем обкома партии города Ленинграда. Они шли длинным коридором, вдоль множества закрытых дверей и казалось, что сейчас из-за поворота появится Ленин, с газетой в руках или солдат с чайником, в поисках кипятка. Казалось, что всё это декорации, из оживших старых фильмов. Навстречу им шёл моложавый, спортивного вида человек, с пиджаком, наброшенным на плечи. Он и Вилен обнялись и похристосовались, по новомодному обычаю.

- Привет, Вилен! Давно тебя не видел.

- Я ездил в Америку с группой товарищей. А это знакомься, бывший наш, а теперь американец, Адам. Тебе там ничего, случаем не надо? Адам большой спец в этих делах.

- Нет, спасибо. Мои «Мазы» ходят по всей Европе, что мне надо, всё привезут. Америка далеко, и на «Мазе», по воде не доедешь.

Они распрощались, так же тепло, как и встретились. Адам теперь понимал, что это просто новый стиль, а не искренность.

- Хороший парень. У него большая колонна грузовых «Мазов». Неплохо зарабатывает. Никого не хочет подпускать. Вот мы и пришли. Заходи, располагайся

Кабинет был небольшой. Стол письменный, несколько стульев. Графин с водой. Телефон. Стандартная советская обстановка.

- Я бы сказал негусто. Но не в мебели счастье.

- Ты, Адам не врубаешься. Я, на этом столе, таких комсомолочек укладывал, что тебе и не снилось.

- Ты хочешь сказать, что занимался сексом прямо в кабинете?

- А для чего кабинет? Думаешь я один?

- Могу себе представить. Слушай, Виктора, шефа можно увидеть?

- Сейчас позвоним. Алло, можно Виктора. Вот как. Спасибо. В отпуске наш шеф-повар. Тебе не повезло.

- Ничего страшного. Мой шеф, большой друг Виктора, просил передать личный привет. У нас есть ещё здесь дела?

- Да нет. Я думал отыскать здесь кое-кого, но не нашёл. Можем ехать. Я покажу тебе один из наших магазинов на улице Пестеля.

Они спустились вниз. Адам отдал пропуск дежурному милиционеры, и они вышли на улицу.

Машина двигалась по набережной реки Невы. Фантастические виды, давно забытые, но вновь увиденные, потрясали своей красотой. Дворцы, стрелка Васильевского острова, памятник Петру 1 и шпиль Петропавловской крепости, не мог оставить равнодушным никого. Единственное, что бросалось в глаза, это неухоженность и запущенность фасадов зданий. Машина свернула на реку Фонтанку и по улице Пестеля, они въехали во внутренний двор, обступивших зданий.

- Пойдём, Адам. Я тебя познакомлю с моей кормилицей, Ольгой Николаевной. Она директор, одного из наших магазинов.

В подсобном помещении магазина, Вилен ориентировался, как в своём собственном доме. Они прошли в кабинет директора, и из-за стола, навстречу поднялась белокурая полная дама. Естественно, начались объятия с поцелуями и восклицаниями.

- Знакомьтесь, моя кормилица Ольга Николаевна. Адам, наш гость аж с самой Америки.

- Очень приятно. Можно просто, Оля.

- Мне тоже очень приятно. Вилен много про вас рассказывал.

- Ну он наговорит. Что это я. Чаю или лучше кофейку.

- Отказываться грех. Кофе с удовольствием.

Вскоре на столе появились чашки с блюдцами, вазочка с конфетами, бутерброды с колбасой и кофейник.

- Адам, ты покофейничай пока, а мы сходим в закрома.

- А можно я с вами пойду? Мне же интересно.

- Ну пошли, коли не шутишь.

Адаму действительно было интересно посмотреть изнутри, чем сегодня торгует магазин. До этого он видел пустые прилавки и народ пытающийся, купить хоть что-то. Они зашли в подсобное помещение, где размещалась небольшая холодильная камера и здоровая колода, для рубки мяса. Там же стоял здоровенный мужик, в кожаном переднике, одетом на голый торс.

- Никитушка, тащи мясо. Надо отрубить, Вилену Петровичу,

хороший кусочек. Человек в переднике, нырнул в холодильную камеру и вытащил на крюке половину туши свиньи.

- Оля свет Николаевна, мне 4-5 килограмм от хорошего кусочка. Жена просила и на первое и на второе.

Никита взял в руки здоровенный тесак, для рубки мяса и согласно указаниям, вырубил огромный кусок мяса.

- Остальное Никитушка, поруби на порции и вынеси на прилавок.

Тот принялся махать тесаком и ошмётья полетели во все стороны. Все вернулись в кабинет директора и после кофе отправились в сухую кладовую, где хранились небольшие запасы бакалейных товаров. Смотреть особенно было нечего и Адам решил глянуть в торговый зал, чем балуют народ. Большая толпа чего-то ждала и возбуждённо переговаривалась. Из подсобки показался Никита, всё в том же переднике, с большим металлическим лотком, на котором лежали куски нарубленного мяса. Толпа пришла в движение, выясняя кто первый, а кто вообще не стоял. Было понятно, что мяса на всех не хватит. Это было тяжёлое зрелище и Адам поспешил уйти.

В кабинете директора были приготовлены две коробки, гости распрощались с любезной и щедрой хозяйкой и понесли законную добычу в машину.

- Знаешь, Вилен. Я выходил в торговый зал, где стояла толпа женщин, разных по возрасту. Все ждали, когда принесут мясо. Наверняка им надо кормить детей, мужей. Неужели нельзя завезти побольше мяса, кур или хоть тушёнки, чтоб всем хватило?

- Знаешь как говорят? Кто кого поймал, тот того и сожрал. Что есть в стране, то и дают. Привозят из глубокой заморозки, с военных складов, когда сроки подходят. Тушенка - это брат, стратегическое сырьё. Тоже бывает, когда сроки выходят. Тут народ хватает, сколько может достать. Летом, первое дело, на даче, или на природе сварить картошки с тушёнкой. Все запасаются, как сумеют. Но всё лимитируют, даже спички. Помнишь, как при Хрущёве, в хлеб добавляли горох, и чёрт знает ещё чего. Ничего не хватало. Всё засадили кукурузой. Крестьян заставляли сдавать домашний скот под нож. Выполняли план по сдаче мяса. Вот и довыполнялись. В этой жизни каждый за себя. Сейчас Горбачёв разрешил всё, что не запрещено, но бардака стало ещё больше. Пока ничего не ясно, но сегодня можно зарабатывать. Надо делать деньги, пока есть такая возможность. А дальше посмотрим.

- Я так понимаю. Умные люди сейчас крутятся на чём могут. Все живут одним днём, не задумываясь что будет дальше.

- Правильно говоришь, Адам. Сейчас самое время, пока такая разруха.

- У нас есть ещё с кем встретиться?

- Есть один человек. Очень серьёзный, но будет через пару дней.

- Тогда есть время смотаться в Минск.

- Это можно. Сейчас едем ко мне. Пообедаем и позвоним, когда ближайший поезд на Минск. Тогда и решим.

Они подъехали к каким-то железным воротам. Они были закрыты, и Вилен посигналил несколько раз. Появился сгорбленный старичок, небольшого роста. Он долго возился, открывая замок, а затем отворил и ворота. В небольшом дворике Вилен запарковал машину, прицепил на руль и педаль газа большой противоугонный рычаг и закрыл его на замок.

- Ты в этом доме живёшь?

- Нет я здесь только машину храню. Трофимыч, за нею смотрит.

- Я так понимаю, что машины здесь воруют, "за будь здоров".

- Да о чём ты говоришь? Если б я не купил этот рычаг, мою машину украли бы сто раз.

- А страховка?

- Какая страховка. Если в банке сдают клиента, у которого есть бабки. Всё стоит денег.

- Кому сдают? Милиции?

- Ага, милиции. Бандитам сдают. А не сдашь, тебе ноги поломают.

- Господи. Что за страсти ты рассказываешь?

- Ладно, бери одну коробку и пошли, а то Трофимыч ждет.

Они вышли на улицу, и сторож закрыл ворота на замок. В квартире их встретила жена Вилена и сын.

- Все знакомьтесь. Адам, мой друг из Америки. Это моя жена, Лена и сын, Никита. Прошу любить и жаловать.

- Очень приятно. Виля много рассказывал про вас.

- Взаимно. Рад встрече.

- Теперь, когда все познакомились, Лена и Никита, забирайте коробки. Мы будем у меня в кабинете, позовёшь, когда обед будет готов. Пошли, Адам.

- Хороший у тебя кабинет. И факс-телефон есть. А ты я смотрю, держишь семью в ежовых рукавицах. Суров.

- Мужчина в доме, должен быть хозяин. Никите 13, и я учу его, как надо жить в нашей стране. Сопли жевать некогда.

- Может и так, но любить свою семью, тоже неплохо.

- Я их люблю, по-своему. Сейчас позвоним в справочное железной дороги и узнаем, когда поезд на Минск.

-Алло, справочное? На завтра есть поезд на Минск? Во сколько? Спасибо.

Есть вечером поезд, надо днём зайти в железнодорожную кассу и купить билеты. Лучше пораньше, а то может и не быть.

- Виля, Адам. Идете обедать, всё готово!

Стол был накрыт по всем правилам, на 4 персоны. Посреди стола стояла салатница с винегретом и селёдочница, с нарезанной селёдкой, посыпанная зелёным луком. Рядом стояла супница, закрытая крышкой. Холодная бутылка «столичной», украшала этот скромный семейный стол. Вилен налил себе и гостю по рюмке водки.

- А Лена с нами за компанию, не выпьет?

- Нет, она не пьёт.

Лена молчала, потупив взор.

Обед прошёл в тишине, изредка прерываемой, замечаниями Вилена членам семьи. Они молча выслушивали и всячески старались его не раздражать. После обеда, Вилен и Адам вновь отправились в кабинет хозяина дома.

- Вилен. Это конечно, не моё дело, но я чувствую себя крайне неловко. Надеюсь, что не я причина твоей суровости к семье?

- Успокойся. При чём здесь ты, Адам? У нас в семье так. Мне удобно. Они должны меня слушаться, иначе будет бардак.

- Не хотел бы я быть на их месте.

- А ты будь на своём. Мне надо сделать вечернюю перекличку.

Вилен принялся звонить различным людям, разговаривая по громкой связи, не снимая трубки с факса-телефона. Было видно, что ему очень нравится это приобретение, а возможно он хотел, лишний раз произвести впечатление на Адама.

В дверь постучала Лена, и доложила, что постель для Адама готова в комнате Никиты.

- Большое спасибо! Мне очень неловко вас стеснять и большое спасибо за вкусный обед.

- Вы нисколько нас не стесняете. Никита поспит здесь в кабинете.

- Лена. Мы с Адамом уезжаем на 2 дня. Собери мне чемодан.

- Хорошо Виля. Я всё сделаю.

Время было позднее и все разошлись по своим комнатам. Адам проснулся рано, и стараясь никого не разбудить тихонько прошёл в ванную. Горячий душ, как обычно, привел его в бодрое состояние. Он вернулся в отведённую ему комнату и включил телевизор. Показывали международные новости и мультфильмы. Всё это было скучно донельзя и Адам понемногу вновь впадал в сон. Семейство просыпалось, вскоре появился Вилен, в халате и домашних тапочках.

- Доброе утро! Как спалось?

- Утро доброе. Спалось хорошо. Да я уже давно встал.

- Сейчас позавтракаем и пойдём купим билеты на поезд.

- Очень хорошо. Только мне надо позвонить, чтоб нас там встретили. А то придётся ночевать на вокзале.

- Не придётся. У меня в Минске живёт родственница. Я ей уже позвонил, она нас ждёт.

- Может получиться неудобно. Я еду к брату и племяннику моего напарника и шеф-повара. Я тебе говорил, он меня сейчас подменяет.

- Давай сначала приедем, и на месте разберёмся.

После завтрака они отправились за билетами на поезд. Железнодорожные кассы оказались расположенными напротив Казанского собора, на другой стороне канала Грибоедова. От дома Вилена они дошли за 10 минут. Внутри большого помещения, шумела и толкалась огромная толпа народа.

- Вилен. Как разобраться в этой каше? А мы сможем выкупить отдельное купе. Терпеть не могу, когда храпят чужие люди.

- Давай паспорт и жди меня здесь.

Вилен вернулся минут через 20 и помахал перед носом Адама, приобретёнными билетами.

- Всё путём. Имеем отдельное купе туда и обратно. По сходной цене. С тебя половина.

Цена действительно была смешная. Адам отсчитал положенную половину, и они вышли из душного помещения на улицу. С места, где они стояли открывался волшебный вид, бывшей Имперской столицы России. Невский проспект со зданием «Дома Книги». Собор «Спас на Крови», в конце канала Грибоедова. Все эти знаменитые и столь памятные места вокруг. Всё выглядело поблёкшим и запущенным. Вокруг толпилось много народа, но и толпа выглядела однотонно серой и хмурой.

- Вилен. До поезда ещё полно времени. Чем займёмся?

- Я вижу ты озираешься по сторонам. Давно не был в Питере?

- Да уж. Не один год. Но что-то всё очень уныло выглядит. Блёкло и серо. Здания не ремонтировались помногу лет. Грустно это всё.

- Нет денег на ремонт зданий. Выжить бы в этой ситуации.

- А куда всё делось? Вся страна развалилась в одночасье. Казалось всё на века, а посыпалась как карточный домик.

- Да уж такого, точно никто не ждал. Вот так, вдруг. А сейчас каждый за себя. Слабаки сдохнут, а сильные поднимутся.

- Я уехал отсюда, потому что не верил, что здесь, когда-нибудь что-то измениться. Всё было так монолитно и глухо, что нечем было дышать. И вдруг свобода. Делай что хочешь. Грабь кого хочешь. Это не свобода - это анархия.

- Я тебе, Адам так скажу. Сейчас самое время, для умных и сильных людей. Сейчас не прозевать, когда начнут делить пирог. Хочешь остаться директором «Пирога», оставайся. А если хочешь побороться за что-то большое, сейчас самое время. Решай. До поезда ещё много времени. Давай покатаемся по городу. Посмотришь на Питер, какой он сейчас. Пройдет время, и ты его не узнаешь. Придут люди и всё здесь поделят. А когда это будет своё, тогда и будет смысл вкладывать деньги в красоту.

Они выехали на набережную реки Невы у Литейного моста и направились в сторону Васильевского острова.

На правом берегу, как и прежде стояла «Аврора», символ пролетарской революции. Машина несла их мимо умопомрачительной красоты зданий и памятников архитектуры, которые даже эпоха коммунистического застоя, не смогла разрушить. Решётка Летнего сада, площадь с памятником Суворову, а за ним Марсово поле, Зимний Дворец, со всегдашней очередью любопытных. Слева проплывало здание Адмиралтейства, а справа, начинался «Васильевский Остров», со «Ростральными колоннами», украшающими «Стрелку Васильевского острова». Справа от этого стояла, некогда грозная «Петропавловская крепость», с золочённым шпилем. Машина остановилась у Сенатской площади с памятником Петру 1, за которым возвышался золотой купол Святого Исакия.

- Ну как тебе наш Питер, Адам?

- Питер, красив, но вот хозяина нет. Ему бы обратно, царя батюшку. Точно проку больше бы было, чем от сегодняшних правителей.

- Ну ты хватил. Царя уже не будет больше никогда. Хотя, я сам, иногда об этом думаю. Ладно, поехали домой, пообедаем и будем собираться в дорогу.

- Только давай заедем ко мне. А то у меня, даже зубной щётки с собой нет.

В доме Вилена их ждал горячий обед и тишина, едва они переступили порог. Адама, такая обстановка смущала, и он старался её как-то разредить. Задавал простые вопросы Никите и хозяйке дома, но они явно смущались, под властными взглядами хозяина дома. Адам перестал пытаться изменить неловкую ситуацию, боясь принести больше вреда чем пользы. Пора было собираться на вокзал. Адам позвонил в Минск, племяннику Вилли, и попросил встретить их на вокзале.

Поезд отправлялся с Витебского вокзала. На улице, Вилен тормознул, первую же проезжавшую машину, и они благополучно доехали до вокзала. Вилен рассчитался, и они отправились внутрь.

- А как ты знал, что водитель нас повезёт?

- Сейчас любой, кого ты остановишь, тебя повезёт, да ещё с благодарностью. Подзаработать на машине святое дело.

- Ну на личной, это понятно. А эта, вроде была служебная.

- А на такой ещё более, святое. Начальнику всегда можно объяснить опоздание. Отбоярился от милиционера или небольшая поломка, а денежки, они всегда нужны.

Они поднялись по широкой лестнице и пройдя через зал ожидания вышли на перрон. Народу было множество. Там же отправлялись и пригородные поезда. Люди тащили на себе, всё что можно нести. Попадались группки, явно криминального типа. Вокруг вокзалов всегда вертелось всякое жульё. Адам уже отвык от подобных типажей и опасливо спешил за Виленом, уверенно рассекавшим толпу. Они нашли свой поезд и шагали вдоль него, отыскивая свой вагон. У открытых дверей, стояла проводница и проверяла у пассажиров билеты. Адам и Вилен были запущены в вагон и найдя своё купе с облегчением стали устраиваться.

- Как хорошо, Вилен, что мы едем одни. Видел какие типы на вокзале? Точно бандитские рожи.

- Можешь не сомневаться. И вот ещё. Ночью никому двери не открываем. Всякое тоже случается.

- Что случается? Бандиты врываются в купе и грабят?

- Всякое может быть. Мы дверь привяжем. Так, на всякий случай.

- Ты меня не пугай. Если б я знал, ни за что бы не поехал,

Поезд тронулся и за окном поплыли домишки пригорода Петербурга. Вид был, прямо сказать, не презентабельный. Поломанные изгороди, покосившиеся избушки. Хаос и разруха везде и всюду.

- Что такое со всеми? Бедность лезет со всех щелей.

- Это ещё мы под Питером. А что творится в глуши?

- Но это же ужасно! Несчастные люди, как они так могут жить?

- Мужики пьянствуют или поразъехались. В деревнях живут старухи да старики, которым некуда податься.

- А власть? Она что, вообще о людях не заботится?

- Сейчас не до них. Все пытаются как-то выжить.

- Всё понятно. При советской власти, деревня жила хуже не придумаешь. Меня, ещё мальчишку, посылали в колхозы на уборку картофеля. То, что я видел, не поддаётся описанию. Не было света. Спали все на сеновале. Туалет общий, понятно на улице. Мыться из рукомойника. Помнишь, были такие горшки, висели на столбе.

Толкнёшь свисающий стержень, на руки выльется немного холодной воды. Казалось так и надо жить.

- А ты думаешь, что сейчас по-другому? Может свет и есть, но уж точно не у всех.

- Даже думать об этом не хочется. Надеюсь в Минске живут получше. Ты бывал в Белоруссии?

- В Минске был не раз. Мне там нравится. Дома беленькие, чистенькие. Вообще город чистый, ухоженный.

Делать было нечего. В Минск они прибывали во второй половине дня. Проводница принесла бельё и можно было ложиться спать. Ночью кто-то барабанил в дверь, но Адам помня наставления Вилена, лежал тихо, не отзываясь. Тот похрапывал и даже иногда всхлипывал во сне. Поезд иногда останавливался на каких-то станциях. Адам, откинув занавеску, глядел в темноту ночи на тускло освещённую и унылую вокзальную площадь.

Господи, как же можно жить в этой жуткой глуши? Какая цивилизация? Как вообще можно здесь жить? Кругом лес, глушь и болота. Здесь всё остановилось много лет назад.

Проснулись рано. Проводница стучала во все двери, с криком: «Чай, кому чай?»

- Вилен, проснись, нас обокрали!

- Да я давно не сплю. Эта заполошная, со своим чаем, орёт истошно. Поспишь тут. Иди мойся, а потом я.

Адам прихватил полотенце, мыло и зубную щетку вышел в коридор. В туалет стояла очередь и Адам пристроился последним. Дождавшись своей очереди, зашёл в туалет. Всё было забрызгано водой. Железный туалет, железный рукомойник, со свисающим соском. Ничего не изменилось за эти годы. Дрожа от отвращения, он совершил утреннее омовение. В купе, Вилен по-прежнему храпел. Можно только позавидовать.

- Вилен, хорош храпеть. Проспишь нашу остановку.

- Да я давно не сплю. А остановка наша последняя. Ладно, иду.

Они попили чаю, с бутербродами, заботливо завернутыми в пакеты, руками Лены.

- Молодец у тебя жена. Хорошая хозяйка и заботится о тебе.

- Как поставишь себя в семье, так и будет. Дашь слабину, будешь всё жизнь на цирлах бегать, а толку никакого.

- Ты это зря, Вилен. В семье нужна любовь, а не страх и дисциплина. Разве тебе самому не хотелось, чтоб тебя любили?

- Хотелось, не хотелось. Это всё для слабаков. Есть дисциплина, есть порядок. Я так хочу и так должно быть.

- Каждому своё. Что будем делать? Впереди ещё 8 часов пути.

- А я картишки прихватил. Можем пошпилить немножко.

- Ты хочешь на деньги играть?

- Ну так, по мелочи. Чтоб интерес был.

- Давай. А во что будем играть?

- В очко. Только наше, а не американское.

- Значит валет 2 очка, дама – 3, а король – 4?

- Именно так. Сдаю до первого туза. Чей туз, тот и банкует. Тебе, мне. Тебе, мне. Тебе, мне. У меня туз. Я банкую.

Через несколько минут, играть вдвоём показалось очень скучным. Вилен предложил поменять очко на буру.

- Помнишь, как играть в буру?

- Очень смутно. Вроде кто первый наберёт 31 очко. Правильно?

- В общем да. Есть детали, но это уже в процессе.

Игра шла вяло. Адаму эти игры, не приносили веселья, и они решили выйти на первой большой остановке и прикупить бутылку водки и закуски. Вскоре объявили остановку на 20 минут. К вагонам подбегали тётки, продающие горячую картошку и сало. Нашлась и бутылка самогонки. Разложив добытый провиант в купе, разлили самогонку по стаканам и под сало и горячую картошку, всё показалось очень вкусным и душевным. Время пошло быстрее. Они ещё немножко подремали под стук колёс и проснулись, когда проводница, с громким стуком в дверь, предупредила, что до Минска осталось 30 минут.

- Уже? Мы подъезжаем? Что-то головка бо-бо. Как ты, Вилен?

- Я нормально. Неплохо бы похмелиться, но это потом.

- А ты молоток. Пить можешь. И хоть бы хны.

- Это партийная закалка. Приходилось пить по-серьёзному. Ты знаешь, кто нас встречает? Как он выглядит?

- Встречать нас должен племянник моего шеф-повара, Лёня. Знаю, что он майор, но никогда не видел. Надеюсь он в форме.

Поезд снизил скорость, за окном мелькали белые домишки и поля. Вскоре они подъехали к Минскому вокзалу. Адам осматривал толпу встречающих, но не мог найти человека в военной форме. К нему подошёл молодой парень, в пропотевшей рубахе.

- Дядя Адам, здравствуйте. Я, Лёня. Дядя Вилли, просил вас встретить. Я не ошибся?

- Привет, Лёня! Ты не ошибся. Только давай без этих, дядя. А то мне придётся называть тебя, племянник Лёня. Знакомься, мой товарищ из Питера, Вилен.

- Очень приятно. Идите за мной. Нас уже папа заждался.

Они обошли здание вокзала, и Лёня подвёл их к одиноко стоявшему мотоциклу с коляской.

- Лёня, мы на мотоцикле поедем?

- А чем вам мотоцикл не нравится? По-моему, очень удобно.

- Да нет. Я не против. Хорошо, что мы без вещей. Вилен, садись в коляску, а я пристроюсь за Лёней.

- Адам, я первый раз в жизни поеду на мотоцикле.

-Недаром говорят, что надо всё в жизни попробовать. Вот и тебе выпала удача. Испробовать, как это ездить на мотоцикле.

- Да я, мог бы и так прожить, но раз пришлось, деваться некуда.

- Не волнуйтесь. Я поеду очень осторожно.

Все устроились на свои места и мотоцикл, тихонько тронулся, лавируя между бугорками и ямками. Адам вспоминал, как однажды, будучи ещё совсем молодым, ему пришлось пережить подобный опыт. Он и ещё двое ребят, были назначены работать на стадионе «Кирова», на футбольном матче. В те непростые времена, срыв подобного мероприятия, мог приравняться к государственному преступлению. Такие массовые мероприятия рассматривались, как важный инструмент сдерживания социальной напряжённости. Поддатая толпа в 100 000 человек, возглавляемая отцами города, которые находились на специальной трибуне, могла мгновенно стать опасной и неуправляемой. И всё это, несмотря на присутствие огромного количества милиции и готовности боевых частей. Они, глупые мальчишки, уехали далеко за город, и вечером неплохо погуляли за столом. С утра они отправились на железнодорожную станцию, но выяснилось, что утренние пригородные электрички отменены, по неизвестным причинам. Мгновенно протрезвев, они испугались того, что может их ждать по возвращении.

- Ребята. Что будем делать? Наши задницы порвут на фашистский знак. Хозяин нам этого, никогда не простит. Да и ему не поздоровится! Хорошо, если отнимут партбилет и уволят, а то и посадят.

- Пошли на шоссе. Будем ловить попутку.

Идея была неплохая, но было воскресенье и шоссе словно вымерло. Ни одной машины, как назло. Прошло пол часа.

- А когда будет электричка на Питер?

-Сказали через 2 часа.

- Ещё час езды. Да пока до стадиона доберёмся. Нам всем капец! Вдруг послышался шум мотора и вскоре они увидели приближающийся мотоцикл, с коляской. Они втроём замахали руками и побежали навстречу мотоциклисту. Перебивая друг друга, рассказывали о своей беде.

- Ребята, я всё понимаю и готов помочь. В коляске моя жена, есть место для одного, позади меня. Одного могу довезти до стадиона.

Выбор пал на Адама, и он взгромоздился за водителем и вцепился в торчащую ручку.

- Слышь! Ты не просто сиди как столб. Наклоняйся в ту сторону, в которую я поворачиваю.

Адам старался изо всех сил, боясь рассердить хозяина мотоцикла и быть высаженным на любом углу. Когда они подъехали к стадиону, он не переставая благодарил своего спасителя, но тело долго ещё помнило ту боль, которую принесла эта езда. От этих, не совсем приятных воспоминаний, его отвлёк голос Лёни, о чём-то вопрошающий.

- Адам, вы меня слышите?
- Вот теперь слышу. Ты немножко поворачивай голову, когда говоришь, а то из-за ветра всё невнятно.
- Вы моего отца знаете?
- Нет, совсем не знаю.
- Его зовут Дмитрий, Митя. Он немного глухой, говорите погромче.
- Нет проблем. У меня голос, мёртвого разбудит.

Они ещё немного покружили по городу и въехали в район, в основном застроенным 5-и этажными домами. У одного из таких домов, они и остановились.

- Вот здесь живут отец с матерью.
- А ты где живёшь, Лёня?
- Пока живу в военном городке. Дали отдельную комнату, и работа рядом. Меня дядя Вилли, просил приехать и встретить вас. Ещё он просил вам помочь, а чем не сказал.
- Вилли сказал, что ты работаешь на таможне, вот мы и подумали, может как-то использовать твои возможности.
- Я уже там не работаю. Да и чем я мог бы помочь? Я ничего не знаю и всякими такими делами, никогда не занимался.
- Да ты, Лёня не переживай. Это твой бестолковый дядя Вилли, плохо соображает. Но это уже мои проблемы. Пошли знакомиться с твоим папой, раз мы уже здесь.

Они поднялись на 5-й, последний этаж. Дверь в квартиру была открыта и оттуда доносился громкий мужской голос.

- Ну где они есть? Поезд давно пришёл.
- Отец, мы здесь! Громко заорал Лёня.

Появился пожилой человек, похожий на Вилли и тоже принялся орать громким голосом.

- Проходите, проходите гости дорогие. Мне братишка про вас всё рассказал. Просил помочь, чем могу. Я помогу! Моя жена, Нина Петровна! Прошу любить и жаловать. Проходите прямо к столу. Небось проголодались с дороги. Нина Петровна, приготовила знатное угощение. Есть что выпить и закусить. Для друзей моего младшего братишки, ничего не жаль.

Всё это время, говорил, а скорее кричал громким голосом, один Митя. Вилен и Адам, оглушённые громким звуком, только беспомощно переглядывались, не зная, как себя вести. Все уселись за стол, Митя не переставая орать, разлил по стопкам самогонку, выкрикивал тост за младшего брата.

- Вилли, мой младший братишка, дай ему бог здоровья, был в Петербурге большим человеком. Теперь он в Америке, В Нью Йорке, тоже большой человек! Выпьем за его здоровье!

Нина Петровна принесла всем по миске щей со сметаной. Она сама не садилась, а сновала между комнатой и кухней, как большой, дородный корабль. Адам пытался предложить ей посидеть со всеми вместе, но Митя его одернул.

- Она хозяйка, и должна привечать и подавать гостям угощение, так что ты, дорогой Адам, ей не мешай, лучше щи хлебай.

Он громко гоготал, своей дурацкой шутке, поддерживаемый своим сыном. Адам отведав домашних щей, скривил лицо, но тут же, спохватившись громко похвалил хозяйку. Миски были обменяны на большие тарелки, а на стол Нина Петровна, взгромоздила огромную чугунную сковородку в которой шипели куски пожаренного сала с помидорами, и всё было залито дюжиной яиц. Каждому было выдано по огромной порции этого национального блюда, и Митя зорко следил, чтоб никто не отлынивал от еды, сопровождая щедрыми стопками самогонки. Говорить было некогда, да и не о чем. Едва кто-то открывал рот, как гремел голос Мити, и перекричать его было нельзя.

- Братишка мой, Вилли на 15 лет младше меня. Отец погиб в первые дни войны. Меня отправили на курсы танкистов. Это потом меня контузило, и я немного оглох. Так что извиняйте, если иногда я громко говорю. Мать уехала в эвакуацию и там встретила какого-то доктора. Там и родился мой братишка. Назвала мать его Вилли, наверно потому, что этот доктор ездил на «виллисе». Это такая американская машина. Брат рос слабеньким, а потом уехал в Петербург и стал большим человеком. За него и выпьем!

Эта пытка продолжалась довольно долго, и Адам не мог найти повода, остановить этого гостеприимного голосистого говоруна. Тут, что называется им повезло, и Митя, очевидно хватив лишнего, захрапел. Гости поблагодарив хозяйку за знатный обед, несколько поспешно ретировались. На улице, Вилен уже больше не сдерживаясь, вылил всё, что у него накипело.

- Этот тупой и глухой танкист, да вся эта семейка. Глухой как тетерев, а орёт как филин. Я уже хотел проорать, что я о нём думаю, но тут он нажрался и заткнулся. Какие дела можно иметь с такими людьми. Сожрать корыто сала с яйцами, да бутыль самогонки. Тьфу!

- Ладно не кипятись. Меня самого мутит и от еды, и от его криков. Я конечно дурак, что послушал его младшенького братца и попёрся сюда, да и тебя втравил в это. Вилли, конечно от меня услышит, пару ласковых слов. Вопрос, что нам делать дальше. Возвращаться к ним, только с приводом милиции. У нас ещё два дня до обратного поезда. Что будем делать?

- Пока пойдём к моей родственнице. Правда, я говорил, что буду один, но там, где один, найдётся место и для второго.

Родственница Вилена, оказалась очень приятной пожилой дамой. Она, без лишних разговоров, постелила вторую постель и путешественники, утомлённые дорогой и непростым приёмом в доме полу глухого танкиста, заснули едва прикоснувшись к подушке. Адам проснулся оттого, что почувствовал, как в животе назревала буря. Вся еда, принятая накануне, бунтовала и требовала выхода наружу. Тихонько, стараясь никого не разбудить, он отыскал дверь в туалет. Мучительные рези и боль в животе не отпускала ни на минуту. Он проклинал всех по очереди, начиная с Вилли и перечислял всех его сородичей. Это принесло некоторое облегчение. Правда ненадолго. Походы в туалет и последующие проклятия, продолжались до самого рассвета. Казалось, что внутри уже ничего не осталось, но потребность посетить туалет и повспоминать возможных виновников этого болезненного состояния, не давали возможности уснуть. Он задремал под утро, не переставая удивляться тому, что Вилен спал как дитя, не испытывая никакого дискомфорта.

Наступило утро и проснулась хозяйка квартиры, а за ней и Вилен. На все вопросы, исстрадавшийся Адам, отвечал, что всё нормально. Никаких проблем не испытывает. На предложение позавтракать, он в очередной раз стремительно убежал в туалет. Сострадательная родственница, выслушав рассказ о состоявшемся накануне пиршества, предложила пустой крепкий чай и таблетку. Приняв и то, и другое, Адам приободрился и даже начал шутить. Вилен с удовольствием позавтракал, и они отправились гулять по проснувшемуся Минску. Город был красивый и чистый. Беленькие домишки и много зелени, навевали тишину и умиротворение. Они вышли на площадь, где находился Дом Советов. Внезапно, живот напомнил Адаму, что ещё не всё кончено. Вилен, угадав причину, внезапно скрючившегося сотоварища, посоветовал быстрее бежать в этот самый Дом Советов. Адам рванул не раздумывая. Было ещё рано и в здании абсолютно пустынно. Адам лихорадочно искал заветное заведение, и найдя, влетел полный надежд. То, что он увидел, было настолько неприглядно, что он захотел тотчас оттуда бежать, но осознал, что не он сейчас главный. Дрожа от отвращения к царившей кругом грязи, словно накануне здесь прошла орда кочевников, Адам, в очередной раз пересчитал, всех, кто, по его мнению, привёл его в этот хлев. Ни о какой бумаге, естественно речи не было, но даже замызганного клочка газеты, не было видно. К счастью, в кармане нашёлся носовой платок. Намочив его под краном, он использовал это по назначению, и стараясь ни на что не наступить, и не вляпаться, Адам вылез из этого, недостойного называться туалетом, помещения.

Вилена на площади не было. Адам, полагая что тот куда-то отлучился, возможно по таким же надобностям, сел на скамейку и принялся терпеливо ждать. Время шло, но Вилен не появлялся. Адам забеспокоился. Тупо сидеть на скамейке тоже казалось неправильным. Он решил обойти все прилегающие к площади здания и посмотреть, не там ли где-нибудь, пристроился Вилен. Адам нашёл его при входе в здание кинотеатра. Тот стоял у игрального автомата и ничего не замечал вокруг.

- Вилен! Ты что? Я тебя уже больше часа ищу. Передумал бог знает, что, а он в покер с автоматом пристроился. Ты бы видел, какой омерзительный туалет, в этом Доме Советов. Это ужас.

Вилен ничего не слышал и продолжал играть.

- Вилен, очнись!

- А? Ты походи, погуляй. Я ещё немного поиграю.

Адам понял, что говорить с ним, было бесполезно. Либо у него деньги кончаться, либо автомат сломается. Адам обошёл площадь несколько раз. В одном месте стоял автомат для продажи газированной воды. Понятно, что стаканов там не было. Но Адам не хотел пить газировку. Там было приспособление для мытья стаканов. При нажатии на это приспособление, лилась упругая струйка воды. Адам с наслаждением обмывал свои руки, подходя к этому автомату снова и снова.

Вилен появился часа через три. Лицо было грустное.

- Наигрался хрен на скрипке? Ты знаешь сколько, я тебя жду?

- Проиграл 32 рубля. Вообще я автоматы ломаю. У меня своя система. Я делаю такие нестандартные ходы.

- Знаю, знаю. Я видел, какие нестандартные ходы ты проделывал в Атлантик Сити. Кстати, ты тогда проиграл чужие бабки. Тебя не доставал народ, который заказывал разные товары?

- Я сказал, что у меня деньги украли.

- И тебе поверили?

- А что ещё им оставалось?

- Ну и ну! Хорошенькая история.

- Ладно. Слушай. Я созвонился с одним человечком. Его зовут Виктор. Он здесь живёт, в Минске. Занимается консервированием различных овощей и фруктов. У него большая компания. Мы договорились встретиться здесь, на площади в 4 часа. Можем часик свободно погулять.

- А что? Может это будет интересно. У меня есть человек в Нью Йорке. Он занимается продажей продуктов питания. Может ему это будет интересно, если цена хорошая.

Виктор оказался человеком средних лет и довольно деловым и общительным.

- У нас есть свои поля и сады, где мы выращиваем различные ягоды. Есть заготовители, с которыми мы работаем. Мы производим различные варенья, маринуем грибы и овощи. Наш основной покупатель, Польша. Они же снабжают нас банками и этикетками. Непроданную часть продукции, реализуем здесь.

- Виктор. Я тебе говорил, что Адам из Америки. Если тебе это интересно, тогда можно говорить о деле.

- Мне конечно, интересно, но я не знаю, что им надо?

- Прежде всего нужно коммерческое предложение. Что предлагается, объём поставок и цены. Этикетки в соответствии с правилами «фуд и драг администрейшен». Эта организация даёт разрешение на продажу продукции на территории США. Мне понадобятся образцы товаров и ваши разрешительные документы на производство продуктов питания. Цена и качество, основные условия для начала переговоров.

Было видно, что Виктора, идея продажи продукции за океан привлекает. Но также было заметно, что есть проблемы, а возможно сомнения. Они ещё долго разговаривали и решили, что завтра, Виктор привезёт образцы и документы о которых шла речь. Они тепло попрощались, с обещаниями последующих встреч. На следующий день, от Виктора не было ни слуху, ни духу, и только когда Адам и Вилен уже сидели в своём купе, к ним ввалился какой-то здоровенный парень с двумя картонными коробками. В них оказались стеклянные банки с различными вареньями. Парень также внезапно ретировался, как и появился.

Поезд тронулся и гостеприимная, но странная Белоруссия, оставалась позади.

- Ну вот скажи, Вилен! На кой мне это варенье? Без документов на производство и коммерческого предложения? Я что, повезу это в Америку? Может ты его заберёшь?

- Почему нет? Ты пойми, наш народ ещё не привык к коммерции. Сделать, это ещё как-нибудь, а продавать мы пока не умеем. Этому надо учиться.

- Да я уже понял. Жаль, что я вообще приехал. Никто, ничего не хочет и не может. Пустая трата времени и денег.

- Не спеши, Адам. Послезавтра поедем на встречу с очень важным человеком, тогда и будешь судить, зря или не зря.

- А кто этот важный человек? И чего ты раньше ничего о нём не говорил? Кто он?

- Всё узнаешь. Завтра будем в Питере, отдохнём, а на следующий день поедем знакомиться. Давай спать. Утро, вечера мудренее.

В поезде было, как обычно, душно и жарко. Вентиляция практически отсутствовала. Пахло потом, немытыми телами и перегаром. Адам ворочался с боку на бок, проклиная себя за доверчивость и Вилли за глупость. Вообще вся эта поездка, представлялась ему, одной большой глупой ошибкой. Он уже забыл, какая она, жизнь в России. Весь этот жизненный уклад, отставшей на столетие страны казался, ужасно дремучим и опасным. Понятно, что в Америке, жизнь гораздо современнее и любой мог ощущать блага цивилизации, если конечно этого хотел и добивался. То, что происходило сегодня в стране, потерпевшей крах, от благоглупой теории социализма, не только отбросило страну на многие десятилетия назад, но ещё и вскрыло неразвитость и отсталость, более полувека угнетаемого народа. Всё, что могло быть или стать лучшим, было уничтожено, оставив размножаться быдловатость, подлость и лицемерие. Адам благодарил судьбу, позволившую ему, бежать из этой зачумлённой страны и давшей шанс попробовать стать кем-то. Даже если он не состоится, возможность того, что он мог быть самим собой, не гнуться и притворяться ни перед кем, стоило всего на свете. Естественно, Америка не идеальное место на земле, но возможно самое честное и справедливое. У всех есть шанс. Кто не сумел, тот проиграл. Любая жизнь, борьба. А для немощных, тупых, слабых и больных, есть социальная помощь. Руку протяни и тебе в неё положат пропитание и помощь.

Все эти мысли не давали Адаму уснуть, а утешало то, что очень скоро он сядет в самолёт и полетит домой, где ждёт его семья, дело которое он любит и есть шанс стать более успешным.

Сойдя с поезда, Адам и Вилен направились к стоянке такси. Посадив Вилена и пристроив коробки с вареньем в багажник, Адам направился к метро. Выйдя на станции «Канал Грибоедова», он был вскоре дома. Он долго, с наслаждением, смывал с себя, усталость бессмысленного путешествия, а затем провалился в сон, без всяких сновидений. Проснулся он только один раз, для того, чтобы сходить в магазин за едой, и снова спал.

Вскоре за Адамом приехал Вилен, последний был веселым и отдохнувшим.

- Я смотрю ты в хорошем настроении. Не то, что в последнее время. Всё грустней и грустней.

- А знаешь почему? Потому, что завтра вечером я буду в самолете и забуду, всё это как страшный сон.

- И что? Больше никогда не приедешь на родину?

- Нет. Я действительно очень хотел приехать. Увидеть старых друзей, город где я родился и вырос. Могилы близких, наконец. Мечта осуществилась. Делать здесь, мне абсолютно нечего. А дома, семья и работа.

- Посмотрим, что ты скажешь после сегодняшней встречи.

- Ты уже скажи, наконец, куда мы едем и с кем встреча?

- Мы едем туда, где сегодня находится Ленсовет. Председателем там Собчак, а мы встречаемся с одним из его заместителей, с Сергеевым.

- Значит первым там, когда-то был Троцкий, за ним Зиновьев, а нынче Собчак с Сергеевым.

- Ну ты хватил! Когда это было? Сегодня всё иначе. Увидишь.

Они объехали Исаакиевский Собор, увидев Мариинский дворец, во всей красе.

- Здесь теперь они и заседают. Автомобиль пересёк широкий мост через реку Мойку, проехал по проспекту Майорова и завернул в широко открытые ворота. Вилен проехал внутрь двора. Особой охраны не было. При входе в здание Вилен показал пропуск стоявшему милиционеру, и они прошли внутрь. Поднявшись по лестнице на второй этаж, зашли в приёмную, где за столом сидела секретарша и вокруг множество ожидающего народа. Адам сначала даже не понял, что его так неприятно поразило. Все ожидающие были лицами мужского пола, причём разных возрастов. Объединяло их то, что практически все они были плохо одеты. На всех были пиджаки и брюки, но всё это было словно из сундуков прошлого века. Брюки не совпадали с пиджаками. Обувь могла быть самая разнообразная. При всеобщей бедности в стране, это не казалось странным. Но в здании, где заседает городская власть, эта явная черта бедности, была особенно заметна.

Вилен поднёс секретарше новогоднюю открытку, которые печатали в Америке, миллионными тиражами. При открытии, открытка издала кристмасовскую мелодию. Эффект был потрясающий. Не только секретарша, но и толпившийся народ пребывал в восхищении от чуда, за 50 центов.

- Вилен Петрович! Вы всегда приносите что-то удивительное!

Тот скромно улыбнулся.

- Походите. Шеф вас ждёт.

Им навстречу, из-за большого стола, поднялся невысокий коренастый человек, с изрядно уставшим лицом. Они обменялись рукопожатием и хозяин кабинета, жестом предложил садиться.

- Разрешите, Пётр Дмитриевич, представить нашего гостя, Адама. Они там предпочитают без отчества. Он там уже несколько лет. Очень успешно и с хорошими связями. Вообще-то, он наш человек. Питерский парень. Был здесь директором ресторана, но захотел посмотреть мир. Но тянет на Родину. Не забывает.

- Я помню, Вилен Петрович. Вы мне рассказывали. Вот, Адам. Взгляните на этот лист. Здесь перечислены все первоочередные задачи, решение которых требует от нас сегодня город. Посмотрите, если вы сможете найти тех, кто готов помочь их нам решить. Это насущные задачи сегодняшнего дня.

Адам пробежал глазами список, состоящий из 19 пунктов: ...аэропорт, морской торговый порт, дамба Финского залива, уборка городского мусора...

- Вы можете оставить этот список себе и спокойно его изучить. Смотрите, если сможете что-то сделать для нашего и, надеюсь, вашего, города.

Он встал, давая понять, что аудиенция закончена. Адам молча пожал протянутую руку и вышел вслед за Виленом. Он был словно оглушён, вдруг открывшейся бездной возможностей. Нужно было время, для того, чтоб переварить случившееся и попытаться понять, как он сможет в это всё влиться.

- Ну как тебе, Сергеев?

- Честно тебе скажу, это круто. Я пока не знаю, насколько реально это всё. Мне кажется вся эта история, нереальной.

- Очень даже реальная. Помнишь ты меня знакомил со своим дружком, миллионером, который лимузинами торгует. У него наверняка, много богатых друзей. Потолкуй с ним.

- Такие задачи ему не по плечу. Здесь нужны не просто богатые люди, а очень богатые. Какие-то компании, которые не побоятся рисков, связанных с вложениями в такую страну.

- Адам. Ты искал бизнес. Я свою часть сделал. Дело за тобой.

- Ты прав. Но это не мой масштаб. Пока я даже не представляю, с какой стороны к этому подойти. Но повторяю, это очень круто.

- Я рад, что тебя озадачил. Если не хочешь остаться директором «Пирога», вот тебе задачка.

Они договорились встретиться завтра, и Вилен пообещал отвезти Адама в аэропорт.

Дома, Адам, ещё и ещё раз просмотрел вручённый ему перечень проблем, которые стояли перед администрацией города. Эти все задачи казались настолько неподъёмными, что Адам даже не представлял к кому можно с этим обратиться. Каждая тема в отдельности, требовала миллионы и миллионы вложений, а все вместе, в огромном, 6-ти миллионом населении города, казалась заоблачной неразрешимой загадкой. Вот разве обратиться к первым 500 фамилиям в списке Форбса? Мысль неплохая, но наивная. А что ему, Адаму, делать во всём этом? Можно конечно, в случае удачи, надеяться на какие-то комиссионные. А может стать представителем или посредником при переговорах? А как же свой бизнес? Бесконечные вопросы и ни одного ответа. Время ещё есть. 11 часов полёта, есть о чём подумать. А пока спать. Завтра будет суматошный день.

Первым с утра появился Стефаша, а за ним и Фима. Сборы у Адама, были недолгие и друзья выпили по рюмке водки и вспоминали дни минувшие и прежних друзей.

В полдень появились Вилен с Леонидом. Адам поблагодарил хозяина за гостеприимство и вернул ключи от квартиры. Все, кроме Вилена, выпили на посошок и дружной гурьбой пошли провожать Адама к машине.

- Спасибо, ребята! Я ещё вернусь!

Все дружно махали руками, пока машину было видно.

- Адам. Ты же говорил, что больше не приедешь в Питер.

- Ну как тебе сказать? Я передумал.

- А я и не сомневался.

В Пулково, они распрощались. Теперь оба знали, что эта встреча не последняя!

Самолёт приземлился в аэропорту Джей Эф Кей в Нью Йорке. Пассажиры громко хлопали и Адам вместе с ними.

Вот я наконец и дома!

www.ingramcontent.com/pod-product-compliance
Lightning Source LLC
Chambersburg PA
CBHW060250220326
41598CB00027B/4051